다윗의 노래

홍정길 목사

크리스찬서적

서 문

하나님은 살아계십니다. 그 분은 살아계시기 때문에 온 세상을 창조하시고 보시기에 좋았더라고 말씀하였습니다. 우리 하나님은 눈을 만드셨습니다. "눈을 만든 자가 보지 않으랴 귀를 만든 자가 듣지 못하랴" 하셨습니다. 살아계신 하나님, 그 분은 들으시는 귀를 가졌습니다. 애굽에서 고통을 받는 이스라엘 백성의 탄식도 들으셨습니다. 그리고 하나님을 향한 어린 목동 다윗의 순전한 찬양도 들으셨습니다.

이 세상에서 찬양은 기독교에만 있습니다. 하나님이 살아계시다는 증거입니다. 그래서 미켈란젤로와 레오나르도 다빈치가 있고, 단테가, 세바스챤 바하가 있었던 것입니다. 우리 하나님은 살아계신 하나님이십니다. 그 살아계신 하나님을 만났던 다윗의 마음 속에 아름다운 찬양이 샘솟았습니다.

그의 생애는 기쁜 날뿐만 아니라 슬픈 날, 곤고한 날, 감격의 날에도 찬양으로 넘쳤던 삶이었습니다. 하나님의 시선에서 한번도 눈을 떼지 않고 오로지 하나님을 향한 찬양으로 일관되었습니다. 사람들은 형편과 처지가 달라지면 그 마음이 달라집니다. 그러나 다윗은 처음부터 끝까지 한결같은 마음, 하나님 앞에 서고 싶은 마음으로 그 생애 전체가 드려졌습니다.

다윗의 노래중 가장 중요하게 반복되고 있는 노래는 "여호와여 제가 누구이고 무엇이관대 저 푸른 초장 목동의 자리에서 부르셔서 여기까지 인도하셨습니까?" 하는 내용입니다. 심지어는 임종의 때에도 주 앞에 불려지는 찬양이었습니다.

이처럼 살아계신 하나님 앞에 산 심령은 찬양합니다. "호흡이 있는 자들아 여호와를 찬양하라"고 그는 외쳤습니다.

다윗의 시편을 연구함에 있어서 어려운 것은 시가 갖는 특수성이었습니다. 시편은 좋은 주석이 없고, 대부분 두 종류로 나누어져 있습니다. 보수주의자들은 시편이 하나님의 영감인 줄은 아는데 인간의 시적인 언어에 대한 표현방법을 모르는체로 강해를 하고 있습니다. 반면에 자유주의자들은 인간의 시적인 표현은 알지만 그것이 하나님의 영감된 것이라는 사실을 모르는체로 강해를 하고 있습니다. 이것이 시편을 강해하는 본인에게는 큰 어려움이었습니다.
　이스라엘 사람들의 시표현 방법은 구체적인 방법이었습니다. 추상명사를 사용하는 대신에 손으로 만지고, 눈으로 보고, 혀로 느낄 수 있는 단어를 사용하였습니다.
　예를 들자면 "하나님이 나를 사랑하신다"고 저들은 말하지 않았습니다. 그들은 말하기를 "여호와는 나의 목자이시니"라고 합니다. 유목 민족인 그들은 목자가 양떼를 어떻게 사랑하는 줄을 잘 알았습니다. 아니 다윗은 목동으로 있을 때에도 진실로 좋은 목자였습니다. 그리고 진실로 사랑했습니다. 그랬기에 그는 감히 하나님을 향해서 "여호와는 나의 목자시니"라고 노래했습니다.
　그런가하면 시편의 특징 중의 또 하나는 하나님은 불변이시라는 추상적인 단어를 "여호와는 만세반석이로다"라고 표현하였습니다. 언제나 시온산에 버티고 있는 반석, 헤브론 광야 길 언덕 위에 놓여 있어서 오가는 사람의 쉼터가 되는 그 반석, 지진이 나고 여러 변화가 있어도 그 자리에 우뚝 서 있는 반석에 하나님의 불변을 비유해서 노래했습니다. 또 하나님께서 우리를 지켜주신다는 말을 "여호와는 나의 높으신 산성이요 망대로라"고 노래했습니다.
　이런 시적인 언어를 우리가 잘 이해해야 합니다.
　그렇기 때문에 이 시편 강해의 어려움을 이스라엘의 지리적인 환경과 생활 풍습과 문화까지 모두 잘 알아야 강해를 할 수 있다는 것입니다. 사무엘서와 역대상에서는 다윗의 외면적 삶을 이해할 수 있다면, 시편에서는 내면적 삶을 이해할 수 있습니다. 위대한 인격의 다윗, 하나님의 사람, 하나님의 마음에 합하였다는 말이 무슨 말인가를 알게 됩니다.

시편은 언제나 우리의 친근한 언어입니다. 하나님께서 합하게 보셨던 하나님의 사람 다윗의 마음속 깊은 노래였습니다. 이 시편 강해를 하면서 저자의 마음을 알게 해달라고 기도한 것은 제게 축복 중의 하나입니다. 다윗의 내면의 삶을 깊이 만날 수 있었던 것은 두고두고 남겨지는 축복이고 영광입니다. 또 하나님의 말씀을 펼치고 연구할 때마다 하나님께서 그때 그때 주시는 놀라운 은혜를 경험할 수 있었습니다.

부끄럽지만 이 시편강해를 책으로 내는 것은 잠언과도 다르고 서신서나 교훈서와도 다른 "노래"라는 특성을 조금이라도 알리기 위함입니다.

이 책을 통해서 다윗을 만나십시오. 아니 다윗을 볼 때 내 마음에 합하였다고 칭찬한 하나님을 만나십시오. 그렇게 된다면 이 책을 낸 저자로서 한 없는 기쁨이겠습니다.

이 일에 함께 교회를 섬기는 동역자들의 노고가 있었고, 김만경 목사님, 권옥주 자매와 이임숙 자매의 도움이 있었습니다.

이 책을 내면서 사랑하는 딸 이승영 양을 먼저 하나님 나라에 보낸, 그러나 그 마음 속에 영광의 보좌를 향한 찬양을 더 아름답게 불렀던 김영순 자매님의 복된 마음을 본받기를 원합니다.

좋은 후배들이 더 훌륭한 강해를 하는데 조그마한 디딤돌이 되었으면 하는 바램 간절합니다.

'94년 추수감사절에

주 안에서 형제된

차 례

서 문	……………………………………………	3
제 1 장	참회의 노래 …………………………………	9
제 2 장	아침의 노래 …………………………………	23
제 3 장	소원을 두고 행하시는 하나님 ……………	37
제 4 장	놀라운 계획을 가지신 하나님 ……………	49
제 5 장	다윗의 시 ……………………………………	61
제 6 장	참된 안식 ……………………………………	73
제 7 장	내 영혼을 소생시키시고 …………………	81
제 8 장	사망의 음침한 골짜기 ……………………	93
제 9 장	영광의 개선식 ………………………………	105
제10장	목자, 그 분의 선하심과 인자하심 ………	113
제11장	영원의 노래 …………………………………	125
제12장	성도의 교제 …………………………………	137
제13장	다윗의 기도 …………………………………	151
제14장	주님을 사랑하는 자의 노래 I ……………	163
제15장	주님을 사랑하는 자의 노래 II ……………	177
제16장	참된 회개 ……………………………………	191
제17장	하나님을 의지함 ……………………………	203
제18장	하나님의 영광 ………………………………	215
제19장	곤고한 자의 노래 …………………………	229
제20장	여호와의 산에 오를 자 ……………………	243

제 1 장
참회의 노래

"허물의 사함을 얻고 그 죄의 가리움을 받은 자는 복이 있도다 마음에 간사가 없고 여호와께 정죄를 당치 않은 자는 복이 있도다 내가 토설치 아니할 때에 종일 신음하므로 내 뼈가 쇠하였도다 주의 손이 주야로 나를 누르시오니 내 진액이 화하여 여름 가물에 마름 같이 되었나이다(셀라) 내가 이르기를 내 허물을 여호와께 자복하리라 하고 주께 내 죄를 아뢰고 내 죄악을 숨기지 아니하였더니 곧 주께서 내 죄의 악을 사하셨나이다(셀라) 이로 인하여 무릇 경건한 자는 주를 만날 기회를 타서 주께 기도할지라 진실로 홍수가 범람할지라도 저에게 미치지 못하리이다 주는 나의 은신처이오니 환난에서 나를 보호하시고 구원의 노래로 나를 에우시리이다(셀라) 내가 너의 갈 길을 가르쳐 보이고 너를 주목하여 훈계하리로다 너희는 무지한 말이나 노새 같이 되지 말지어다 그것들은 자갈과 굴레로 단속하지 아니하면 너희에게 가까이 오지 아니하리로다 악인에게는 많은 슬픔이 있으나 여호와를 신뢰하는 자에게는 인자하심이 두르리로다 너희 의인들아 여호와를 기뻐하며 즐거워 할지어다 마음이 정직한 너희들아 다 즐거이 외칠지어다."

— 시편 32:1~11

우리는 '그는 참 복이 있는 사람이다', 또는 '참 복박한 사람이다'라는 말들을 합니다. 무슨 근거로 그런 말들을 하게 됩니까? 어떤 것이 진정한 축복입니까? 어떤 사람은 돈을 많이 버는 것이 복이라고 말할 것입니다. 어떤 사람은 사업에 형통한 것을 복이라고 말할지도 모릅니다.

요즘처럼 대학 입학이 어려울 때에 좋은 학교에 자녀가 입학하면 그 가정이 복받았다고 말하기도 합니다. 저처럼 아예 집이 없거나 또 매우 좁은 집에서 살던 사람은 아파트 50평에 당첨되는 것을 복이라고 말할지도 모릅니다. 저는 결혼을 하면 당연히 아이를 낳는 것이라고 생각했더니 꼭 그런 것도 아니었습니다. 제 가까운 분 중에 12년만에 처음으로 임신한 사람이 있었습니다. 얼마나 기뻐하였는지 모릅니다. 그런데 몸이 약해서인지 유산이 되었습니다. 임신이 되었다고 해서 다 건강한 아이를 낳는 것도 아니었습니다. 건강한 아이를 낳는 것이 부모로서 복의 한 목록도 될 수 있다고 생각됩니다.

성경에서 말하는 복

이것이 모두 복입니까? 왜 그것이 복입니까? 성경에서 말하는 복이란 어떤 것인가에 관심을 갖고 다시 봐야 되겠습니다. 제가 앞서 말한 것들은 세상 사람들이 말하는 복입니다. 세상 사람들이 생각하는 복의 개념입니다.

참된 복을 배우기 위해서 시편 1편으로 되돌아가 봅시다. 그것이 우리의 복입니다. 또 산상수훈의 말씀을 봅시다. 그것이 우리 그리스도인들의 복입니다. 시편 1편의 복은, 범죄하지 않는 사람들이 계속 복을 누리는 그 상태를 말씀하고 있습니다.
 그런데 불행하게도 우리 인생은 연약합니다. 죄 앞에 쉽게 무너집니다. 그러면 죄 아래 갇혀 있는 이 불행한 인생에게 어느 것이 복입니까? 그것을 가장 잘 설명하고 있는 것이 오늘 우리가 본 성경 본문, 다윗의 '마스길' 입니다. '마스길' 이란 말은 교훈이라는 뜻입니다. 다윗이 나이가 든 뒤에 그의 생애를 정리하면서 진정한 축복이란 무엇일까 깊이 생각한 뒤에 범죄한 인생이요, 연약한 인생인 우리가 어떻게 그 복을 누릴 수 있는가를 이 32편에서 가르쳐 주고 있습니다.
 복을 설명하기 위해서 성경이 말하는 몇가지 단어들을 연구하여야 합니다. "허물의 사함을 얻고 그 죄의 가리움을 받은 자는 복이 있도다 마음에 간사가 없고 여호와께 정죄를 당치 않은 자는 복이 있도다" 라고 말씀했습니다.
 첫째 단어가 '허물' 입니다. 허물이란 잘못된 상태를 말하는 것으로 생각됩니다. 성경의 본래 뜻은 이미 그가 적극적으로 하나님의 말씀을 어겼기 때문에 밖으로 드러난 죄를 허물이라고 합니다.
 둘째, "그 죄의 가리우심을 받은 자", 여기서의 이 '죄' 라는 단어는 표적을 맞추지 못했다는 뜻입니다. 과녁을 보고 총을 쏘기는 쏘았으나 관통을 못했다는 뜻입니다. 이것이 바로 성경이 말하는 죄입니다. 이것을 다시 설명하면 미달입니다. 하나님의 요구 앞에 미달, 이것을 성경은 죄라고 말합니다. 그러므로 죄가 없다고 말하는 사람에게 이렇게 물을 수 있습니다. "'마음을 다하고 뜻을 다하고 성품을 다하여 주 너의 하나님을 사랑하라 이것이 크고 첫째되는 계명이니' 이 말씀을 다 지켰습니까?"
 "아니오, 부족합니다."
 그 부족이 죄라는 말입니다.
 세번째로 '간사' 라는 말이 있습니다. 이는 우리가 흔히 쓰는 간사스럽다는 의미가 아닙니다. 이것은 아직 드러나지는 않았습니다. 또 못미치지도 않았습니다. 그러나 내 속에 있는 죄의 형질, 즉 가능성을 넘어서는 이야기입니다. 내 속에는 분명히 죄악된 형질들이 있습니다. 부패한 원형이 있다는 말입니다. 이것을 성경이 간사라는 말로 번역하였습니다. 그러므로 죄 중에는 이미 드러나서 확정된 죄가 있고 또 어떤 죄는 노력을 하기는 하였으나 요구에 미달되었습니다. 또 어떤 죄는 드러나지는 아니하였으나 그 부패가 마음에 그대로 자리잡고 있습니다. 내적 상태를 말합니다.

왜 이렇게 죄를 세 가지로 분류했는가 하면 원래 히브리 말에는 죄라는 말이 일곱 가지나 됩니다. 왜 이처럼 복잡한가 하고 생각해 보니까 하나님 앞에 경건하고 정직하게 말씀에 순종해서 살려고 할 때에는 이 내용들이 분화가 됩니다.

이는 마치, 우리가 어릴 때 오른 산에는 무수한 풀들이 가득 차 있습니다. 그 이름들 하나하나는 모르지만 풀이라는 것만은 알 수 있습니다. 모양이 다르고 색깔이 다르고 열매가 달라도 다 풀입니다. 분화가 되어 있지 않습니다. 그러다가 조금 자라면 지식이 늘고 명칭도 알게 되고 또 분류가 되기 시작합니다.

성경에도 하나님과 깊은 관계를 가지면서 하나님의 은총 앞에 서 본 사람만이 내가 내 인생 중에서 언제 하나님께 반역하는 죄가 있었는가, 또 어떤 때는 하나님의 요구에 부응하려고 하였지만 내가 부족해서 미달되는 죄가 있었는가, 어떤 경우에는 밖으로는 나타나지 않았지만 내 속에 하나님을 싫어하는 무서운 죄가 있었는가 분류가 됩니다.

이것은 하나님 앞에 정직하게 선 사람에게만 해당이 됩니다. 하나님의 말씀에 순종하려는 사람에게는 이 말씀이 어떤 때에는 법도이고 어떤 때에는 율례가 되고 어떤 때에는 계명이고 어떤 때에는 증거입니다. 여러 가지 뜻으로 사용됩니다. 여기서 죄의 모습을 가장 크게 세 가지로 설명해 주고 있습니다. 재미있는 것은 죄에 대해서만 여러 가지가 있는 것이 아니라 용서에도 여러 가지가 있습니다.

첫째로, '허물의 사함을 얻고'의 사함을 얻는다는 뜻은 무엇입니까? 제거한다는 뜻입니다. 없애버린다는 말입니다. 내가 너희 죄를 동이 서에서 먼 것처럼 옮겨 주리라 빽빽한 구름의 사라짐같이 안개의 사라짐같이 너희 죄를 도말하였으니 너는 내게로 나아오라고 하셨습니다. 사라지게 하십니다. 그런가하면 너희 죄를 발로 밟아서 땅 속 깊은 곳에 던지리라고 하셨습니다. 이것을 사함, 용서라는 단어로 말씀하고 있습니다.

이 용서의 두번째 뜻은 '죄의 가리우심을 받고'입니다. 가리우심이라는 말은 우리의 시야에서 보이지 않도록 하는 것입니다. 집안에 마루를 까는 것은 우리의 발이 더러워지고 상하니까 그 위에 좋은 나무로 덮어 주는 것입니다. 주께서 우리 안의 죄가 형질일 때에는 그것을 뽑아내시는 것이 아니라 어떤 죄는 하나님께서 덮어주십니다.

세번째로, '정죄를 당치 않은 자는 복이 있도다.' 이 말은 죄를 죄로 여기지 아니하심입니다. 여러분, 우리의 죄는 하나님 앞에서 제거됩니다. 또 어떤 죄는 가리우심을 받습니다. 어떤 죄는 죄로 정죄함을 당하지 아니합니다. 다윗은 이것을 생애의 가장 큰 복이라고 말합니다.

그는 어떤 사람입니까? 모든 것을 다 가져본 사람입니다. 그에게 황금과 재물이 가득가득 쌓여 있었습니다. 또 아름다운 자녀들이 있었습니다. 세상에 비교할 수 없는 지혜자 솔로몬이라는 아들이 있었습니다. 그처럼 마음에 드는 여인 밧세바가 있었습니다. 넓은 제국과 절대 권력이 그의 것이었습니다. 뿐만 아니라 마음 속에 떠오르는 아름다운 영감들을 하프로, 또는 시로 표현하는 예술적인 달란트를 갖고 있었습니다.

그런데도 그는, 나는 이것들로 인해 복이 있다고 말하지 않았습니다. 이것들을 다 가져보았으나 그러나 나에게 가장 큰 복은 여호와께서 내가 지은 반항의 죄를 멀리 던져 주시고, 내가 열심히 수고하고 노력하였지만 미달했던 그 죄를 보배로운 피로 갚아주시고, 내 속에 있는 부패한 형질들을 주께서 죄로 여기지 아니해 주시는 이 복이야말로 가장 큰 복이라고 말하고 있습니다.

사랑하는 성도 여러분, 다윗이 인생의 복에 대해서 말할 때에 그것은 물질의 소유와 상관이 없다고 말합니다. 지위도 아니라고 말합니다. 아름다운 인간관계라고도 말하지 않습니다. 진정한 복은 내 마음에 있다고 말합니다. 그 진정한 복은 오직 하나님과의 관계에 있다고 말합니다.

심고 보전되는 복

예수 그리스도 안에 사는 사람들에게 진정한 특권이 있다면 그것은 세상의 소유나 여건이나 환경이 우리의 복에 결정적인 요소가 되지 못한다는 사실입니다. 하나님만이 우리의 복의 근원자이십니다. 하나님만이 내 복의 보장자이십니다. 우리는 가졌다가도 빼앗기고 놓칠 때에 실망하고 슬퍼합니다. 그처럼 언젠가는 깨어지는 것이 복이 아니라고 말합니다. 하나님께서 내 속에 심어놓으시고 보전해 주시는 이 아름다운 축복, 이것을 다윗은 복이라고 말씀합니다.

사랑하는 사람들은 함께 있을 때에 아무것도 가진 것이 없어도 기쁨이 넘치는 것처럼 부모는 자녀가 가까이 있을 때에 어느것으로도 대신할 수 없는 기쁨을 느끼는 것처럼 창조주 우리 하나님, 그 분과 바른 관계를 가질 때에, 나의 삶을 붙들어 주시는 그 분의 거룩한 능력이 내 삶에 역사할 때, 그 인생은 복된 인생입니다.

파스칼은 사람의 마음 속에 이 세상의 무엇으로도 채울 수 없는 빈공간이 있다 그 공간은 하나님만이 채울 수 있다고 하였습니다. 그것을 채우기 위해 돈을 모으는 사람이 있습니다. 소일거리로 채우려고 합니다. 그러나 채워지지 않습니다. 인생을 방황하였던 어거스틴이 이렇게 고백하였습니다. "오, 하나님! 당신은 당신의 영광을 위해서 우리를 창조하셨습니다. 그래서 내가 당신 안에서 쉴 때까지 내 마음에 참 평안이 없었습니다."

그렇습니다. 예수 안에서 이 죄가 해결됩니다. 예수, 그 이름이 무엇입니까? 자기 죄에서 저희 백성을 구원할 자이십니다. 바로 우리의 죄입니다. 주께서 우리를 만나주시는 장소는 우리의 죄입니다. 우리의 잘남, 우리의 의로움이 아닙니다. 우리의 영광스러움이 아니라 우리의 못남이고 우리의 부족을 통해서 주께서 만나주십니다. 이것이 자비입니다.

사람들은 좋은 사람들을 만나기를 좋아합니다. 나에게 이익되는 사람들을 좋아합니다. 내 프라이드를 세워주는 사람들을 가까이 합니다. 그러나 주께서는 나의 죄를 만나주셨고 못남을 만나주셨고 주의 자비와 긍휼로써 나의 실수와 나의 수치를 통해서 나를 만나주셨습니다. 우리 주님만이 나의 죄를 모두 해결해 주십니다. 그 예수 안에서 놀라운 죄 용서의 복을 받게 됩니다.

죄의 고백

그런데 다윗의 생애에 그렇지 못한 때가 있었습니다. 그는 밧세바를 범했습니다. 그 죄를 스스로 해결하기 위해서 몸부림쳤습니다. 계교를 꾸몄습니다. 그것 가지고도 안되니까 나중에는 무죄한 우리야를 전쟁터에 내보내서 죽였습니다. 그는 은폐하고자 했습니다.

하나님 앞에서 죄 용서 받지 못하고 은폐하였을 때 그는 이렇게 고통당했던 것을 고백하였습니다. 3절입니다. "내가 토설치 아니할 때 종일 신음함으로 내 뼈가 쇠하였나이다."

사람의 뼈가 부러지면 도저히 힘을 쓸 수 없습니다. 대학교 때 유도를 하다가 오른팔이 부러진 때가 있었습니다. 무엇을 붙잡을 수도 없고 손가락을 조금만 움직여도 부러진 자리가 살점이 뜯겨나가는 것같이 아픕니다. 뼈가 조금만 다쳐도 이처럼 인생이 힘을 못씁니다. 아니 감기만 좀 심하게 걸려도 힘을 쓸 수 없습니다. 그런데 뼈가 마를 때 얼마나 힘이 들겠습니까?

다윗이 그 죄를 은폐할 때에 그 속에 뼈가 쇠하는 고통이 있었다고 말합니다. 4절에, "주의 손이 주야로 누르시오니 내 진액이 화하여 여름 가뭄에 마름같이 되었나이다."

여름 가뭄에 마르는 것이 무엇인 줄 아십니까? 그렇게 잘 자라던 수박과 오이, 토마토들이 일 주일만 물을 주지 않으면 땅에 붙게 됩니다. 하나님의 손이 그처럼 그를 누를 때에 그가 힘을 쓸 수 없었다고 합니다. 그처럼 그의 심령에 비참함이 있었습니다. 그는 밧세바와 범죄한 다음 약 일년 동안 계속 이 고통을 당한 것같습니다.

여러분도 그처럼 인생이 무거울 때가 있었습니까? 도무지 힘을 쓸 수 없을 때가 있었습니까? 마음에 기쁨과 감격이 사라지고 하나님의 능력의 생명선이 내게서 떠났고 하나님의 자비의 얼굴이 안보일 때가 있었습니까? 그러면 여러분은 하나님 앞에 내가 반항하여 범죄하였던 때가 없었는가를 살펴야 합니다. 내 삶 속에 하나님의 요구에 미치지 못한 부분들이 있는가 살피십시오. 그리고 내 속에 부패의 형질들이 있는가를 보십시오. 이 고통 중에 다윗은 일어섰습니다.

5절에, "내가 이르기를 내 허물을 여호와께 자복하리라 하고 주께 내 죄를 아뢰고 내 죄악을 숨기지 아니하였더니 곧 주께서 내 죄의 악을 사하셨나이다."

다윗이 숨기지 않았습니다. 주님, 그렇습니다. 당신의 말대로 내가 범죄한 사람입니다. 내가 연약한 인생입니다. 할 수 없는 죄인입니다 하고 자백하였습니다. 하나님의 사람 나단을 통해서 바로 당신이 그러고 말할 때에 그는 변명하지 않았습니다. 무릎을 그 앞에서 꿇고 자기의 죄를 하나님 앞에 아룁니다. 이처럼 하나님 앞에 아뢸 때에 죄는 순식간에 해결됩니다. 여기 이렇게 말합니다. "곧 주께서 내 죄의 악을 사하셨나이다."

하나님께 자백하였더니, 그 죄를 시인하고 내어놓았더니, 그 죄를 하나님께서 용서해 주셨다고 말합니다. 해결해 주셨습니다. 그 죄를 하나님께서 멀리 옮기셨습니다. 그 죄를 덮어 주셨습니다. 그 하나님께서 나의 죄를 죄로 인정치 아니해 주신다고 말씀하셨습니다. 참으로 복된 사람들은 죄를 죄로 놔두지 않습니다.

복되지 않은 사람은 죄를 숨깁니다. 대표적인 사람이 사울입니다. 끝까지 숨겼습니다. 아간이었습니다. 가룟 유다입니다. 하나님 앞에 자백하지 않았습니다. 그러나 요나는 하나님 앞에 죄를 자백합니다. 다윗은 하나님 앞에 그 죄를 고백하고 그 죄를 통해 하나님을 만납니다. 6절에서 이렇게 말합니다. "이로 인하여 무릇 경건한 자는 주를 만날 기회를 타서 주께 기도할지라."

똑같이 범죄하였지만 어떤 사람은 그로 인하여 하나님의 저주와 고통을 받고 하나님께 버림을 당하나 복된 성도는 그 죄 때문에 하나님 앞에 더 가까이 나아갑니다. 하나님의 은총과 그 사유하심에 더 매달리며 하나님의 심장에 더 가까이 갑니다. 이런 인생을 향해 하나님께서는 죄만 용서해 주시지 않습니다. 보호자가 되어 주십니다. 진실로 홍수가 범람할지라도 저에게 미치지 못하리라. 죄악의 파도가 그를 괴롭히려고 해도 미치지 못할 것이라는 말씀입니다.

"주는 나의 은신처이시오니 환난날에 나를 보호하시고." 하나님께서 나를 보호해 주십니다. 그 뿐 아니라 그 마음 속에 "구원의 노래로 나를 에우시리로다." 하나님께서 그 뼈를 꺾으실 때 어떠했습니까? 무거운 손으로 그를 누를 때 어떠했습니까? 종일 신음하였습니다.

그러나 그 신음이 변하였습니다. 무엇으로 바뀌었습니까? 찬양으로 바뀌었습니다. 진실로 하나님 앞에 용서의 기쁨을 맛보는 자는 어디서나 찬송합니다. 어떤 처지, 어떤 환경에서도 그가 부를 찬송을 빼앗을 자가 없습니다.

하나님 앞에 드리는 찬송

벤자민 쉬몰크, 그는 헝가리의 신교도 목사님이었습니다. 그는 주거 제

한을 당하였고 얼마나 많은 박해를 당한 분인지 모릅니다. 어느날 외출했다 돌아오니 교회당에 누군가가 불을 질렀습니다. 그리고 어린 자녀들은 죽임을 당하였습니다. 그 때 그는 조용히 하나님을 향해 이렇게 찬송했습니다. "내 주여 뜻대로 행하시옵소서 큰 근심 중에도 낙심케 마시고 살든지 죽든지 주 뜻만 따르게" 해달라고 기도하였습니다.

타플리드라고 마흔두 살에 죽은 청년 목사님이 계셨습니다. 그는 몸에 무수한 질병을 갖고 있었습니다. 사람들이 움직이는 종합 병원이라는 별명을 붙여 주었습니다. 그는 사람들의 오해와 질시 속에 죽으면서도 하나님께 찬송을 드렸습니다.

"만세반석 열리니
내가 들어갑니다.
창에 허리 상하여 물과 피를 흘린 것
내게 효험되어서 정결하게 하소서

살아 생전 숨쉬고 죽어 세상 떠나서
거룩하신 주 앞에 끝날 심판 당할 때
만세 반석 열리니
내가 들어갑니다."

사도 바울, 그는 빌립보에서 복음을 전하다가 의로운 죄로 감옥에 들어갔습니다. 많이 맞았습니다. 깊은 감옥, 지하 감방에서 고통을 받고 있었습니다. 그런데도 주께서 그의 죄를 사유해 주신 은총을 넘치는 감격으로 그는 찬송했는데 그가 부르는 찬송과 기도 소리를 옥중의 모든 죄수가 들었다고 했습니다.

찬송으로 우리 인생을 인도해 주십니다. 여러분의 마음에 찬송을 갖고 계십니까? 하나님을 바라본 자는 하나님 앞에 찬송을 드릴 수밖에 없습니다. 찬송은 나를 둘러쌉니다.

그런가하면 우리는 하나님의 인도를 받습니다. 8절에, "내가 너의 갈길을 가르쳐 보이고 너를 주목하여 훈계하리로다."

앞으로 갈길을 가르쳐 보인다고 말합니다. "너를 주목하여"라고 했습니다. 너를 향해서 깊은 사랑의 관심을 가졌다는 말씀입니다. 마치 어미가 자녀를 향해서 주목하여 시선을 빼앗기지 아니하는 것처럼 계속 너를 주시해서 본다는 것입니다. 그리고 성도가 잘못하였을 때 계속 바른 길로 훈계하여 주겠다는 말씀입니다.

이것이 진정한 복입니다. 하나님 앞에 우리는 나아옵니다. 나올 때 하나님께서 우리 인생의 잘못된 죄를 덮어주십니다. 우리 죄를 치워주십니다. 우리 죄를 우리 주님께서는 죄로 여기시지 않고 용서해 주십니다. 하나님께서는 과거에 잘못된 것들을 모두 사해 주셨습니다. 그런가하면 지금 이 시간에는 주의 보호가 있습니다. 주께서 내 마음 속에 주신 기쁨이 있습니다. 그 기쁨 때문에 내 마음 속에 빛나는 찬송이 있습니다. 이것이 우리의 현재입니다.

그런가하면 우리에게 미래가 있습니다. 어떤 미래입니까? 앞으로 우리가 나아가야 할 길을 주님이 인도해 주십니다. 가르쳐 보여주시고 계속 주목해 주신다고 하였습니다. 계속 훈계로 인도해 주십니다. 여기에 우리의 복이 있습니다. 남들은 모릅니다. 그러나 매일매일 기대합니다. 살아계신 하나님이 내 미래의 주인되시기 때문입니다. 그 분이 나를 가장 복된 길로 인도해 주실 것입니다.

이런 인생보다 복된 인생이 어디 있습니까? 하나님의 시선이 함께 하는 인생보다, 하나님의 사랑의 관심이 쏟아지는 인생보다 더 아름다운 인생이 어디에 있습니까? 이것이 다윗의 생애에 축복이었습니다. 아니, 모든 인생에게 진정한 축복입니다. 하나님께서 가르쳐 보일 때 우리들이 하지 말아야 할 삶의 태도가 있습니다.
　인생은 역시 인생입니다. 내가 나를 보아도 할 수 없는 죄인입니다. 사실 내가 하나님이라면 나를 용서할 수 없을 것같습니다. 얼마나 하나님이 주시는 복에 반역하기를 즐거워하는지 모릅니다. 9절에, "너희는 무지한 말이나 노새같이 되지 말지어다 그것들은 자갈과 굴레로 단속하지 아니하면 너희에게 가까이 오지 아니하리로다."
　노새같이 되지 말라고 합니다. 억지로 재갈을 물려야만 끌려오는 그런 인생을 하나님 앞에서 살지 말라는 말씀입니다. 채찍으로 맞아야만 앞으로 나가는 인생은 안된다는 말씀입니다. 주님은 우리에게 여호와를 기뻐하고 즐거워하는 인생을 살라고 권고하십니다.
　10절에, "악인에게는 많은 슬픔이 있으나 여호와를 신뢰하는 자에게는 인자하심이 두르리로다 너희 의인들아 여호와를 기뻐하며 즐거워할지로다 마음이 정직한 너희들아 다 즐거이 외칠지어다"
　하나님을 기뻐하고 즐거워하라고 합니다. 하나님과 나 사이에 막혀있던 관계를 다시 회복하며 그 회복을 즐기라고 말씀합니다. 하나님께서 주시는 것을 즐기라고 말하지 않습니다. 그리고 그 기쁨을 너의 삶으로 외치라고 하십니다.
　성도 여러분, 오늘 이 말씀이 나의 축복이라고 생각되십니까? 사모하십니까? 아니면 내가 하나님을 잘 모릅니다. 그 분의 사랑과 자비와 긍휼이 내 것이라는 사실을 내가 모릅니다 하시는 분이 계십니까? 우리 주님 앞에 나아오시기 바랍니다. 주께서는 당신을 위해서, 당신의 죄를 덮으시기 위해서 십자가 위에서 피를 쏟으셨습니다. 내 죄값을 치루시기 위해서 그분은 죽으셨습니다. 천하 인간에게 구원얻을 유일한 이름이 있습니다. 그분 앞에 나아오시기 바랍니다.
　그런가하면 예수님을 믿으면서도 죄 문제 때문에 죄의 가리우심이 필요한 분이 계십니까? 주께서 제거해 주어야 할 부분이 있으십니까? 주께서 죄로 인정치 않으신다는 자비의 음성이 필요한 분이 계십니까? 이 시간에 자백하십시오.

내 목을 누르는 답답함이 있으십니까? 도무지 힘을 쓸 수 없을 정도로 영혼의 능력을 상실한 삶이 있으십니까? 그런 분은 "내가 이르기를 내 허물을 여호와께 자복하리라 하고 주께 내 죄악을 아뢰고 죄악을 숨기지 아니하였더니"라는 말씀을 기억하시고 숨기지 말고 내어놓으십시오. 널리 용서해 주십니다. 주께서 죄악을 사해 주십니다. 이 은혜가 나의 것이 될 수 있습니다.

제 2 장
아침의 노래

"여호와여 나의 대적이 어찌 그리 많은지요 일어나 나를 치는 자가 많소이다 많은 사람이 있어 나를 가리켜 말하기를 저는 하나님께 도움을 얻지 못한다 하나이다(셀라) 여호와여 주는 나의 방패시요 나의 영광이시요 나의 머리를 드시는 자니이다 내가 나의 목소리로 여호와께 부르짖으니 그 성산에서 응답하시는도다(셀라) 내가 누워 자고 깨었으니 여호와께서 나를 붙드심이로다 천만인이 나를 둘러치려 하여도 나는 두려워 아니하리이다 여호와여 일어나소서 나의 하나님이여 나를 구원하소서 주께서 나의 모든 원수의 뺨을 치시며 악인의 이를 꺾으셨나이다 구원은 여호와께 있사오니 주의 복을 주의 백성에게 내리소서(셀라)."

— 시편 3편

역사상 가장 큰 제국을 건설한 소비에트 연맹이 성난 군중들의 데모에 의해서 무너졌습니다. 북한이 무너져도 이 루마니아의 정권은 무너지지 않을 것이라고 예견했었는데 국민의 다수가 움직이니까 결국 루마니아 그 거대한 나라가, 그 탄탄한 비밀 경찰 조직이 일거에 무너졌습니다. 사람이 많이 모였다는 것은 무엇인가 옳다는 것을 우리에게 시사해 주는 경우가 있습니다.

그래서 다수는 정당하다든지 또 다수가 결정한 것은 지혜롭다든지 하는 생각을 갖게 만드는 것이 다수의 힘입니다. 그런데 우리 인생이 어떤 때는 그 거대한 다수의 무리에서 떨어져 나가서 외롭게 소수로서 고독을 느끼는 때가 많습니다. 소외의식으로 내가 아무리 노력하고 수고해도 벗어날 수 없는 그런 때를 우리는 환경 속에서 많이 만납니다.

다윗도 그런 때가 있었습니다. 그래서 1절에 보니 "어찌 그리 많은지요." 하고 많은 무리로부터 소외된 고통을 노래합니다. 또한 '많소이다' 라고 했습니다. 2절에 '많은 사람이 있어' 그런가하면 6절에 '천만인이 나를 둘러치려하여도.' 다윗이 지금 몰리고 있습니다. 그 많은 다수에게서 분리되어 소외된 채 외로움을 겪고 있습니다.

범죄의 상처

사무엘하 15:12을 보니 전이스라엘이 대부분 다윗을 저버렸습니다. 이러한 고독과 외로움을 믿음의 사람 다윗이 당하고 있습니다.

그런가하면 그는 고독만 느끼는 것이 아니라 배반까지 당하였습니다. 사랑하는 아들 압살롬에게 쫓김을 받아서 성에서 뛰쳐나가 감람산으로 도주하였습니다. 시편 3편 제목을 보면 다윗이 어떤 상황에서 이 글을 썼는가 알 수 있을 것입니다.

시편 3편 머리에, "다윗이 그 아들 압살롬을 피할 때 지은 시"라고 기록되어 있습니다. 성경은 머리를 가리고 맨발로 걸어가면서 크게 울었다고 기록하고 있습니다. 울면서 기도하며 가고 있습니다. 울면서 노래하고 있습니다. 울면서 살아계신 하나님을 신뢰하고 도망가고 있는 다윗의 궁한 처지를 우리가 보고 있습니다.

그것도 다른 사람이 아닌 사랑하는 아들에 의해서 그 불효 때문에 고통을 받고 있습니다. 불충을 가슴 아파하고 있습니다. 부모는 자녀가 불순종하고 불효할 때에 가장 가슴이 아픈 법입니다. 다윗이 지금 배반의 아픔까지 당하고 있습니다. 세상에서 가장 큰 아픔은 배반의 아픔입니다.

거기다가 이 고통이 다른 사람 때문에 연유된 것이 아니라 자기의 죄악 때문에 연유했다는 사실을 다윗은 그 누구보다 잘 알고 있습니다. 그는 우리야를 죽였습니다. 자기 죄를 가리기 위해서 무죄한 우리야를 전쟁터에 보내서 죽게 만들었습니다. 걱정하고 근심하는 요압 장군에게 다윗은, 칼은 눈이 없어서 이 사람도 치고 저 사람도 베느니라, 우리야의 죽음 때문에 슬퍼하지 말라고 했습니다. 모든 것이 끝났습니다. 그 사건은 아무도 모르게 종결되는 듯싶었습니다.

그러나 살아계신 하나님은 종결하지 않으셨습니다. 다윗의 소행을 괘씸하게 여기셨다고 성경은 말하고 있습니다. 나단 선지자를 통해서 당신이 바로 범죄한 사람이라고 지적합니다. 그는 내가 바로 그 사람이라고 대답합니다. 그 때 하나님께서 나단을 통해서 예언했습니다. "네가 무죄한 사람의 피를 흘리게 하였으므로 칼이 네 집에서 떠나지 아니하리라."

얼마 지나서 다윗의 사랑하는 아들이 이복 누이를 강간하였습니다. 그것 때문에 압살롬이 그의 형을 죽였습니다. 집에서 칼 싸움이 시작되었습니다.

그런데 이제는 압살롬이 군대를 모집해서 아버지 다윗을 향해서 진격하고 있는 이런 고통을 경험하고 있습니다. 자기 죄 때문입니다. 그리고 그것이 다윗 자신의 죄 때문인 것을 이웃 사람들 모두가 알고 있습니다. 2절에 이렇게 기록되어 있습니다. "많은 사람이 있어 나를 가리켜 말하기를 저는 하나님께 도움을 얻지 못한다 하나이다." 너는 네 죄로 지금 고통 당하는 것이 마땅하지 않으냐, 하나님께서 너를 버리셨다. 그래서 아들에게 쫓겨가는 그런 참담함을 하나님께서 허락하셨다. 모든 사람이 그렇게 여기고 있습니다.

절망의 시간을 넘어서

여러분, 깊은 외로움을 겪을 때에, 사랑했던 사람들에게 배반을 당해서 그 가슴에 깊은 상처를 입을 때, 아니 내 과거의 죄악이 내게 상처가 되어서 다시 아프게 하는 절망의 시간에 여러분은 어떻게 하십니까? 이 때 하나님의 사람 다윗은 부를 이름이 있었습니다. 그 이름을 부릅니다.

여호와여! 마치 어렸을 때에 어린 아이가 문제를 만나면 아빠! 하고 부르듯이 다윗은 부를 이름이 있었습니다. 그 어려운 지경에서 여호와여! 절박하게 부릅니다.

그는 2m 69cm나 되는 거인 골리앗 앞에서 무장도 하지 않은 채 막대기 하나만 들고 섰을 때에도 이 이름을 불렀습니다. 온 이스라엘이 그 거인 앞에서 덜덜 떨 때였습니다. 골리앗은 어린 소년을 내려다 보고 네가 개나 돼지를 치려고 여기 나왔느냐 비웃었습니다. 내가 너를 찢어서 공중의 새밥을 만들고 들짐승의 먹이를 만들겠다고 호언장담하였습니다.

이때 어린 소년은 마음속의 이름을 불렀습니다. 너는 칼과 창으로 내게 나아오지만 나는 네가 모독하는 만군의 여호와의 이름으로 네게 나아가느니라고 담대히 말했습니다. 여호와의 이름이 그의 가슴 속에 있었습니다. 그가 의지하는 단 하나의 이름이었습니다. 다윗에게 여호와의 그 거룩한 이름이 있었다면 우리에게는 예수 그리스도 그 이름이 있습니다.

사실 구약의 여호와가 신약의 예수 그리스도라고 말해도 무방합니다. 그래서 시편에는 '여호와는 나의 목자시니' 라고 번역한 성경을 영어 성경은 "Lord is my Sheperd" 즉, "주는 나의 목자"라고 했습니다. 그리고 자세히 살피면 "엘로힘"이라는 말은 "성부 하나님"이라는 말입니다.

그런데 여호와라는 말은 성자이신 예수 그리스도에 대한 얘기임을 우리는 곳곳에서 발견할 수 있습니다. 예수 그리스도, 하나님의 사람 베드로가 성전 미문을 지날 때였습니다. 걸인이 그에게 무엇을 얻을까 구걸하였습니다. 그 때 그는 말합니다. 내게 은과 금은 없지만 내게 있는 것으로 네게 주노니 나사렛 예수 그리스도의 이름으로 걸으라고 하였습니다. 예수 그리스도의 이름으로입니다.

그 이름은 어떤 이름입니까? 천하 인간에게 구원 얻을 다른 이름을 주신 적이 없는 유일한 구원의 이름 예수입니다. 그 이름은 자기 죄에서 저희 백성을 구원할 자입니다. 그 영광스러운 이름을 우리가 오늘 부를 수 있습니다.

다윗은 여호와의 이름을 부릅니다. 이 이름을 부르는 자는 어떠한 깊은 굴 속에서도 광명을 만날 것입니다. 어떤 절망 속에서도 여호와의 이름을 부르는 자는 소망을 얻을 것입니다. 여호와의 이름을 부르는 자는 어떤 상처도 치유함을 받을 것입니다. 여호와, 그는 여호와의 이름을 부를 뿐 아니라 자기의 사정을 그 분에게 구합니다.

3:1입니다. "나의 대적이 어찌 그리 많은지요 일어나 나를 치는 자가 많소이다 많은 사람이 있어 나를 가리켜 말하기를 저는 하나님께 도움을 얻지 못한다 하나이다."

그것이 그의 정황이었습니다. 많은 무리가 그를 배반하고 있습니다. 그의 원수가 되었습니다. 대적이 되었습니다. 그리고 자기의 과거의 죄는 다시 덫이 되어서 그에게 괴로움을 주고 있습니다.

그래서 너는 하나님께 도움을 얻지 못한다고 비방들을 하였습니다. 이런 깊은 고통의 때에 어떻게 해야 합니까? 그 다음 성경을 보니까 셀라라고 기록되어 있습니다. '셀라'라는 말을 희랍 성경으로 번역할 때 헬라어로 변조, 조를 바꾼다는 뜻으로 번역했습니다. 그런데 유대 전통은 잠깐 쉬어서 깊이 생각하라는 뜻입니다.

또 어떤 사람은 '셀라'라는 말은 시편 가사를 낭송하다가 간주곡을 넣으라는 표시라고도 말합니다. 그러나 제가 생각하기에는 두번째의 견해가 적합하다고 생각됩니다. 그런 때에는 깊이 생각하고 조용히 묵상합니다. 이런 상황, 즉 지금 자신을 대적하고 자신에게 고통을 주려는 정황 속에 조용히 깊이 생각해 봅니다. 생각하되 무엇을 생각해야 합니까? 자신이 부른 그 여호와 그 분이 어떤 분인가를 생각합니다. 그 분은 어떤 분이십니까?

여호와, 나의 방패

3절입니다. "주는 나의 방패시요." 방패라는 말은 무슨 말입니까? 지킨다는 말입니다. 시편 34편에는 하나님께서 여호와의 사자로 우리를 둘러 진치고 보호하셨다고 하였습니다. 사자를 보내서 우리를 보호하신다는 말씀이 아니라 그 분 자체가 내 방패시라는 말입니다.

그리고 또 이 방패이신 하나님을 뚫지 않고는 나를 머리털 하나도 상케 할 수가 없습니다. 지금 대적들이 일어나서 나를 치려고 할 때에 여호와 나의 방패이시며라고 그 분이 지켜주시는 이 깊은 은혜를 찬미하고 있습니다.

그 분은 또한 나의 영광이십니다. 사람들은 자기 영광을 돈에 두는 경향이 있습니다. 그래서 자기 영광을 더하게 하려고 멋있는 옷을 사입습니다. 아마 세계의 모든 털옷이 한국에 다 모인 것은 아닐까 싶을 정도로 사람들의 옷차림이 사치해져가고 있습니다. 자기의 위신을 위해서 옷을 입는 사람들이 많은 것같습니다. 거기다가 액세사리들도 많이 걸칩니다. 자기의 소유를 자기의 영광으로 생각합니다. 그래서 부자들은 굉장히 빼깁니다. 그런가하면 어떤 사람은 세상의 권력을 영광으로 압니다.

옛날에 장관 직위를 갖고 계셨던 분을 제가 알고 있는데 그 분은 아직도 주위에서 장관님이라고 부릅니다. 이십년 전의 직위인데도요. 장관이라는 자리에 계실 때에는 그처럼 목에 힘을 주시더니 이후에는 높은 사람들만 만나면 온갖 아부를 다하는 모습을 보았습니다. 한번 권력을 쥐어본 사람들은 나중에 그것을 잃었을 때에 이전보다 더욱 더 비참해집니다. 영광을 거기에 두기 때문입니다.

또 어떤 사람은 인기가 그의 영광입니다. 십대의 우상들의 콘서트 현장에서 젊은 아이들이 쓰러질 정도입니다. 또 연예인들은 나름대로 인기를 잃을까봐 전전긍긍합니다. 얼마나 불안해 하는지 모릅니다. 한 인생의 좌절과 기쁨이 인기의 높낮음에 달려 있습니다. 그래서 인기의 내리막을 견디지 못하고 약물중독에 빠져들기도 합니다. 그것을 영광으로 두었기 때문입니다. 이런 영광은 아침의 안개와 같습니다. 꽃은 시듭니다. 반드시 시듭니다. 아침의 안개와 같이 사라집니다.

하나님, 그 분이 나의 영광인 분은 그 영광이 영원히 시들지 않습니다. 다윗은 돈을 많이 가져본 사람입니다. 역사상 그보다 더 부유하였던 사람이 없었습니다. 그 보다도 더 인기가 있었던 왕이 없었습니다. 소년의 나이에, 왕을 향해서는 천천이라고 노래할 때 그는 만만이라는 찬사를 들었던 사람입니다. 역사적으로 그 분보다 더 높은 권력을 가진 사람이 있었습니까? 그런데도 내 권력이 나의 영광이라고 말하지 않았습니다. 내 보화가 내 영광이라고 하지 않았습니다. 사람의 인기가 내 영광이 아니라고 하였습니다. 나의 영광은 오직 여호와라고 하였습니다. 여호와가 영광이라고 노래하는 자는 그 영광이 시들지 않습니다. 마르지 않습니다. 그에게 영원한 보배입니다.

그래서 그는 고백합니다. 여호와 나의 방패시요. 여호와 나의 영광이

시요 나의 머리를 드시는 자라고 노래하였습니다. 그는 지금 비참한 지경에 있습니다. 얼굴을 땅에 떨어뜨리고 갈 수밖에 없었습니다. 그는 절망해야 되었습니다. 세상을 향해서 시선을 들 수 없었습니다.

그러나 주님은 다윗의 고개를 들게 하셨습니다. 옛날의 왕들은 조정의 모든 신하들이 땅에 그 머리를 조아릴 때 왕이 총애하는 신하에게는 머리를 들라 명하였습니다. 다윗이 나는 왕이 아닙니다. 나는 곤고한 자이고 슬픔에 잠긴 자입니다. 절망에 빠져 고개를 땅에 박을 수밖에 없는 자입니다. 그렇게 고백할 때 주님께서 그의 고개를 들게 하시고 은총을 베푸십니다. 그래서 사랑의 눈동자를 맞추어 주시는 하나님입니다.

응답하시는 하나님

그는 그 하나님을 고통 중에 묵상합니다. 여호와여! 하고 부른 다음에 그 분이 어떤 하나님이신가를 묵상합니다. 묵상으로 끝나지 않고 깊이 하나님을 생각한 다음 그 하나님께 기도합니다.

4절에 보니, "내가 나의 목소리로 여호와께 부르짖으니 그 성산에서 응답하시는도다." 우리가 어떤 때는 하나님께 직접 기도하지는 못하고 하나님께서 이렇게 저렇게 해 주셨으면 좋겠다고 생각할 때가 있습니다. 그것은 기도가 아닙니다. 기도는 내 체중이 실려야 합니다. 내 목소리로 기도해야 합니다. 우리는 그냥 머리 속의 염원이 기도라고 착각할 때가 있습니다.

그렇지 않습니다. 여기 하나님의 사람이 "내 목소리로 여호와께 부르짖었더니 여호와께서 그 성산에서 응답하시는도다" 하였습니다. 심혈을 기울여서 끊이지 않고 기도해야 합니다. 응답될 때까지 물러서지 않고 기도하는 다윗의 모습과 그리고 응답하시는 하나님의 모습이 4절에 나타나 있습니다. 하나님께서는 응답하십니다. 응답하시되 최초로 응답하시는 장소는 5절에, "내가 누워 자고 깨었으니 여호와께서 나를 붙드심이로다."

지금 다윗은 쫓기고 있습니다. 그런데 그가 누워서 자고 있습니다. 그 고통 속에, 그 화급함 속에, 얼굴을 들 수 없는 부끄러움이 있으면서도 그는 잠을 잡니다. 저녁에 잠을 못 이루게 하는 여러 상념들이 있습니다. 무서운 생각, 추한 생각, 허망한 생각, 또 절망적인 생각, 생전 일어나지 않을 것까지 상상해 가면서 염려하고 걱정하는 것이 인생입니다. 계속 이 생각 저 생각으로 몸을 뒤척입니다.

그런데 주께서 내 상념들을 지워주십니다. 마치 칠판에 지우개로 글자들을 지우듯이 우리 하나님께서 내 마음속을 평안으로 채워주십니다. 그런 다음에야 깊은 단잠을 누릴 수 있습니다.

수술 환자들이 어느 시간부터 치료가 시작된다고 생각하십니까? 수면에 들면서부터 치료가 시작됩니다. 너무 아프면 잠이 오지 않는 법입니다. 그런데 잠을 제대로 자기 시작하면 치료가 됩니다. 저 같은 경우는 지금까지 아무리 몸이 아파도 잠을 충분히 자고 일어나면 나았습니다. 그런데 이번의 감기는 좀 호되게 치렀습니다.

하나님께서 사랑하는 자에게 먼저 평안함을 주십니다. 그리고 수면을 취하게 하십니다. 그 다음에 깨우셨다고 합니다. 저녁에는 그처럼 어렵게만 보입니다. 절망적입니다. 힘도 기진맥진입니다. 그런데 다음날 아침 눈을 뜰 때에 어떻습니까? 머리가 맑아지고 원기가 소생되고 하나님께서 나를 향해서 관심을 가져 주시고 환경을 변화시켜 주시고 내 여건을 바꿔주시기보다 나를 더 먼저 바꾸어 주십니다.

그것은 빌립보서에서도 같은 원리로 말씀하고 있습니다. 너희는 아무것도 염려하지 말고 너희 구할 것을 감사함으로 하나님께 아뢰라 그리하면 모든 지각에 뛰어난 하나님의 평강이 너희 환경과 여건과 소유, 네 문제를 해결해 주리라 그렇게 말씀하시지 않습니다. 모든 지각에 뛰어난 하나님의 평강이 네 마음과 생각을 지켜 주십니다.

하나님의 관심은 내 소유가 아닙니다. 하나님의 관심은 내 환경이 아닙니다. 내가 가진 문제가 아닙니다. 하나님께서 나를 사랑하시고 나를 향해서 관심을 갖는 부분은 나 자신입니다. 내 속 생각입니다. 내 마음입니다. 하나님은 나를 사랑하십니다. 내 소유를 사랑하시지 않습니다. 내 문제보다 나를 더 소중하게 생각하십니다. 하나님의 응답은 놀랍게도 내 심령을 향해서 역사합니다. 다윗이 살아계신 하나님 앞에 내 목소리로 부르짖으니 그 성산에서 응답하셨습니다. 깊은 저녁에 공포 속에, 처량함 속에, 배반의 아픔 속에, 수치와 근심 속에 주께서 그 마음에 찾아와 주셔서 평안을 주시고 그 빈 마음을 채워주십니다.

그런 후에 그는 이렇게 외칠 수 있었습니다. 6절입니다.

"천만인이 나를 둘러 치려 하여도 나는 두려워 아니하리로다." 이미 그 마음 속에 승리가 있었습니다. 마음 속에 있는 문제가 해결되었습니다. 내 대적들이 문제가 아닙니다. 내 사건과 내 삶의 현장이 문제가 아닙니다. 주께서 이미 응답해 주셨습니다.

하나님께서는 나를 향해서 여기서부터 변화시켜 주십니다. 내 환경의 변화보다 내 소유의 변화보다 내 문제의 해결보다 내가 해결되기를 원하십니다. 내 삶 속에 평온을 주시고 기쁨을 주십니다. 그 주님, 그래서 그는 천만인의 대군이 나를 향해서 치러 온다 해도 나는 두려워 아니하리로다 고백합니다.

그리고 두번째로 하나님께서 밖의 대적들도 물리쳐 주실 것을 확신합니다. 이미 마음에 응답이 있었습니다. 그래서 그는 말합니다. "여호와여 일어나소서 나의 하나님이여 나를 구원하소서 주께서 나의 모든 원수의 뺨을 치시며." 뺨을 친다는 말은 무슨 말입니까? 세상에 사람이 매를 맞아도 뺨을 맞으면 가장 기분이 안 좋습니다. 이말은 내 대적들이 수치를 당하게 만든다는 말입니다. 뺨은 수치를 뜻합니다.

다음에 "악인의 이를 꺾으셨나이다." 자기를 공격하는 맹수와 같은 존재들의 이빨을 부서뜨린다는 말입니다. 공격하는 세력들을 무력하게 만들었다는 뜻입니다.

아직 다윗을 죽이려는 세력들은 엄청나고 그는 쫓기고 있는 존재입니다. 그런데 그는 이미 하나님께 응답을 받아서 저들은 반드시 수치를 당하겠고 저들의 공격은 무력화되겠다고 노래합니다. 그러면서 그는 자신 속에 있는 승리를 노래합니다.

8절입니다. "구원은 여호와께 있사오니 주의 복을 주의 백성에게 내리소서."

용서의 승리

이 백성이 누구입니까? 이스라엘 백성입니다. 이들이 어떤 사람들입니까? 지금 다윗을 배반한 무리들입니다. 그런데도 다윗은 저들의 멸망을 위해서 기도하지 아니하고 하나님께서 저들에게 은혜를 베푸셔서 복을 내리시기를 원하는 백성의 지도자로서의 기도를 하고 있습니다. 넓은 아량입니다. 내 원수가 나를 미워할 때에 계속 나도 같이 미워한다면 그에게 지는 것입니다.

다윗에게 놀라운 승리를 주셨습니다. 우리 주님께서 십자가에 달리시면서, 아버지여 저들의 죄를 용서하여 주옵소서. 저들은 자기가 하는 일을 알지 못합니다 하고 기도하신 우리 주님과 같습니다. 자기를 반역한 이스라엘 백성을 향해 모세가, 하나님이여, 저들을 구원하여 주옵소서. 그렇지 아니하면 생명책에서 내 이름을 제하소서. 하나님 앞에 기도했던 위대한 지도자의 품격을 하나도 잃어버리지 않고 든든하게 서 있는 다윗의 모습입니다.

사랑하는 성도 여러분, 여러분이 인생을 살아가면서 이런 깊은 어두움을 경험하실 것입니다. 외로움이라는 어두움, 배반의 아픔, 과거에 내가 저지른 잘못에 대한 부끄러움, 이것들이 내 인생을 괴롭힐 때가 있습니다.

제 생애에서 가장 뼈저리게 아팠을 때가 저에게 속해 있던 단체를 나올 때였습니다. 그 단체에서 어린 나이에 총무일을 맡았습니다. 경험도 없이,

지식도 없이 시작하다 보니 무리가 생긴 부분들을 결국은 책임을 맡은 제가 지게 되었습니다. 사실 저는 그 단체를 위해서 살고 또 그 단체에서 마치려는 생각이었습니다. 그래서 다른 곳에서의 유혹도 뿌리치고 그곳에 남기 위해 무진 노력을 다하였습니다. 공부할 수 있는 기회도 스스로 차단한 채 오직 평생을 바칠 일념만으로 그 단체에서 일하였습니다.

그랬더니 어느날에는 저를 보고 나가라고 하는 것이었습니다. 게다가 옆에서 들리는 말은 젊은 나이에 지도자에게 아부 잘해서 직위를 갖더니 언젠가는 이렇게 될 줄 알았다. 거기까지도 이해가 되는데 이제까지 윗분들이 붙잡아주어서 네가 일하였지 사실 나가보면 무엇을 할 수 있겠는가 하였습니다.

그 말을 들으면서 제 생각에는 억울한 마음이 들었습니다. 화도 났습니다. 그 때 조용히 하나님께 기도하였습니다. 주님 지금 솟구치는 노를 제어해 주시고 내 감정의 흔들림을 주께서 잔잔케 하여 주옵소서 옆에서 지켜보는 사람들이야 지혜로운 말로 충고하듯 얘기해 주었습니다. 그 때 제가, 나는 여기서 사람의 종으로 일하지 않았다. 예수님의 일꾼으로 일한 것이다. 예수님께서 이제까지 나를 사용해 주셨다면 이 곳을 나가서도 나를 사용해 주실 것을 믿는다. 그 말을 한 뒤 나왔습니다. 나중에 그 친구들을 10년 뒤에 만났습니다.

내 생애에 그렇게 아픈 때가 없었습니다. 참 고통스러웠습니다. 그 때 하나님의 말씀을 계속 묵상하다가 로마서를 읽던 중 제 억울한 마음이 풀렸습니다. 하나님은 의로우신 재판장이라는 그 구절을 읽었습니다. 만약 하나님이 의로우신 재판장이 아니시라면 이 세상에서 진실하게 살다가 억울하게 고통받는 사람들은 실패자입니다. 하나님이 의로운 재판장이 아니시라면 이 세상에서 위선으로 살고 속임수를 쓴 사람들은 성공한 사람입니다.

과거에는 하나님이 재판하신다는 말씀이 끔찍했습니다. 싫었습니다. 왜 하나님의 성품 중에 재판이라는 말이 있는가. 그러나 제가 묵상하던 중에 벌떡 일어나서, 하나님, 그렇습니다. 하나님은 심판자이셔야 합니다. 그렇지 않으면 이 세상은 살 만한 가치가 없습니다.

그러나 하나님께서 심판자이시라면 그것이야말로 어떤 경우에도 진실할 이유가 바로 여기에 있습니다. 인생을 성실하게 살고 하나님의 법도대로 살아야 할 이유가 여기에 있습니다. 여호와, 당신은 심판주이십니다. 제가 앉았던 자리에서 벌떡 일어나서 하나님을 찬양하였습니다. 제게 아침의 노래는 하나님께서는 의로운 재판장이라는 뜻입니다.

고난의 밤을 이김

다윗이 지금 흑암의 밤을 지나고 있습니다. 고통스러운 그 밤을 지날 때에 그에게는 아침의 노래가 있었습니다. 이 시편 3편을 아침의 노래라고 명합니다.

우리는 세상에서 배반의 아픔을 경험합니다. 어떤 때는 사람들에게 소외를 당해서 깊은 외로움의 밤을 보내기도 합니다. 어떤 때에는 나의 수치스러운 과거가 나를 억누를 때도 있을 것입니다. 그러나 아침의 노래가 있는 사람은 그 밤이 그를 정복할 수 없습니다. 그에게는 찬란한 아침의 노래가 있기 때문입니다. 아침의 노래를 부르면서 고난의 밤을 이겼던 하나님의 사람, 다윗을 우리가 이 시간에 바라보십시다.

여러분은 곤고한 인생을 살아가시면서 깊은 밤의 고통을 몸 전체로 느끼면서 부를 아침의 노래가 있으십니까? 다윗은 이렇게 노래했습니다. 여호와여, 당신은 나의 방패시요, 나의 영광이시요 나의 얼굴을 드시는 자시니이다. 당신은 내가 부르짖을 때 성산에서 응답하셨습니다.

그리고 당신 안에서 당신이 주시는 평온함 때문에 내가 이 밤에도 잠을 잡니다. 내 마음 속에 이미 승리가 있습니다. 또 원기를 회복해서 깨어납니다. 천만인이 나를 둘러 친다 하여도 나는 이미 승리자입니다. 그리고 당신은 내 대적에게 수치를 줄 것입니다. 당신은 나를 공격하는 모든 악의 공격력을 무력화시키십시오. 그리고 당신은 내 백성을 향해서 축복해 주실 줄을 믿습니다. 이 찬란한 아침의 노래를 그는 가졌습니다.

  성도 여러분, 찬송을 부르십시오. 찬란한 아침의 노래를 부르십시오. 아침의 노래가 있는 사람을 슬프게 할 세력은 없습니다. 아침의 노래를 부르는 사람을 이길 어둠의 세력은 없습니다. 살아계신 하나님을 힘차게 부르시면서 그 분을 찬송하십시오. 여기에 승리의 비결이 있습니다.

제 3 장
소원을 두고 행하시는 하나님

"행악자를 인하여 불평하여 하지 말며 불의를 행하는 자를 투기하지 말지어다 저희는 풀과 같이 속히 베임을 볼 것이며 푸른 채소 같이 쇠잔할 것임이로다 여호와를 의뢰하여 선을 행하라 땅에 거하여 그의 성실로 식물을 삼을지어다 또 여호와를 기뻐하라 저가 네 마음의 소원을 이루어 주시리로다 너의 길을 여호와께 맡기라 저를 의지하면 저가 이루시고."

— 시편 37 : 1 ~ 5

우리가 신앙생활을 하면서 어느 한 부분의 일방적인 면만을 생각할 때가 있습니다. 가령 예수님을 믿을 때에 우리 자신은 전적으로 부인된다는 사실만 강조되어 우리가 하나님을 사랑할 때 동시에 우리의 소원도 이루어진다는 사실은 간과되는 경우가 많이 있습니다.

제가 신앙을 갖기 두려웠던 이유 중에 하나도 예수님을 믿으면 내가 살고 싶은 생애를 깡그리 포기하고 하나님께서 내 인생을 순종만 하는 로봇으로 바꾸시는 것이 아닌가 하는 두려움이 있었기 때문이었습니다. 그러나 우리 하나님께서는 우리 인생을 인도할 때에 마치 컴퓨터에 프로그램을 입력시키고 키보드만 누르면 작동하는 것과 같이 기계적인 인생으로 우리를 만드시지 아니했습니다. 하나님께서는 당신의 뜻을 우리 가운데 드러내시기 위해서 먼저 우리 마음에 소원을 두고 행하시는 하나님이십니다.

우리는 모두 예수 그리스도 안에서 하나님의 자녀로 새로 태어난 존재입니다. 중요한 것은 우리의 존재만 새로 태어난 것이 아니라 우리의 사고방식, 우리의 습관도 새로워지고, 새로 태어난 자로서의 삶을 살게 됩니다. 그런데 불행하게도 예수님을 믿는 것은 틀림없지만, 하나님의 자녀인 것도 사실이지만 그러나 사고방식만은 새로 태어나지 않고 옛사람 그대로 사는 사람들이 의외로 많습니다.

하나님께서는 우리에게 새로운 사고, 새로운 마음의 소원을 주셔서 그 소원따라 우리 인생을 인도하시기를 기뻐하십니다. 시편 107:30을 읽어 보겠습니다. "저희가 평온함을 인하여 기뻐하는 중에 여호와께서 저희를 소원의 항구로 인도하시는도다."

하나님의 뜻, 나의 뜻

주께서 우리의 마음을 평온케 하시고 소원의 항구로 우리를 인도하신다고 말씀하고 있습니다. 하나님께서는 우리의 삶을 우격다짐으로 인도하지 않으십니다. 먼저 마음에 소원을 주십니다. 그러므로 하나님께서 내 마음에 어떤 소원을 주셨는가를 우리가 말씀으로 늘 점검해 보아야 합니다. 왜냐하면 우리에게는 아직도 옛 자아와 육신의 정욕과 안목의 정욕과 이생의 자랑으로 가득 찼던 옛습관이 남아 있기 때문에 이것이 하나님으로부터 온 소원인지 그렇지 않으면 내 욕심인지 늘 살피면서 하나님의 뜻을 물어야 합니다. 이것은 구약의 말씀에만 있는 것이 아닙니다.

빌립보서 2:13에 "너희 안에서 행하시는 이는 하나님이시니 자기의 기쁘신 뜻을 위하여 너희로 소원을 두고 행하게 하시는" 하나님이라고 말씀했습니다. 제가 이제까지 성경을 보면서 하나님께서는 일하기를 조금도 원하지 않는 사람을 데려다가 하나님의 일을 강제로 시키는 경우를 발견하지 못했습니다.

어떤 분은 모세가 가시덤불에서 양을 치고 있을 때 하나님께서 그를 데려다가 이스라엘의 구속자로 삼으시지 않으셨습니까? 하고 말씀하실 것입니다.

그러나 그것은 성경의 한면만 본 것이라고 생각합니다. 그는 자기 백성을 사랑했습니다. 그래서 애굽의 공주의 아들이라 칭함을 거절하고, 애굽의 부요와 애굽의 지위와 영광을 초개처럼 버리고, 그 백성들과 함께 고난당하기를 기뻐했습니다.

어느날 갑자기 고넬료에게 욥바에 사람을 보내서 베드로라 하는 시몬을 청해 시몬에게서 복음을 듣게 하시지 않았습니까? 하실 것입니다. 고넬료는 아무 것도 한 것이 없어 보입니다.

그러나 그 앞에 성경을 보면 그는 하나님을 경외하고 백성을 사랑으로 구제하였던 자라고 기록되어 있습니다. 그의 마음에 늘 바른 인생, 하나님이 기뻐하시는 삶을 살기 위한 깊은 소원이 있었습니다. 여호와께서는 온 땅을 두루 감찰하시며 자기를 찾는 자를 위하여 능력을 베푸십니다. 이것은 성경에만 나타난 것이 아닙니다. 납땜쟁이였던 윌리엄 캐리, 그의 마음 속에 세계를 향한 불타는 마음이 있었습니다.

그래서 도서관에 가서 세계 각 나라와 도시에 대한 면밀한 조사서를 만들었습니다. 각국의 인구와 기후와 특색과 종교 성향, 면적 등을 조사해서 기록했습니다. 그리고 그 내용을 붙잡고 날마다 하나님께 기도하였습니다. 하나님, 이들에게 복음을 증거할 수 있게 해 달라고 눈물로 매달렸습니다.

그가 여러 목사님들 앞에서 선교에 대해 역설할 때 당시 유능한 목사님들은 이렇게 말했습니다. '하나님은 사람의 도움 없이도 그분이 원하시는 백성들을 마음대로 구원하실 수 있다. 그런데 우리가 굳이 해외의 여러 나라로 나갈 필요가 있는가?' 그러나 캐리는 그 정도에서 물러서지 않았습니다. 당시의 신학 추세에 맞서서 그는 자비량 인도 선교사로 떠났습니다. 이것이 근대 선교의 사실상 시작입니다.

하나님께서는 우리의 생애를 로봇처럼 사용하시지 않습니다. 마음에 소원을 두고 행하시는 하나님이십니다. 그래서 하나님께서 주신 소원따라 하나님의 뜻을 성취합니다.

행악자의 길

이 세상에서 가장 큰 지혜는 하나님의 뜻을 아는 것입니다. 이 세상에서 가장 위대한 사역은 하나님의 일을 성취하는 것입니다 . 그것이 크든지 작든지 하나님께서 맡기신 그 일을 행하는 것이야말로 가장 위대한 과업입니다. 우리의 마음에 소원을 두고 행하시는 하나님, 우리 인생을 하나님의 도구로 사용하시는 하나님, 그 하나님의 뜻을 성취하는데 방해거리가 있습니다. 그것은 우리의 시선을 하나님에게서부터 멀어지게 하고자 하는 무수한 시도입니다. 시편 37편으로 돌아가겠습니다. 1절에 이렇게 기록되어 있습니다.

"행악자를 인하여 불평하여 하지 말며 불의를 행하는 자를 투기하지 말지어다." 악인들이 득세하는 모습을 봅니다. 불의가 정의를 이기는 것을 봅니다. 그 때 우리 마음 속에 불평이 일어납니다. 못된 사람들이 승승장구하는 모습을 보면 우리 마음 속에 투기심이 일어납니다. 그래서 마음에 원망이 가득 찹니다. 그러나 하나님께서는 너희 마음을 그런 것에 빼앗기지 말라고 하셨습니다.

너희 마음을 투기와 불평과 원망으로 채우지 말라고 하셨습니다. 너희들이 살아야 되는 삶은 그들을 상대하는 삶이 아니라고 말합니다. 그들의 운명은 이미 결정되었다고 말합니다. 어떻게 결정되었습니까? 2절에, "저희는 풀과 같이 속히 베임을 볼 것이며 푸른 채소같이 쇠잔할 것임이로다."

지금 악인들이 잘 되는 것같고 승승장구하는 것같으나 저들은 반드시 시들고 쇠잔케 된다고 말씀하십니다. 풀같이 베어진다는 말을 생각해 보십시다. 이스라엘에는 우기가 두번 있습니다. 우기에 비가 오기 시작하면 말랐던 대지가 촉촉히 젖습니다. 온 사방에 흩날렸던 씨앗들이 발아하기 시작합니다. 그러면 온 이스라엘의 대지가 새파랗게 변합니다. 그러다가 우기가 끝나고 무서운 건기가 시작됩니다.

그러면 그처럼 푸르렀던 초목들이 일시에 노랗게 타서 죽기 시작합니다. 그 기간을 잘 아는 목동들은 풀들이 마르기 전에 새벽부터 일찍 일어나서 열심히 낫으로 벱니다. 그와 같이 세상의 악이 온세상에 가득 찬 것같고 세계를 장악할 것같으나 저들은 마땅히 베어진다고 말씀합니다.

과정은 이기는 것같습니다. 성공하는 것같습니다. 그들의 목적하는 바가 달성되는 듯 합니다. 그러나 저들은 풀과 같이 속히 베임을 볼 것입니다. 채소는 멋있게 보이라고 기르는 것이 아닙니다. 그것은 뽑고 베기 위해서 키웁니다. 어느정도 자라면 한계가 있습니다. 그러므로 의인들은 저들을 상대해서 살지 말고 분을 그치고 노를 그치라고 말씀합니다.

8절에, "분을 그치고 노를 버리라 불평하여 말라 행악에 치우칠 뿐이라" 그들을 상대해서 마음을 빼앗기지 말라는 말씀입니다. 그러면서 하나님을 향해 사는 삶의 세 가지 모습을 우리에게 가르쳐 주십니다.

첫째로 "여호와를 의뢰하며 선을 행하라"고 하십니다. 하나님만을 신뢰하라는 말입니다. 하나님을 향해서 사는 사람들은 무엇보다도 하나님을 신뢰하는 출발선에서 시작해야 합니다. 멕시코의 대통령에게 미국의 어느 신문기자가 물었습니다.

"북미와 남미가 그처럼 다른 이유가 무엇이라고 생각하십니까?"

그 때 대통령은 이렇게 대답하였습니다.

"그것은 시작이 다르기 때문입니다. 북미의 청교도들은 God(하나님)을 찾으러 왔고 남미의 에스파니아 사람들은 Gold(금)를 찾으러 왔습니다. 하나님을 찾으러 갔던 청교도들은 하나님도 만나고 금도 가졌는데 금을 찾으러 간 사람들은 금도 놓쳤고 하나님도 놓쳤습니다."

하나님을 찾아 갔던 청교도들은 자신들이 쓰던 돈의 뒷면에 이런 글자를 새겼습니다. "In God We Trust" 우리는 하나님을 신뢰한다는 신앙 고백입니다.

하나님을 신뢰함

여러분! 세상 사람들의 여론에 마음을 빼앗기지 맙시다. 악한 사람들이 잘되는 것 때문에 현혹되지 맙시다. 하나님께서 우리에게 주신 소원을 이루기 위해서 무엇보다도 우리가 해야 될 것은 하나님을 신뢰함입니다. 그것만이 우리에게 실망을 주지 않습니다. 그것만이 무너짐이 없습니다. 그것만이 흔들림이 없습니다. 그것만이 만세반석입니다. 그것만이 요동하지 않습니다.

세상이 주는 모든 것은 늘 흔들립니다. 건강도 빼앗기고 명성도 사라질 때가 있습니다. 우리의 젊음도 시듭니다.

하나님만 참으로 우리의 신뢰의 대상입니다. 하나님을 신뢰할 때에 반드시 맺어지는 열매와 꽃이 있습니다. 그것은 선입니다. 이 세상의 선은 시간을 따라 시들 때가 있습니다. 하나님께 뿌리를 두지 않는 선은 그 근거가 희박합니다. 그래서 예수 믿지 않던 임마누엘 칸트도 도덕이 서기 위해서는 하나님이 계셔야만 한다고 설파할 수밖에 없습니다. 하나님이 안 계신 문화는 모두 악해질 수밖에 없었습니다.

하나님만을 신뢰하라고 오늘 성경은 이 시간에 우리에게 권면합니다. 악한 사람들이 득세하고 잘 되는 것에 마음을 빼앗기지 말고 너는 하나님만 바라보고 하나님만을 신뢰하라. 그리고 하나님께서 내 인생에 맺고자 하는 열매를 맺으라고 하셨습니다.

두번째로는 "그의 성실을 식물로 삼을지어다" 하셨습니다. 우리는 성실을 생각할 때 비교급으로 생각합니다. 내가 옆에 있는 친구와 비교할 때에 조금 더 성실하다고 생각합니다. 그런데 하나님께서는 우리가 다른 사람의 비교급으로 살기를 원치 않으십니다. 하나님께서 원하시는 것은 하나님의 성실을 식물로 삼아야 된다고 하셨습니다. 그와 같이 사셨던 분이 제 마음 속에 한분 계십니다.

그 분은 김용기 장로님이십니다. 김 장로님과 같이 지내면서 제가 그 어른에게 물었습니다.

"장로님, 당신은 늘 그렇게 언제나 당당하기만 하십니까? 인생에 좌절과 실패의 시기는 없으셨습니까? 있으셨다면 그 때는 어떻게 극복하셨습니까?"

"왜, 나도 사람인데 늘 흔들리고 어려움이 많았지. 내 생애에서 절망의 아픔이 가장 컸을 때는 내 사랑하는 둘째아들이 세번째 집을 나간 때였다네."

김장로님은 황폐한 땅을 개간하였다가 그 땅이 옥토가 되면 또 다른 곳을 개간하셨습니다. 국토를 한치라도 더 기름진 땅으로 만들기 위해서 이

분이 몇차례 본거지를 옮기셨습니다. 이제 좀 살만하면 또 옮기고 또 이동하곤 하였습니다.

큰 아들은 장남인지라 아버지의 명에 거역하지 못하고 순종하였지만 둘째아들은 아버지를 피해서 집을 떠났습니다. 아들이 보고 싶은 어머니는 남편에게 하소연을 합니다.

"왜 당신은 평범한 다른 사람들처럼 살지 못합니까?"

그날 저녁에도 둘째아들 일로 아내와 마음이 상한데다 또 객지에 나가 있는 아들이 어떤 고생을 할지 근심스러워 잠을 이루지 못하다 몇시인지 모르나 새벽예배를 드리러 교회 안에 들어가서 하나님께 울부짖으며 이렇게 기도하셨다고 합니다.

"하나님, 내 생명을 차라리 거두어 가 주십시오. 하나님께서 나를 농사꾼으로 부르셨기 때문에 하나님의 명령을 어길 수도 없습니다. 그러나 너무 괴롭습니다. 내 아내도 이해해 주지 않고 내 아들은 나를 버리고 도망갔습니다. 내가 참으로 견딜 수 없지만 하나님이 나에게 맡기신 임무인지라 피할 수도 없습니다."

차라리 내 생명을 거두어 가 달라고 울면서 날이 새도록 기도하셨다고 합니다.

아침이 훤하게 밝아왔습니다. 그처럼 울부짖으며 기도하고 있는데 자신의 목소리 외에 또 울음소리가 들렸다고 합니다. 그래서 환청인가 하여 눈을 떠보니까 도망갔던 둘째 아들이 자기가 기도하던 머리맡에 서서 울면서 아버지를 내려다 보고 있더랍니다. 그 때 부자가 서로 목을 껴안고 하나님께서 우리에게 맡기신 일을 그래도 해야 되지 않겠느냐고 하면서 울었다고 합니다.

이것이 하나님을 향한 성실입니다. 비교급이 아닙니다. 하나님이 나를 어디로 부르셨는가 입니다. 하나님께서 지금 내게 무엇을 요구하시는가 입니다. 내가 아무개 집사와 비교하니까 조금 낫다는 생각에 속지 마십시오.

하나님께서 나를 향해서 부르신 그 부름에 올바로 서 있는가를 보십시오. 하나님을 향해 사는 사람은 하나님만을 의뢰하며 그 결과로 선의 열매를 맺습니다. 그리고 그분의 성실을 식물로 삼습니다.

무엇이 우리의 기쁨인가

그리고 세번째로 여호와를 기뻐하라고 하셨습니다. 사람은 그가 기뻐하는대로 그의 인생이 결정됩니다. 예술을 기뻐하는 사람은 예술가가 되고 권력을 기뻐하는 사람은 정치가가 됩니다. 그래서 권력을 갖는 것은 그가 인격이 고매하거나 또는 실력이 있어서 권력을 차지하게 되는 것같지는 않습니다. 그가 얼마만큼 권력에 대한 의지가 있느냐에 따릅니다. 또 무엇보다 이권을 소중하게 생각하는 사람은 사업가가 됩니다.

아무나 부자가 되는 것이 아닙니다. 돈을 열심히 추구하는 사람은 결국 사업가가 됩니다. 정치가는 권력을 즐기고 예술가는 아름다움을 즐깁니다. 사업가는 이권을 즐기고 학자는 학문을 즐깁니다. 그리고 부모에게는 자녀가 그 기쁨의 일번지가 됩니다. 아무것도 없어도 자녀만 있으면 기쁩니다. 그런데 대부분의 사람들은 하나님께서 주시는 선물은 즐거워하지만 하나님은 안 즐거워합니다. 하나님의 능력도 좋아하고 하나님의 축복도 좋아하는데 하나님은 별로 좋아하지 않습니다. 성도는, 진실로 하나님의 거룩하신 구속으로 하나님의 자녀된 성도는, 여호와가 기쁨의 일번지입니다. 이 기쁨은 세상의 어떤 힘에도 무너지지 않습니다. 빼앗기지 않습니다. 주께서 내게 주신 기쁨은 새 포도주와 곡식으로 곳간에 가득 채울 때보다 더 승합니다. 여호와를 기뻐했던 하박국 선지는 갈대아 사람들의 악행들을 눈 앞에 보면서도 의인은 오직 믿음으로 산다고 선포하였고 하나님만을 그 일생에 기뻐하기로 작정하였습니다.

"비록 무화과 나무가 무성치 못하고 감람 나무에 소출이 없고 밭에 열매가 없으며 외양간에 소가 없을지라도 나는 여호와를 인하여 즐거워하며 그 구원의 하나님을 찬양하리로다"

하나님을 기뻐하는 기쁨만이 영원히 끝나지 않습니다. 마르지 않는 샘이 됩니다. 그렇기 때문에 화니 크로스비라는 장님은 예수님 안에서 이런 고백을 하였습니다.

"나는 의사의 잘못된 시술로 앞못보는 장님이 되었습니다. 그러나 장님 된 나의 육신의 눈은 멀게 되었지만 하나님께서 내 마음의 눈을 여셔서 오늘도 하나님만을 바라보고 하나님의 영광을 즐거워하며 삽니다."

하나님께서 그녀에게 기쁨의 근원지가 되자 눈이 안 보이는 것도 그녀에게는 기쁨이 되었습니다. 사람들은 그들 자신이 이루어 놓은 일의 성취를 보면서 기뻐하지만 비록 그것마저 없을 때에도 하나님만으로 기뻐하는 놀라운 인생을 우리에게 주시기를 원하십니다.

하나님과 함께 있는 것이 우리 기쁨의 일번지입니다. 하나님의 말씀을 깨닫는 것이 기쁨의 근거가 됩니다. 그리고 하나님의 말씀을 순종하는 것이야 말로 그의 생애에 얼마나 귀하고 아름다운 축복인지 깨닫는 사람입니다. 하나님을 기뻐하십니까? 부모가 자녀를 기뻐하듯이, 사랑하는 사람을 기뻐하듯이 하나님을 여러분은 기뻐하며 사십니까? 이런 인생만 부러울 것이 없는 인생입니다. "여호와는 나의 목자시니 나는 부족함이 없도다" 이런 인생을 살게 됩니다.

성경 본문으로 다시 돌아갑시다. "여호와를 의뢰하며 선을 행하라 땅에 거하며 그의 성실로 식물을 삼을지어다 또 여호와를 기뻐하라 그리하면 저가 네 마음의 소원을 이루어주시리로다."

그분이 우리의 마음의 소원을 이루어주신다고 약속하십니다. 하나님을 신뢰하는 그 길을 다시 여호와께 맡기라고 말합니다. 저를 의지하면 누가 이루신다고 하였습니까? 저가 이루십니다. 하나님께서 이루신다고 말합니다. 의지하지 않으면 안 이루신다는 말씀입니다.

그리고 의를 나타내시되 빛같이 나타내신다고 하셨습니다. 빛이 오는 소리를 들으신 적이 있으십니까? 우리가 밤을 낮으로 바꾸기 위해서 아무리 애를 써도 이것을 바꿀 수 있습니까? 인간이 대단한 능력들을 가진 존재같지만 밤을 낮으로 바꾸는 능력이 없습니다. 이 칠흑같은 어두움이 충만해도 동녘 하늘에 태양이 떠오르면 어둠은 물러가고 찬란하게 그 빛이 온 지면을 감쌉니다. 얼마나 거대한 힘입니까?

그러나 그 빛이 우리에게 올 적에 요란하지 않습니다. 소리내지 않습니다. 조용히 옵니다. 여호와를 의지하고 그의 성실로 식물을 삼고 그분을 기뻐하는 자에게 우리 하나님께서는 빛처럼 이루어주신다고 약속하십니다.

그러면 빛처럼 이루어졌기 때문에 아무도 볼 수 없는, 그래서 이루어졌는지 아닌지도 모를 정도로 그처럼 이루어집니까? 아닙니다. 네 공의를 정오의 빛같이 하시리로다 하셨습니다. 환한 대낮을 누가 부인할 수 있습니까? 명백한 이 낮을 아무도 부인할 수 없는 것처럼 하나님께서 이루실 때 아무도 부인 할 수 없는 확실한 증거로 이 땅에 하나님의 뜻을 이루십니다.

가장 위대한 지혜는 하나님의 뜻을 아는 것입니다. 또 가장 위대한 사업은 하나님의 뜻을 이루는 일입니다. 우리를 로봇처럼 사용하시지 아니하시고 인격으로 대하셔서 마음에 소원을 두고 행하시는 하나님이십니다. 그 크신 하나님이 내가 노(No)라고 거절하면 그 하나님의 거룩하고 크신 뜻이 노가 됩니다. 이처럼 엄청난 권한을 우리에게 주셨습니다.

그러나 내 작은 뜻이지만 하나님이 기뻐하시는 거룩한 뜻 안에서 내 소원이 하나님 앞에 바로 드려질 때에 하나님께서는 이 소원을 통해서 세계의 역사를 바꾸어 주십니다. 새로운 문화를 창조하십니다. 새로운 복음 역사를 이 땅에 이루시는 살아계신 하나님이십니다.

이 37편 시편은 다윗이 젊었을 때에 지은 시가 아닙니다. 다윗이 노년에 지었다는 것이 시에 기록되어 있습니다. 25절에 보니까, 내가 어려서부터 늙기까지 의인이 버림을 당하거나 그 자손이 걸식함을 보지 못하였도다 했는데 그가 어려서부터 늙기까지 보았다고 기록한 것을 보니 인생을 다 산

다음에 쓴 것입니다. 그는 하나님의 뜻을 이 지상에서 가장 많이 행한 사람입니다.

그런 그가 말합니다. 여호와께서는 우리의 마음 속 소원을 이루시는 하나님이시라고 합니다. 사랑하는 성도 여러분, 여러분의 소원이 이 땅에서 이루어지기를 원하십니까? 그것을 사모하십니까? 그러면 이 소원이 하나님의 뜻에 합치하였는지를 살펴보아야 합니다.

제 4 장
놀라운 계획을 가지신 하나님

"여호와께서 사람의 걸음을 정하시고 그 길을 기뻐하시나니 저는 넘어지나 아주 엎드러지지 아니함은 여호와께서 손으로 붙드심이로다 내가 어려서부터 늙기까지 의인이 버림을 당하거나 그 자손이 걸식함을 보지 못하였도다 저는 종일토록 은혜를 베풀고 꾸어주니 그 자손이 복을 받는도다 악에서 떠나 선을 행하라 그리하면 영영히 거하리니 여호와께서 공의를 사랑하시고 그 성도를 버리지 아니하심이로다 저희는 영영히 보호를 받으나 악인의 자손은 끊어지리로다 의인이 땅 차지함이여 거기 영영히 거하리로다."

— 시편 37:23~29

여러분, 내가 왜 지금의 내가 되었는지 생각해 본 적이 있으십니까? 또는 내가 앞으로 어떻게 될 것인가를 생각해 본 적이 있으십니까? 오늘 이 시간에는 내가 나 되는 것, 앞으로 내 인생이 이루어져 가는데 중요한 요인이 되는 세 가지를 생각해 보고자 합니다.

나를 만드는 요인

하나는 환경적인 요인입니다. 가장 첫번째 환경적 요인은 부모입니다. 내가 어떤 부모를 만났는가, 부유한 부모를 만나면 나는 노력하지 않아도 부자입니다. 그런가하면 사랑이 많은 아버지를 만나면 그는 평생 다른 사람과 사랑의 관계를 쉽게 유지하며 삽니다. 또 신중한 부모를 만나면 한걸음 한걸음을 돌다리를 두들기며 걷듯, 조심스럽게 인생을 살아갑니다. 또 부모님 때문에 나의 기호도 결정되고 내 지능도, 재능도 모두 결정됩니다. 이것이 나를 만드는 한 요인이 됩니다.

어려운 일이 있을 때마다 무릎꿇고 조용히 기도하는 부모님 밑에서 자란 자녀들은 인생의 고비때에 조용히 무릎꿇고 살아계신 하나님 앞에 기도하는 것을 배우는 자녀가 되고 날마다 아침에 일어나서 하나님의 말씀을 읽고 묵상하는 부모를 가진 자녀들은 인생을 살면서 주의 법을 기뻐하는 삶을 살게 마련입니다. 환경적인 요소는 여기에만 국한되지 않습니다.

내가 어떤 회사에 입사하는가, 어떤 부서에서 일하는가 이것이 나를 만드는 한 중요한 요인이 됩니다. 아무리 뛰어난 능력을 가진 사람이라 할지라도 부도난 회사에 입사하면 실직자가 됩니다. 그러나 별 능력이 없는 사람이라도 계속 승승장구하는 회사에 평생 몸담아 있다면 그의 노력 여하와 상관없이 그의 사회적 지위는 계속 높아질 것입니다.

반대로 내가 책임 맡은 부서에서 동료직원이 실수를 하였다면 내 잘못이 없어도 함께 책임을 져야 하는 고통스런 상황을 겪기도 합니다. 그러므로 내 주변 환경이 나를 만드는 중요한 요인이 됩니다. 그뿐 아니라 환경적 요인은 국가에도 해당이 됩니다. 제가 처음 외국에 나갔을 때에는 한국에서 왔다고 하면 그 나라에 전기가 들어오느냐 하는 질문을 받았습니다.

그러나 지금 나가보면 대우가 많이 달라지는 것을 알 수 있습니다. 이 요인은 우리 나라에만 국한되지 않습니다. 세계가 어떻게 바뀔것인가 여기에 우리는 또 영향을 입을 것입니다. 거대한 미국이 벌써 힘을 잃은 것을 볼 수 있습니다. 달이 차면 기운다고 일본의 경제도 지금 곤두박질한다는 보고를 받습니다. 이 환경적인 요인은 미국의 문제만이 아닙니다. 일본의 문제만이 아닙니다. 여러분과 내가 같이 당하는 문제입니다.

그런가하면 또 하나의 요인은 내 노력 여하에 따라 나의 인생이 만들어져갈 것입니다. 무엇을 구하느냐, 그것은 내 인생이 어떻게 나갈 것인가를 가름하는 중요한 요인이 됩니다. 열심히 권력을 추구하는 사람은 낙선하고 낙선해도 또 출마합니다. 그래서 권력 의지를 반드시 성취하고야 마는 것을 봅니다. 똑똑하다고, 능력이 있다고 권력을 잡는 것이 아닙니다. 권력 의지가 있는 사람이 권력을 잡습니다.

열심히 이권을 추구하는 사람은 부자가 됩니다. 아름다움을 추구하는 사람은 예술가가 됩니다. 내가 노력하는 대로 내 인생이 나아갑니다. 제가 어느 형제분에게 우리 남서울 교회에서 같이 일해 보지 않겠느냐고 권했더니 그가 많은 이야기를 하였지만 요약해 보면, 목사님 나를 어느 정도로 키워 주시겠습니까? 하는 물음이었습니다. 그래서 제가 대답하기를 자네가 하기 나름이라고 하였습니다.

정말 저는 우리 교회에서 믿음의 걸물들이 많이 나오기를 바랍니다. 이

시대를 담당할, 이 시대의 예언자와 같은 메시지를 가진 하나님의 종들이 계속 이 교회에서 배출되기를 참으로 원합니다. 이런 분들이 한국을 위해서 필요합니다. 주님의 나라를 위해서 필요합니다. 멋진 걸물들과 기도의 용사들이 이 교회 안에서 자라기를 참으로 소원합니다 .

그런데 그렇게 되기 위해서 중요한 요인은 본인이 얼마만큼 하느냐에 따릅니다. 애쓰고 수고한 것만큼 자랄 것입니다. 멋진 주장이 중요한 것이 아닙니다. 지난 30,40년 동안 한국의 민주화를 위해서는 어떤 일이라도 하겠다던 사람들이 실제로 기회가 오니까 대통령이 되고 싶어서 끝까지 양보 못하는 것을 봅니다. 그들의 연설문을 읽으면 멋있기가 짝이 없습니다. 주장은 항상 애국적입니다 .

그런데 실제로는 그렇지 못했습니다. 그분들의 행동은 내가 대통령되기 위해서 이제까지 민주화를 부르짖었다는 애기밖에 안됩니다. 우리의 표현이 문제가 아닙니다. 실제로 어떤 행동을 했느냐입니다. 행동이 문제입니다. 주장이 문제가 아닙니다. 멋있는 이야기가 중요한 것이 아닙니다. 어떤 행동을 하느냐입니다. 이것이 나를 만드는데 중요한 요인이 됩니다.

내가 나에게 속지 말아야 될 것은 내가 어떤 멋있는 생각을 한다고 해서 그것이 본래의 내가 아니라는 것입니다. 내가 어떻게 말하느냐가 바로 나의 진정한 모습이 아닙니다. 내가 참으로 무엇을 추구하고 어떤 행동을 하느냐, 그것이 나의 가장 중요한 요인이고 그것이 나를 만드는 중요한 요소가 됩니다.

사랑, 계획

환경이 나를 만듭니다. 자신의 노력이 자기 자신을 만들어 나갑니다. 그러나 궁극적으로 내가 나되기 위해서 마지막으로 결정적인 한 요인이 있습니다. 그것은 하나님께서 내 인생을 결정하신다는 사실입니다. 시편 37:23에 이렇게 말했습니다. "여호와께서 사람의 걸음을 정하시고 그 길을 기뻐하시나니."

여호와께서 사람의 걸음을 정하십니다. 내 인생이 돌멩이처럼 던져진 존재나 나무뿌리처럼 그냥 솟아난 존재가 아니라 하나님께서 내 인생을 계획하셨다는 말입니다. 제가 과거에 속해있던 단체에서 십여년 동안 일하면서 두 가지를 얻었습니다. 첫째로는 좋은 신앙의 동지들을 얻었습니다. 지금까지 30년을 지내면서 믿음의 형제들과 깊이 교제를 나누며 오늘도 복된 사역을 같이 해오고 있습니다. 그것을 늘 하나님께 감사를 드립니다. 또 한 가지 감사의 조건이 있다면 그것은 그곳에서 제일 처음 읽었던 전도지의 첫구절입니다. 이렇게 시작됩니다.

"하나님은 당신을 사랑하시고 당신의 생애를 위해서 놀라운 계획을 갖고 계십니다." 하나님이 나를 사랑하시고 또 나를 위해서 놀라운 계획을 갖고 계시다. 이것은 신구약 66권을 가장 간략하게 줄인 하나님에 관한 가장 소중한 메시지입니다. 이것이 요점입니다. 하나님께서 나를 사랑하십니다.

그렇습니다. 얼마나 사랑하느냐는 무엇을 희생하느냐에 비례합니다. 희생이 없는 것은 사랑이 아닙니다. 감정입니다. 그런데 하나님이 나를 위해서 희생하셨습니다. 무엇을 희생하셨습니까? 하나밖에 없는 독생자를 희생하셨습니다. 언제 나를 사랑하셨습니까? 내가 잘날 때가 아닙니다. 똑똑할 때가 아닙니다. 온전할 때가 아닙니다. 아름다울 때가 아닙니다. 우리가 아직 죄인되었을 때에 그리스도께서 우리를 위하여 십자가에 죽으심으로 하나님께서 우리에 대한 자기의 사랑을 확증하셨습니다. 하나님께서 나를 향하신 첫번째 말씀이 사랑입니다.

두번째 말씀이 계획입니다. 나를 위해서 놀라운 계획을 가지셨습니다. 여러분의 생애를 뒤돌아보십시오. 내가 선택해온 인생입니다. 직장도 선택했고 배우자도 선택했고 내 집도 선택했습니다. 친구도 선택했습니다. 내가 모든 것을 결정했습니다. 그런데 지금 나의 길을 되돌아보면 주님의 손길이 없는 곳이 없음을 발견합니다. 주께서 내 길에 함께 하셨습니다. 열심히 노력하고 애쓰고 추구해서 내가 얻었다고 생각했는데 돌아보니 지난날이 정말 하나님의 손길이 한 곳도 미치지 않은 곳이 없음을 발견합니다.

하나님이 나를 위해서 계획을 가졌다는 이 사실은 내게 소망입니다. 기쁨입니다. 만약 하나님께서 나를 위해 계획을 갖지 않고 내 노력만큼 된다면 내가 잘할 때에는 한없이 기뻐하고 교만할 수 있지만 내가 못할 때에는 절망해야 합니다. 그러나 하나님의 놀라운 계획이 나의 생애를 향해서 있다면 지금까지 인도하신 주님이 또 내년에는 얼마나 멋지게 인도하실까 기대하게 됩니다. 십년 후에 내가 어떤 사람이 되어있을까 소망을 갖고 기다려 보아야 되지 않겠습니까? 하나님은 나의 생애를 위해서 놀라운 계획을 가지고 계십니다. 이것이 신구약 성경 전체를 통해 주는 나를 향한 놀라운 메시지입니다. 하나님께서는 내 생애를 향해서 이렇게 놀랍게 인도하실 뿐 아니라 그 하나님은 내 삶을 계속 붙잡아 인도해 주십니다.

실패하는 인생을 붙드심

24절에, "내가 어려서부터 늙기까지 의인이 버림을 당하거나 그 자손이 걸식함을 보지 못하였도다 저는 넘어지나 아주 엎드러지지 아니함은 여호와께서 손으로 붙드심이로다."

주께서 나의 삶을 인도하시고 붙잡아주십니다. 어린아이가 눈길에서 자꾸 넘어지자 옆에 있는 아버지 손을 고사리 같은 손으로 꼭 붙잡고 걸었습니다. 그래도 자꾸 미끄러지자 아버지가 그 큼직한 손으로 아이의 손을 덥석 붙잡아 주었습니다. 조금 가다 또 미끄러운 곳을 만났습니다. 아버지는 더 힘차게 아이의 손을 잡아 이끌어 주었습니다. 바로 이 말씀입니다. "저는 넘어지나 아주 엎드러지지 아니함은", 주께서 손으로 붙들어 주셨기 때문입니다.

여러분! 사람은 누구든지 실패합니다. 다윗도 실패했습니다. 아브라함도 실패했습니다. 인생에는 실패가 있습니다. 그러나 하나님께서 정하신 그 걸음을 믿음으로 걷는 사람을 하나님은 붙잡아주십니다. 사실 신구약 성경을 통해 다윗보다 더 큰 범죄를 저지른 사람은 없습니다. 아마 다윗이 지은 죄와 똑같은 범죄를 지은 사람이 이 교회에 있다면 그는 교회에서 축출당할지도 모릅니다. 그래서 저는 이렇게 생각합니다. 다윗이 용서받았다면 세상에 용서받지 못할 죄가 없다고 생각합니다. 하나님께서 그 연약한 다윗을 붙잡아 일으켜 세워주셨습니다.

어떤 때 우리 인생이 답답할 때가 있습니다. 슬플 때가 있습니다. 그래서 우리들은 여호와께서 나를 버리셨고 나를 잊으셨다고 울부짖을 때가 있습니다. 그 때 하나님께서는 이렇게 말씀하십니다. "여인이 어찌 그 젖 먹는 자식을 잊겠으며 자기 배에서 난 아들을 긍휼히 여기지 않겠느냐 그들은 혹시 잊을지라도 나는 너를 잊지 아니할 것이라 내가 너를 내 손바닥에 새겼고 너의 성벽은 항상 내 앞에 있나니."

하나님의 깊은 관심이 있습니다. 그리고 연약한 인생을 향해서 이렇게 말합니다. "놀라지 말라 내가 너와 함께 함이니라 두려워말라 내가 너의 하나님이 됨이니라 내가 너를 도와주리라 참으로 의로운 오른손으로 너를 붙들리라." 주께서 약속하십니다. 주님의 의로운 손으로 내 인생을 붙잡아 주십니다. 하나님께서 정하신 그 걸음을 일생 동안 걸어갈 때에 우리들이 외로울 수도 있습니다. 답답하기도 합니다. 그러나 하나님께서 기뻐하십니다. 그리고 우리가 실수하고 넘어질 때 하나님께서 붙잡아 주십니다. 의롭게 사는 것이 더 손해인 것같고 바보같이 여겨지고 사람들에게 멸시를 당할 때도 있습니다. 이런 우리를 향해서 주께서는 25절에서, "내가 어려서부터 늙기까지 의인이 버림을 당하거나 그 자손이 걸식함을 보지 못하였도다."

의인은 버림을 당하지 않습니다. 간사한 사람들은 의로운 것을 멸시합니다. 그러나 하나님은 의인을 버리시지 않습니다. 그리고 그 자손이 걸식하지 않겠다고 약속하십니다.

우리의 삶은 우리 후손들의 삶과 연결되어 있습니다. 자녀들은 부모의 거울입니다. 우리가 살았던 삶이 자녀들의 삶 속에 투영되어 있습니다. 우리의 이맛살 찌푸리는 것과 마음 씀씀이 하나하나가 자녀들의 마음에 그대로 영향을 미칩니다. 그것은 사실입니다. 그런데 더 놀라운 것은 우리가 어떻게 살든지 우리뿐 아니라 우리가 살았던 삶의 영향을 우리 후손들이 그대로 다 물려받는다는 것을 생각해야 될 것입니다.

제가 어느 글에서 앞으로 미국은 회복 불능의 나라가 될 것이라고 지적하는 학자들의 글을 보았는데 상당히 일리가 있는 의견들이었습니다. 이런 이야기로 요점지을 수 있는데, 국가 관리비 때문에 미국이 다시 일어나지 못한다는 것입니다. 캘리포니아 한 주가 갖는 도로 점유율은 일본의 거의 10배가 된다고 합니다. 그리고 캘리포니아의 평균 건물 평수가 일본의 다섯배 정도 된다고 합니다.

대부분 미국 사람들의 수준에서 부자가 아닌 중하류 정도의 소시민들이 사는 곳을 타운 하우스라고 하는데 그 타운 하우스가 3층으로 되어 있습니다. 그리고 그 집의 화장실이 4개입니다. 이것이 기본입니다. 그 나라 사람들이 그 정도로 집을 넓게 썼습니다. 지금까지 미국이 애쓰고 열심히 노력해서 국가를 건설했습니다. 그런데 지금은 그것을 관리할 수입이 없어서 문제입니다.

예를 들면 교포들이 수입이 좋을 때 그 수입에 맞추어서 최고의 집을 사 놓습니다. 그 후에 수입이 그에 미치지 못하자 고통받는 가정들이 얼마나 많은지 모릅니다. 집을 빼앗기는 가정들이 미국에서 속출하고 있습니다. 그와 같이 미국이 돈 있고 힘이 있을 때에 건설한 건물들과 도로들을 수리할 수리비가 없어서 애를 먹고 있습니다. 그래서 미국의 교량을 보면 교량을 고칠 재정이 없어서 "이 교량은 위험함" 하고 표지판만 하나 세워놓았습니다. 심각한 문제입니다. 그렇기 때문에 미국은 다시 경제적으로 일어설 수 없다고 말하는 사람의 주장이 일리가 있습니다.

제가 그 글을 읽으면서 우리 주택도 20평 이상에서 사는 것은 매우 고려해야 할 문제라고 생각했습니다. 우리는 좋다고 50평, 60평, 90평 집에서 살다가 떠나면 우리 후손들은 그 집을 관리하기 위해서 죽을 힘을 다하게 됩니다. 여러분, 우리가 살았던 삶의 영향을 우리 자손들이 그대로 받습니다. 그것이 미국의 역사입니다. 남의 얘기가 아닙니다. 곧 우리의 얘기입니다. 우리가 할 수 있다고 해서 다해서는 안됩니다. 장래를 걱정하면서 우리 후손들을 위해 무엇을 남길 것인가 생각해야 합니다.

하나님께서 복주시는 자녀

하나님께서 말씀하십니다. 후손들이 잘 되는 한 요인이 있는데 그것은 하나님의 계획을 따라 하나님이 기뻐하는 인생을 살면 그 인생이 무너지지 않을 것이고 그 후손까지 책임져 주시겠다고 하셨습니다. 하나님의 약속입니다. 우리가 살았던 삶이 하나님 앞에서 복되게 사는 것으로 끝나는 것이 아니라 눈물 흘리고 기도했던 부모님의 자녀들은 이 땅에서 형통하게 됩니다. 하나님 앞에서 정직하게 살고 하나님 기뻐하시는 인생을 살았던 자의 자녀들은 하나님께서 복주시겠다고 약속하셨습니다. 하나님의 보장입니다. 우리가 열심히 벌어서 물려주는 유산은 우리의 자녀들에게 저주가 될 수도 있지만 전능하신 주님께서 최선으로 내 자녀들을 붙잡아 주신다면 내 자녀들의 앞길은 형통하게 될 것입니다.

하나님께서 제게 맡기신 자녀가 둘인데 그 아이들이 앞으로 어떻게 살아갈 것인가 염려하다가도 사실 더 중요한 것은 하나님 앞에서 내가 어떻게 사느냐가 더 중요하다는 것을 알게 되었습니다. 하나님께서 나를 사랑하시고 나를 위해서 놀라운 계획을 가지셨던 것처럼 하나님은 내 자녀를 나보다 더 사랑해 주시고 더 놀라운 계획을 갖고 축복해 주신다는 확신을 갖게 되었습니다.

내 한평생의 인생이 우연의 결과가 아니라고 하나님은 말씀하십니다. 환경의 영향도 중요합니다. 내 노력, 그것도 귀합니다. 그러나 궁극적인 결론은 하나님께서 내 생애를 위해 놀라운 계획을 갖고 계시고 그 계획을 내가 깨달으며 나아갈 때 주께서 그 계획을 복스럽게 성취해 주신다는 사실입니다. 하나님께서 하나밖에 없는 외아들을 희생하시기까지 사랑하시는 그 놀라운 사랑과 천지를 지으신 그 전능하심과, 내 머리칼까지 세시는 자세하심으로 내 인생을 인도하신다는 사실은 얼마나 큰 축복입니까?

사랑하는 성도 여러분, 하나님께서 내 생애를 향해 놀라운 계획을 갖고 계심을 믿으십니까? 지금은 우리가 그것을 다 모릅니다. 그러나 시간이 지나면 내가 당했던 고통마저도 하나님의 놀라운 계획의 일부였음을 깨닫게 됩니다.

그리고 하나님께서 내게 작정하신 그 걸음을 걸을 때에 내 인생에 확신이 더하게 됩니다. 이것이 이루어질지 이루어지지 않을지 모르는 막막한 인생이 아니라 하나님이 기뻐하시는 뜻이라는 것을 깨닫고 결정할 때에 얼마나 아름다운 감동이 있는지 모릅니다. 걸음 하나하나에 기쁨이 있습니다. 하나님의 솜씨를 느낍니다. 임마누엘의 하나님을 만나게 됩니다. 그래서 여호와께서 사람의 걸음을 정하고 그 길을 기뻐하신다고 하셨습니다.

하나님께서 우리 인생을 얼마나 기뻐하시는지 다같이 보겠습니다. 구약성경 1309페이지입니다. 17절을 보겠습니다. "너의 하나님 여호와가 너의 가운데 계시니 그는 구원을 베푸실 전능자시라 그가 너로 인하여 기쁨을 이기지 못하여 하시며 너를 잠잠히 사랑하시며 너로 인하여 즐거이 부르며 기뻐하시리라 하리라."

나를 인하여 기쁨을 이기지 못하시는 하나님이십니다. 내가 나를 못마땅하게 여길 때에도 하나님은 나를 보시면서 기쁨을 이기지 못하시는 분이십니다.

하나님이 나를 이처럼 사랑하십니다. 이 은혜가 내 것입니다. 여호와께서 사람의 걸음을 정하시고 그 길을 기뻐하십니다. 저가 넘어져도 아주 엎

드러지지 아니함은 여호와께서 그의 손으로 붙잡으심입니다. 내가 어려서부터 늙기까지 의인이 버림을 당하거나 그 자손이 걸식함을 보지 못하였도다 말씀하셨습니다. 이 놀라운 은혜를 오늘 마음 속으로 깊이 묵상하면서 나를 기뻐하시는 하나님, 영광중에 계시는 그 하나님을 믿음으로 바라보는 복된 시간이 되어야 할 것입니다.

제 5 장

다윗의 시

"여호와여 내 마음이 교만치 아니하고 내 눈이 높지 아니하오며 내가 큰 일과 미치지 못할 기이한 일을 힘쓰지 아니하나이다 실로 내가 내 심령으로 고요하고 평온케 하기를 젖 뗀 아이가 그 어미 품에 있음 같게 하였나니 내 중심이 젖 뗀 아이와 같도다 이스라엘아 지금부터 영원까지 여호와를 바랄지어다."

— 시편 131편

성자 어거스틴에게 어느날 제자가 이렇게 물었습니다.

"선생님, 그리스도인들이 평생에 가장 사모해야 할 만한 덕목이 무엇입니까?"

신앙생활하면서 여러분은 무엇을 가장 사모하는가를 각자 한번 생각해 봅시다. 또 우리 사랑하는 자녀들이 내게 '아버지 그리스도인으로 살면서 어떻게 사는 것이, 무엇을 바라보고 사는 것이 가장 좋습니까?' 하고 묻는다면 여러분은 어떻게 대답하시겠습니까?

성자 어거스틴은 그 질문을 듣고 생각할 것도 없이 즉시 대답했습니다.

"그것은 겸손이지."

"선생님, 그러면 두번째로 중요한 것은 무엇이지요?"

"그것도 겸손이지."

"그러면 세번째로 말씀해 주실 다른 것은 없으십니까?"

하고 묻자 조금전보다 더 깊이 생각하는 것같더니 스승은,

"셋째도 겸손이다."

그렇게 말씀하셨다고 합니다.

어거스틴은 이렇게 말했습니다. 우리 인생이 제일 먼저 정복당해 버린 것이 있다면 그것은 교만에 의해 정복당한 것이라고 했습니다. 그리고 우리 인생이 마지막으로 예수 안에서 정복해야 할 것이 있다면 그것도 교만이라고 말했습니다.

시편 131편은 겸손한 인생의 노래 입니다. 아니, 이 노래는 하나님의 사람 다윗의 노래입니다. 다윗은 이 노래를 가슴 깊은 곳에 늘 품고 있었기

때문에 이 시를 특별히 다윗의 노래라고 이야기합니다. 다윗은 모두 100편의 시를 썼습니다. 그런데 많은 사람들이 시편 23편을 다윗의 시라고 말하지 않고 131편을 다윗의 시라고 합니다. 그것은 이 시야말로 다윗을 다윗되게 만든 그런 시라는 뜻입니다. 이 시는 짧습니다. 세 행의 간단한 시입니다. 그러나 이 시편 속에 다윗이 추구하고 다윗이 소망했던 내용의 전부가 담긴 시편입니다.

"여호와여 내 마음이 교만치 아니하고 내 눈이 높지 아니하오며 내가 큰 일과 미치지 못할 기이한 일을 힘쓰지 아니하나이다 실로 내가 내 심령으로 고요하고 평온케 하기를 젖뗀 아이가 그 어미 품에 있음같게 하였나니 내 중심이 젖뗀 아이와 같도다 이스라엘아 지금부터 영원까지 여호와를 바랄지어다."

그의 중심에 자신이 참으로 바라고 소망했던 가장 아름다운 삶의 내용들을 그는 노래했습니다. 겸손의 노래입니다. 그러면 겸손은 무엇입니까? 성경은 겸손은 하나님을 의지함이라고 말합니다. 교만은 무엇입니까? 자기를 의뢰함 입니다. 그렇기 때문에 이 겸손은 자연 속에 자라는 식물이 아닙니다. 사람의 마음 속 부패한 본질 가운데 있는 악들 중에 가장 깊은 악입니다.

그래서 어거스틴은 이것을 원죄라고도 말했습니다. 사람은 쉽게 교만합니다. 어떤 사람은 다른 사람보다 조금 키가 크다고 교만할 수 있고 어떤 사람은 다른 사람보다 손이 조금 더 예쁘다고 교만하고 어떤 사람은 다른 이보다 더 많이 배웠다고 교만하고 심지어는 다른 사람보다 조금 더 기도를 잘한다고 교만하고 또 성경을 많이 안다고 교만하고 또 자신은 남보다 조금 더 겸손하다고 교만합니다.

겸손의 시작

우리의 본성이 그렇기 때문에 교만은 연습하지 않아도 쉽게 교만에 빠집니다. 바로 저의 얘기입니다. 이 교만을 피할 방법이 없는 것을 내 심령이 늘 느낍니다. 교만은 뿌리칠 수 없는 내 그림자와 같습니다. 그런데 어느날 살아계신 주께서 내게 은혜를 베푸실 때에 나는 비로소 주님께서 이 세상에 오셔서 사셨던 겸손을 살 수 있습니다.

"너희 안에 이 마음을 품으라 곧 그리스도 예수의 마음이니 그는 근본 하나님의 본체시나 하나님과 동등됨을 취할 것으로 여기지 아니하시고 자기를 비어 종의 형체를 가져 사람의 모양으로 나타나셨으매 자기를 낮추시고 죽기까지 복종하셨으니 곧 십자가에 죽으심이라."

내가 그처럼 갖고 싶었지만 갖기 못했던 이 겸손을 우리 주 성령께서 나를 붙잡아 주시고 은혜를 베풀 때 내 삶에 겸손이 시작됩니다. 그러므로 이 겸손은 하나님을 신뢰하지 않는 자에게는 생기지 않는 덕목입니다. 겸손은 우리의 자연적인 성품이 아닙니다. 겸손은 하나님만을 의뢰합니다. 그는 겸손하다는 이것 때문에 교만치 않는 이것을 축복으로 알았습니다.

여러분 자신이 다른 사람들에게 말하는 내용을 가만히 살펴보십시오. 내가 무엇을 가졌다, 내가 잘 했다 하는 내용 이외에 다른 내용이 있으십니까? 왜 그렇습니까? 교만하기 때문입니다. 그래서 교만한 사람은 그 눈이 높습니다. 다윗 그는 진정한 눈을 가졌습니다. "내 눈이 높지 아니하오며."

교만한 사람은 말이나 그 삶의 태도나 그 눈빛에 높음이 있습니다. 그런데 자기보다 높은 사람을 향해서는 시기합니다. 그래서 교만한 사람이 남의 교만을 제일 못참아 줍니다. 그런가하면 남이 자신보다 낮으면 멸시합니다. 그 눈빛과 태도와 말이 그렇습니다.

그런데 이 태도까지는 다른 사람을 속일 수 있습니다. 진짜 속이지 못하는 것이 있습니다. 행동은 속이지 못합니다. "내가 큰 일과 미치지 못할 기이한 일을 힘쓰지 아니하나이다."

내 역할이 아닌 것, 하나님께서 내게 주시지 않은 것은 내가 생각지도 아니하고 도모하지도 아니하는 다윗의 삶의 태도입니다. 그것이 원리입니다.

사람은 내가 생각하는 것으로 진정한 나를 알 수 없습니다. 내가 주장하는 것이 내 삶의 본질이 아닙니다. 생각으로는 멋있는 생각들을 많이 할 수 있습니다. 부동산 투기를 참 나쁜 것이라고 열심히 주장합니다. 그래놓고 본인이 소유한 땅값이 오르기를 바랍니다.

그러니까 중심으로 원하는 것은 다릅니다. 말과 실제가 다릅니다. 결혼식도 허례허식을 피하고 검소하게 치러야 한다고 주장합니다. 그래놓고 권사님과 장로님의 자제들이 결혼식을 치를 때는 말씀과 다릅니다. 가만히 얘기를 들어보면 혼수 많이 받은 것을 자랑하기도 합니다. 사실 부끄러운 이야기입니다.

행동으로 판단할 수 있는 인생

정말 중요한 것은 내 생각도 아니고 내 말도 아니고 내 주장도 아닙니다. 내가 어떻게 행동하는가가 중요합니다. 사람은 자기에게 소중한 것은 어떤 대가를 치르더라도 꼭 하고야 맙니다. 자기가 중요하다고 생각하는 일은 아무리 바빠도, 또 희생이 따르더라도 꼭 합니다. 사람은 말이 아니라 실제로 어떤 행동을 하느냐로 판단해야 합니다. 말을 듣지 말고 그의 행동을 보아야 합니다.

우리 학생들도 마찬가지입니다. 재벌기업에게 정경유착이라고 비난하지만 그 재벌 회사 아니면 입사를 안하려고 합니다. 그러니까 자기가 한 말과 실제의 삶이 그렇게 다른 것이 인생입니다. 자신에게 속지 마십시오. 교만이 우리 인생을 바로 보지 못하게 합니다. 결국 중요한 것은 행동하도록 되어 있는 것이 우리 인생입니다.

다윗은 그 눈이 높은 데에 있지 아니했습니다. 그래서 자기 위에 있는 사람을 시기의 눈으로 바라보지 아니했습니다. 그리고 실제로 그는 자기가 아직 미치지 아니했다고 생각되면 참고 기다렸습니다. 그에게 왕이 될 수 있는 시간이 왔습니다. 억울한 자기를 죽이려고 사울 왕이 군사를 모아서 쫓아올 때 그는 간신히 위기들을 모면했습니다. 처량하기 짝이 없습니다. 민족과 나라를 위해서 충성한 것밖에 없는 자기는 쫓겨가야만 했습니다.

그렇지만 군대를 모아서 나름대로 사울왕에게 대항하거나 보복하지 않았습니다. 사울왕이 마침 같은 굴 속으로 들어왔습니다. 옆에 있는 장군 아비새가 말합니다.

"다윗이여, 지금이야말로 하나님의 뜻이 이루어질 때입니다. 이 때야말로 이 원수를 붙잡아 처단하여 이스라엘 왕으로 즉위하십시오. 지금 처단합시다."

그러나 다윗의 대답은 간단했습니다.

"나는 하나님께서 기름부은 사람을 내 손으로 해칠 수 없다."

"아닙니다. 주인님은 나설 필요없습니다. 제가 처치하겠습니다."

"아니다, 아무도 하나님께서 기름부은 사람을 해칠 수 없다. 그것은 여호와께 악이니라."

하고 서두르지 않았습니다. 주께서 주시지 않은 것, 주께서 자기 손에 지금 확실하게 쥐어주시지 않은 것은 바라보지 않았습니다. 우리들은 마음이 높기 때문에 항상 높은 곳을 바라봅니다. 항상 불만을 갖습니다. 항상 나는 대접을 소홀히 받고 있다고 생각합니다. 항상 나는 내 가치보다 낮게 평가받는다고 생각합니다.

다윗은 그렇지 않았습니다. 눈을 높은 곳에 두지 않는 것으로 끝나지 아니하고 그는 큰 일과 미치지 못할 기이한 일에 힘쓰지 아니했다고 했습니다. 그렇다고 다윗이 작은 일만 했습니까? 역사상 다윗보다 큰 일한 사람이 없습니다. 그런데 다윗의 의식 속에는 큰 일을 한다는 의식이 하나도 없었습니다. 오직 하나님께서 나에게 맡기신 일을 내가 성실히 할 뿐이라는 생각 밖에 없었습니다.

그렇습니다. 하나님의 사람들의 의식은 모두 똑같습니다. 윌리엄 캐리의 생애도 그렇고 허드슨 테일러가 내가 큰 일을 한다고 말한 기록을 못보았습니다. 빌리 그래함도 내가 큰 일한다는 말씀을 하신 것을 보지 못했습니다. 단지 하나님께서 맡기신 역할만을 그때 그때 묵묵히 감당합니다. 교회에서도 꼭 장로님 못될 분이 나는 꼭 장로되어야 된다고 믿으시는 것같고 내가 꼭 이 정도의 대우는 받아야 된다고 믿는 사람치고 그 대접을 받을 자격이 있는 사람이 별로 없습니다.

다윗은 하나님만을 의뢰하였습니다. 하나님께서 내게 주신 것은 축복이라고 생각했습니다. 하나님께서 인도해 주신 지금 이 장소가 나에게는 가장 복된 장소라고 믿었습니다. 하나님의 사람은 하나님만을 신뢰하였습니다. 그의 때를 기다렸습니다. 하나님의 인도에 민감하였습니다. 그래서 그는 눈을 높은 곳에 두지 아니했습니다. 세상 사람들이 놀랄 큰 일에도 관심이 없었습니다. 여호와를 의뢰하는 겸손한 마음의 특징입니다. 이 겸손한 마음은 두번째로 진정한 평온을 줍니다.

하나님으로 만족함

2절에, "실로 내가 내 심령으로 고요하고 평온케 하기를 젖뗀 아이가 그 어미 품에 있음 같게 하였나니 내 중심이 젖뗀 아이와 같도다."

이 심령이 고요하다는 말은 노한 풍랑이 마주칠 때입니다. 그 풍랑이 어떤 힘에 의해서 잔잔해지는 것을 의미하는 것입니다. 평온하다는 단어는 구불퉁해서 가기 힘든 길을 판판하게 폈다는 말입니다. 그 마음에 늘 고요와 평온이 있습니다. 왜 그렇습니까? 그 마음이 겸손하기 때문입니다. 겸손한 자에게 주시는 은혜입니다. 그 겸손한 마음이 갖는 태도는 어떤 것입니까? "젖뗀 아이가 그 어미 품에 있음 같게 하였나니" 아기는 어미 품에 있을 때에 가장 안정감을 갖습니다. 평안합니다.

그러나 홀로 있으면 무력합니다. 아무 의지력도 없고 방어력도 없습니다. 그냥 아이가 아니고 젖뗀 아이라고 하였습니다. 젖뗀 아이는 다릅니다. 갓난아이가 아닙니다. 젖을 뗄 때 아이는 처음으로 어머니로부터의 분리를 생각합니다. 엄마도 젖을 떼면서 아이로부터의 분리를 생각합니다. 이제는 좀 성숙했습니다. 그래서 제 발로 걷습니다. 제 발로 걷다가 이 아이가 엄마품에 다시 안길 때의 평안을 말합니다. 그 놀라운 평안을 이야기합니다. 어린 아이는 엄마의 젖을 빨 때에 엄마의 젖으로만 만족합니다. 엄마로부터 공급받는 것을 즐거워합니다. 그것을 전부로 생각합니다.

그러나 젖뗀 아이는 어떻습니까? 공급만으로 만족하지 않고 엄마 자체를 만족합니다. 다릅니다. 하나님께서 주신 은사, 주신 축복, 주신 은혜, 권능으로 만족하지 않고 하나님 자신을 만족합니다. 그래서 디모데후서에서 사도 바울은 그 시대의 부한 자들을 향해서 이렇게 말합니다. "부한 자들아 정함이 없는 재물에 소망을 두지 말고 그것을 후히 주시고 누리게 하시는 그 하나님께 감사하라."

우리는 하나님께서 주시는 그 재물을 즐거워하고 끝납니다. 그것으로 만족합니다. 그런데 잘 자란 성도는 그 재물을 주신 하나님께 소망을 둡니다. 젖뗀 아이는 성장합니다. 성장하면서 최초의 분리를 경험하다가 그가 어미 품밖에 있는 것을 알 때에 외로움과 슬픔을 느낍니다. 사탕을 주고 달래도, 좋은 노리개를 주고 달래도 울음을 멈추게 할 수 없습니다. 그러다가 어미 품에 다시 안길 때에 그 눈물을 그칩니다. 우리 인생이 살아계신 하나님을 의지하면서 그의 거룩한 품안에 있는 것을 내가 알 때에 내 영혼이 쉼을 얻습니다.

어떤 목사님이 몹시 피곤한 가운데 설교 준비를 하고 있었습니다. 아내는 아이들에게 훈련시키기를, 아버지가 설교준비를 하기 시작하면 아이들이 일체 아버지의 서재 근처에 가지 못하도록 일렀습니다. 아버지는 바깥일로 너무 바쁘기 때문에 아이들의 얼굴도 제대로 보지 못하고 지낼 때가 많습니다. 그 날도 바쁜 일과로 쫓기는 시간 속에서 그의 설교를 열심히 준비하고 있었습니다. 그런데 잘 집중이 되지 않았습니다.

그런데 작은 발자국 소리가 서재 밖 복도에서 들리는 것을 알았습니다.

그래서 얼른 서재문을 열자 아이가 놀라 계단을 뛰어 내려가며, "아빠, 죄송해요. 방해하지 않으려고 했어요. 엄마가 그러지 말라고 했거든요." 목사님은 계단을 뛰어 내려가던 딸에게 달려가 꼭 껴안아주었습니다. 자신의 바쁜 일상생활 속에서도 아이들이 아버지의 품을 그리워하고 아버지를 찾을 때 그의 곁에 있어 주어야 한다는 것을 깨달았습니다.

이렇듯 우리의 쫓기는 시간 속에서도 참으로 내가 있어야 할 장소는 이 아이가 아빠 품을 그리워하고 아빠를 사모하듯 내가 일과보다 하나님을 더 좋아해야 한다는 것을 알게 되었습니다. 하나님의 품 안에 있는 상태를 내가 가장 사모해야 합니다.

여러분은 어떻습니까? 하나님 품 안에서 조용히 기도의 호흡을 하고 계십니까? 모든 일을 제쳐두고 주의 음성을 듣기 위해 주의 말씀을 펴놓고 그분의 목소리를 들으십니까? 그 아버지의 품 안에 있을 때에 치료가 있습니다. 그 아버지 품 속에 있을 때 소성하는 능력을 회복합니다. 그 아버지 품 속에 있을 때에 외로움은 눈녹듯 사라집니다. 내 마음에 평온을 되찾게 됩니다.

우리 하나님 품 안에 있는 것을 진심으로 사모하십니까? 다윗은 젖뗀 아이가 어미 품에 있음 같음을 최상의 복으로 여기고 늘 사모했습니다. 여러분, 오늘 이 아침에도 하나님 아버지의 품 안에서 안식하는 예배를 드릴 수 있다면, 그래서 사랑하는 아버지의 음성을 여러분의 귀로 듣는 시간이 된다면 여러분은 평온을 되찾을 것입니다. 여러분 마음 속의 노한 풍랑은 잠잠케 될 것이고 인생의 여정 가운데 여러가지 장애를 주는 환경들 속에서도 주님의 은혜로 복되게 걸어가는 걸음이 될 것입니다. 그것을 사모하십니까?

"우리" 아버지!

그리고 마지막으로 겸손은 여호와만을 소망하게 만듭니다. 인생의 소망은 한계가 있습니다. 우리의 재물이든지, 권력이든지, 건강이든지, 우리가 원하는 모든 것, 그것은 한계가 있습니다. 사실은 우리가 소망하기 때문에 어떤 어려움도 참고 견딥니다. 인내할 수 있게 됩니다. 그렇지만 그것을 얻어놓고 보면 내게 진정한 만족이 되지 못합니다. 겸손한 사람만이 인생에게 진정한 소망이 없는 줄을 압니다. 인생의 유한함과 헛됨을 이 겸손한 심령은 압니다. 하나님 품 속에 있으면서 하나님의 영광을 체험한 그는 하나님만을 바랍니다.

그래서 다윗은 겸손한 인생이 외치는 가장 큰 부르짖음을 이 131편을 통해서 말하고 있습니다. "이스라엘아 지금부터 영원까지 여호와를 바랄지어다." 참 소망이십니다. 여호와, 그 분은 우리가 참으로 바랄 분이십니다. 그런가하면 혼자 바라지 않습니다. 함께 바랍니다. 그래서 이스라엘아, 그렇게 불렀습니다.

여러분이 살아계신 하나님 앞에서 신앙생활 할 때에 내가 너무 독창적이고 너무 특별하면 내게 잘못이 있을 수 있다는 것을 알아야 합니다. 어떤 이는 은혜를 받아도 나만 은혜를 받았다고 주장합니다. 그것은 교만한 마음입니다. 하나님께서는 그런 은혜를 주시지 않습니다. 함께 받아야 은혜입니다. 그래서 우리가 기도할 때에도 하늘에 계신 "우리" 아버지입니다. 나의 아버지가 아닙니다. 함께 누려야 합니다.

그래서 성경을 해석할 때에도 세상의 어떤 사람도 해석하지 못한 것을 자기만 독특하게 해석했다고 하면 대부분 잘못된 생각입니다. 우리가 바라는 하나님은 나 혼자 소유하는 하나님이 아닙니다. 재미있는 것은 세상의 것은 소유할 때 꼭 나만 갖고 싶습니다. 그런데 주님의 은혜는 함께 받고 싶어집니다. 신령한 것은 같이 누리고 싶어집니다. 그래서 어디서 참 은혜스러운 설교를 들으면 꼭 함께 듣고 싶은 마음이 듭니다.

그리고 언제부터 소망해야 합니까? 지금부터입니다. 하나님을 소망함은 언제까지입니까? 영원까지입니다. 그 분을 향한 소망은 끝이 없습니다. 우리가 추구하고 애쓰고 노력하고 달려갑니다만 그 끝을 알 수 없습니다. 그 높이와 깊이와 넓이를 다 측량할 수 없는 하나님의 은혜입니다.

아무리 사모해도 아무리 달려가도 더 크신 하나님, 더 영광스러운 하나님입니다. 몇십년전 내가 처음으로 주님을 영접하던 그때보다 시간이 지난 지금 더 영광스럽고 더 아름다우신 주님이십니다. 달려가도 달려가도 끝이 없으신 우리 주님이십니다. 내가 주님의 은혜를 다 받았다고 하는 사람들은 잘못된 사람입니다.

미국에서의 일입니다. 어떤 분이 밤낚시를 떠났습니다. 낚시질을 하다가 밤이 깊자 졸음을 이기지 못한 주인은 흑인 노예에게 이렇게 일렀습니다. 다른 것은 다 그만두고 내가 잠을 자는 동안 하늘의 북극성을 놓치지 말고 앞으로 계속 가라고 당부했습니다.

한참을 가다가 노예가 주인을 흔들어 깨웠습니다. 그래서 왜 그러느냐고 물었더니 "제가 너무 빨리 달려서 그만 북극성을 지나쳐 버렸습니다."라고 말했답니다. 그럴 수가 있을까요? 아닙니다. 사도바울 마저도 아무리 푯대를 향해서 가도 그 분이 내게 주시고자 하는 것, 내게 이루시고자 하는 것을 내가 다 이루지도 못했고 온전히 얻지도 못했다고 고백했습니다. 다만 주님께서 주신 것을 붙잡으려고 달려가는 사람일 뿐이라고 했습니다.

그렇습니다. 영원히 바랄 우리의 소망은 여호와입니다. 어떤 심령이 그것을 압니까? 겸손한 심령만 압니다. 겸손한 심령은 하나님을 의지합니다. 그래서 그 눈이 높지 않습니다. 하나님께서 주시지 않은 기이한 일, 특별한 일에 관심이 없습니다. 하나님께서 주신 일을 묵묵히 행할 뿐입니다. 만약 큰 일이 있다면 크신 하나님께서 그의 생애를 통해서 크신 일을 할 뿐 입니다. 내가 큰 일한다고 생색내는 사람치고 역사상 큰 일한 사람이 없습니다. 겸손한 사람은 그 심령이 평온과 고요를 누립니다.

왜냐하면 그는 젖뗀 아이가 어미 품에 있음같이 하나님 아버지 품 안에 늘 있기 때문입니다. 겸손한 사람은 그의 최대의 소망이 하나님이십니다.

그 하나님은 혼자 누리는 하나님이 아닙니다. 함께 누릴 하나님입니다. 내일 누릴 하나님이 아니라 지금 바라볼 하나님입니다. 그리고 어느정도 목표가 성취되면 지나갈 하나님이 아니라 영원까지 바라볼 하나님입니다. 이 시편이 다윗을 다윗되게 만들었습니다. 참으로 이 마음이 우리에게 있어야 될 마음이 아닙니까?

제 6 장
참된 안식

"여호와는 나의 목자시니 내가 부족함이 없으리로다 그가 나를 푸른 초장에 누이시며 쉴만한 물가로 인도하시는도다 내 영혼을 소생시키시고 자기 이름을 위하여 의의 길로 인도하시는도다 내가 사망의 음침한 골짜기를 다닐지라도 해를 두려워하지 않을 것은 주께서 나와 함께 하심이라 주의 지팡이와 막대기가 나를 안위하시나이다 주께서 내 원수의 목전에서 내게 상을 베푸시고 기름으로 내 머리에 바르셨으니 내 잔이 넘치나이다 나의 평생에 선하심과 인자하심이 정녕 나를 따르리니 내가 여호와의 집에 영원히 거하리로다."

— 시편 23편

인생을 설명하는 대조되는 두 개의 그림을 우리의 머리 속에 먼저 그려 봅시다. 첫번째 그림은 실존주의 작가인 알베르 까뮈가 가장 찬란한 문명을 만들었다는 그리스의 대표적인 신화의 한 이야기를 작품화한 「시지프스 신화」라는 그림입니다. 제우스 신의 저주를 받은 시지프스는 그의 평생, 정상을 향해 큰 돌덩이를 굴려 올려야만 하는 명령을 받았습니다.

이 돌은, 힘들게 굴려 올리면 올린 것보다 더 쉽게 내려가고 또 다시 올리면 또 한번에 내려가곤 하는 것이었습니다. 여기에는 쉼도 없고 목적도 없고 보람과 완성도 없이, 끝없는 힘듦과 끝없는 고통만이 있습니다. 석가모니는 열반경에서 말하기를 인생이라는 짐보다 더 무거운 짐은 없다고 했습니다. 그것이 사실인가? 사실입니다. 미국에서 가장 성공한 만화가로 일생을 풍미했던 랠프 바톤은 60회 생일날 친구들에게 이렇게 술회를 했습니다.

"나는 남부럽지 않게 돈도 벌어 보았고 명성도 얻었다. 인기도 가졌다. 그리고 세계 도처의 명승지마다 별장이 있고 또 때를 따라 아내도 바꾸어 보았다. 그러나 60평생에 단 하루도 내 마음의 피로가 풀린 날이 없었다."

그런가하면 인생을 표현하는 또 다른 그림을 봅니다. 다윗의 시편에 나타나는 풍경입니다. 앞에는 넓디 넓은 푸른 초장이 있습니다. 옆으로는 맑은 물이 흘러가고 있습니다. 실컷 풀을 뜯어 먹은 양들이 여기저기 옹기종기 모여 앉아 쉬고 있는 모습입니다. 멀리서 이리가 호시탐탐 노리고 있지만 목자가 지팡이와 막대기를 힘있게 들고 허리에는 돌팔매질을 할 수 있는 물매돌을 차고 지키고 있기 때문에 감히 접근할 수가 없습니다. 여기에는 만족, 평화, 휴식이 있습니다. 이 상반된 두개의 그림 가운데 여러분은 어느 편에 속해 있습니까?

목자를 의지하는 양처럼

시편 23편에 나오는 양처럼 나를 푸른 풀밭Ѐ 눕게 하시고 잔잔한 안식의 시냇물로 인도하신다고 노래하기 위해서는 먼저 네 가지의 문제가 해결되어야 합니다.

첫째로, 두려움에서 해결되어야 합니다. 양들은 몹시 소심합니다. 그래서 거대한 양떼가 풀밭에서 방금 뛰쳐나온 조그마한 토끼에 놀라서 전부 우르르 도망가는 모습들을 종종 본다고 합니다. 이 두려움이 있을 때에는 양들은 좀처럼 눕지 않습니다. 늘 신경을 곤추세우고 긴장하고 있습니다.

우리 인생도 그와 같습니다. 우리 자신이 얼마나 위험에 무방비 상태입니까? 자동차를 운전하면서도 본인은 교통신호와 질서를 아무리 잘 지켜도 마주 오는 차의 순간적인 실수로 사고를 당하는 일이 종종 있습니다. 내가 조심해서 숙련된 운전을 한다 해도 그것과 아무 상관이 없습니다. 또 화재의 위험에 무방비 상태입니다. 이웃집에 화재가 나면 아무리 우리 집에 소방시설을 잘 설치하였어도 화염에 같이 휩싸이는 것이 인생입니다. 그것뿐만 아니라 세상의 풍조에 얼마나 우리가 쉽게 오염됩니까? 무방비 상태에 있는 연약한 우리의 모습을 종종 삶 가운데서 만납니다.

그런가하면 이 양떼는 다른 무리의 알력과 마찰로부터 해방되지 아니하면 쉴 수 없습니다. 대부분 모든 동물들의 세계에서는 나름대로의 질서 체계가 있고 그 질서 속에서 서로 자기가 리더가 되려고 다투는 끈질긴 약육강식의 특징들이 있습니다. 그래서 호랑이나 사자와 같은 맹수류는 그 이빨의 힘에 따라서 승자가 결정됩니다. 독수리나 새 종류들은 쪼아대는 부리의 힘에 의해 리더가 세워집니다. 산양 종류는 머리의 뿔로서 서로 맞부딪쳐서 위계 질서를 잡으려고 합니다. 그런데 양들은 아무런 무기가 없기 때문에 자기들끼리 머리를 맞대고 밀어붙여서 힘이 센 양이 우두머리 자리를 차지하는 것입니다. 목자가 두 양을 각각 떼어놓지 않으면 계속 머리를 맞대고 싸웁니다.

우리 인생도 마찬가지입니다. 직장 안에서도 누가 높은가 누가 더 큰가, 심지어는 교회 내에서도 누가 높은가 누가 큰가로 교회 안에서 힘겨루기를 하는 모습을 종종 봅니다. 그래서 어디서든지 사람들이 모이면 누가 더 세력이 있는가 겨룹니다. 이런 다툼이 끝나지 않습니다.

세번째로는, 기생충과 해충의 괴로움에서 저들이 보호되어야 합니다. 양들은 털이 길기 때문에 그 안에 무수한 해충들이 서식합니다. 그런데 진드기나 벌레들이 그 몸에 한번 서식하기 시작하면 털이 너무 부드럽고 숱이 많기 때문에 진드기들이 떨어져 나갈 수가 없다고 합니다. 그래서 그 진드기들이 떨어져 나가도록 하기 위해 양들은 몸에 피가 나고 가죽이 벗겨지도록 나무에 몸을 부비고 뜁니다. 쉬지를 못합니다.

또 배가 고파서 먹을 것이 없어도 쉬지 못합니다. 먹이를 찾아서 이곳 저곳을 돌아다닙니다. 먹을 것이 없으면 나중에는 독초라도 뜯어 먹는 것이 양입니다. 그런데 놀라운 사실은 이런 공포감, 또 세력싸움과 알력들, 기생충들, 그리고 배고픔 등의 문제들 가운데 있어도 그 무리 속에 목자만 우뚝 서 있으면 양들은 불안해 하지 않습니다. 옆에 맹수가 와도 목자 옆으로만 가까이 갈뿐 서두르지 않습니다.

우리 인생 중에도 많은 두려움이 우리를 엄습할 때가 있습니다. 사람들은 일생 동안 한번도 일어나지 않을 일들까지 상상하며 염려하고 걱정하는 것이 95%나 된다고 합니다. 일어나지도 않을 것을 우리는 매일 염려하고 걱정하기를 반복합니다. 그러다가도 예수 그리스도께서 내 인생 가운데 계신다는 사실, 주의 임재를 느끼기 시작하면 갑자기 내 마음에 평온함이 자리잡습니다.

아무것도 달라진 것이 없는데 주께서 내 곁에 계신다는 이 사실 하나 때문에 우리들은 안심합니다. 타고 가던 비행기가 몹시 흔들릴 때도 주께서 천지를 창조하신 그 능력의 손으로 이 우주를 붙잡고 계신 사실을 기억한다면 오히려 큰 감격과 기쁨이 내 마음에 일어납니다.

우리들 가운데도 알력이 있습니다. 서로 시기와 다툼이 있습니다. 공동체 안에서 분쟁이 있습니다. 그러나 교회의 주인되신 주님이 이 교회를 다스리시고 주장하신다는 사실을 내가 확인하고, 그 빛을 받아들일 때 사람들이 비록 알아주지 않아도 내 마음에는 만족이 자리잡습니다. 기쁨이 있습니다. 세상 사람들이 나를 몰라주어도 주님은 아신다는 사실만으로 나의 기쁨이 있습니다. 목자되신 주님은 나를 해롭게 하고 괴롭히는 무수한 해충들을 나에게서 친히 떼내어 주시고 내 근심을 떼내 주시고 내 속에 있는 불안과 초조와 염려들을 떼내 주시면서 우리가 가야 할 인생의 방향을 힘차게 달리게 해 주십니다.

나의 인생이 몹시 고달프고 지쳐 있을 때 목자되신 주님은 우리를 살찐 꼴로 인도합니다. 주께서 말씀하셨습니다. "내가 온 것은 양들로 생명을 얻게 하고 풍성히 얻게 하려 하심이니라."

그 분 안에 풍성이 있습니다. 그 풍성한 꼴은 우리가 보기에 나에게 불리한 모습으로 올 수도 있습니다. 욕된 모습으로 올 수도 있습니다. 믿음의 눈으로 살펴보면 어떤 경우에 나에게 질병을 주셔서 그 질병을 통해 주께서 놀랍도록 풍성한 꼴을 주시기도 합니다. 어떤 때에는 나에게 약점을 주셔서 그 약점 때문에 교만을 억제하게 하시고 인생을 더 풍요롭게 살도록 비결을 가르쳐 주시기도 합니다.

여호와는 나의 목자시니

그뿐만 아니라 나의 모든 부족을 주님께서 채워주십니다. 목자는 새벽 일찍 아직 그 풀잎에 이슬이 잔뜩 맺혀 있을 이른 시간에 양떼들을 깨웁니다. 그래서 오전 11시까지 풀잎에 맺힌 그 물과 풀잎을 맛있게 먹도록 합니다. 그런데 양떼들에게 목초를 계속 먹이기 위해서는 장소를 고루 안배해서 풀을 뜯도록 해야 합니다.

한 장소의 목초를 무조건 다 먹게 하면 더 이상 그곳에 풀이 자라지 못하기 때문에 다음번에도 계속 양들이 먹을 수 없게 됩니다. 그러니까 양떼를 먹이기 전에 이미 목자들은 목초를 잘 관리해 놓고 또 고루고루 먹도록 인도합니다. 실컷 먹은 양들은 그 때부터 그늘에 앉아서 뒹굴기도 하고 눕기도 합니다. 그리고 반추동물이기 때문에 먹었던 것을 계속 되씹습니다. 이렇게 세심하게 먹이를 신경써서 양들에게 먹여야만 양들은 힘차게 자랍니다.

초조, 근심, 염려, 바쁨, 서두름, 이런 모습들이 한국 사람들의 특징으로 자리잡고 있습니다. 세계 어디를 가도 한국 사람들이 지나간 그 자리의 사람들이 기억하는 단어는 '빨리 빨리'라는 말이라고 합니다. 빨리 빨리! 이렇게 조급하게 서두르며 삽니다.

그런데 주님 안에는 "쉼"이 있습니다. 목자되신 우리 주님! 그 분이 우리 가운데 계십니다. 그 분이 임재해 계십니다. 그러면 우리 속에 다툼이 사라집니다. 우리를 삼키려고 달려드는 무수한 적이 있음에도 불구하고 우리는 그 안에서 평화를 누립니다. 그리고 그 안에서 약속된 풍요를 누리게 됩니다. 만족이 있습니다. 우리를 악질적으로 괴롭히는 모든 해충과 해로운 것에서 주님은 온전한 깨끗함을 우리에게 허락해 주십니다. 어떻게 그것이 가능합니까? "여호와는 나의 목자시니" 목자되신 주님은 내 인생에 진정한 "쉼"을 주십니다. 안식을 주십니다.

주께서 오늘 이 시간에도 말씀하십니다. "수고하고 무거운 짐진 자들아 다 내게로 오라 내가 너희를 편히 쉬게 하리라." 주님만이 우리를 쉬게 하십니다. 오늘 여러분은 누구 앞에 나아오셨습니까? 주님 앞에 나오셨습니다. 여러분이 믿음으로 참 목자되신 주님 앞에 나왔다면 여러분의 모든 근심, 걱정, 염려의 짐을 내려 놓으시기 바랍니다.

주께서는 그것을 다 해결하고 오라고 말씀하지 않으셨습니다. 있는 그대로 그것을 가지고 오라고 말씀하십니다. 주 앞에 나오면 주님께서는 편히 쉬게 하십니다.

다윗의 생애에 무수한 역경이 있었습니다. 자신을 죽이려는 무수한 세력들이 그를 향해서 공격하고 또 고통을 주었지만 그는 그 어려운 고통의 시기에도 그의 목자되신 여호와, 그 분안에서 단잠을 이루었고 주께서 주신 기쁨을 마음에 누릴 수 있었습니다. 그의 고백이 아름다운 선율과 시로 표현되었습니다. 은혜의 단비로 풍성한 수확을 거둔 농부의 마음처럼, 포도주와 많은 열매로 창고를 가득 채운 주인의 마음처럼 가득 찬 기쁨이 그의 마음에 있었습니다.

주님이 참으로 여러분의 목자이십니까? 그리고 오늘 이 시간에 우리가 예배드리는 그 분이 정말 나의 생애를 인도하시는 목자이신줄을 믿으십니까? 그 분 안에서 쉬시기를 바랍니다. 모든 짐을 내려 놓으십시오. 수치의 짐, 근심과 염려의 짐, 걱정의 짐도 내려 놓으십시오. 이 시간에 모든 것을 잊어버리십시오. 주께서 여러분을 편히 쉬도록 하실 것입니다.

그래서 예수 그리스도를 마음 속에 구세주와 주님으로 영접하였던 무수한 사람들은 모두 똑같은 신앙고백을 하였습니다. 내 마음에 진정한 평안을 얻었다고 한결같이 말하였습니다. 참된 안식을 갖게 되었다고 말합니다.

랠프 바톤은 빛나는 성공으로 그의 평생이 화려하였지만 단 하루도 마음의 피로가 그치는 날이 없었다고 토로하였으나 어거스틴은 「고백록」에서 말하기를 "오! 하나님이여, 당신은 당신의 영광을 위하여 우리를 지으셨나이다. 그래서 내가 당신의 품안에서 쉴 때까지는 나에게 진정한 안식이 없었습니다"라고 고백하였습니다.

노한 풍랑과 거센 바람이 우리 주변에 있습니다. 그러나 우리의 목자되신 그 분이 내 인생의 선장되셔서 내 인생을 좌초하지 않도록 인도하십니다. 내가 병들 때도 있을 것입니다. 그러나 의사되신 그분이 나를 반드시 회복시켜 주실 것입니다. 나의 대장되신 그 분이 곁에 계신다면 우리의 싸움은 이미 승리의 왕관을 얻습니다. 창조주 하나님! 온 우주를 다스리시는 그 분이 나의 목자이십니다.

　오늘 그 목자를 믿음의 눈으로 바라보십시오. 그 분을 향해서 마음의 중심으로 기도를 드리십시오. 목자되신 그 분을 향해서 내 마음을 모아 찬양을 드리십시오. 쉼은 당신의 것입니다. 평화를 누릴 것입니다. 그 안에서만 진정한 만족이 있습니다.

제 7 장
내 영혼을 소생시키시고

"여호와는 나의 목자시니 내가 부족함이 없으리로다 그가 나를 푸른 초장에 누이시며 쉴만한 물가로 인도하시는도다 내 영혼을 소생시키시고 자기 이름을 위하여 의의 길로 인도하시는도다 내가 사망의 음침한 골짜기를 다닐지라도 해를 두려워하지 않을 것은 주께서 나와 함께 하심이라 주의 지팡이와 막대기가 나를 안위하시나이다 주께서 내 원수의 목전에서 내게 상을 베푸시고 기름으로 내 머리에 바르셨으니 내 잔이 넘치나이다 나의 평생에 선하심과 인자하심이 정녕 나를 따르리니 내가 여호와의 집에 영원히 거하리로다."

— 시편 23편

시편 23편 중 특별히 오늘은 3절만 묵상해 보겠습니다. 그래서 이 강해가 끝날 때에는 시편 23편 모든 구절이 내 입에서 살아 움직이도록 내 마음에 새겨지며 내 신앙고백이 되기를 진심으로 바랍니다.

며칠전 입니다. 제주도의 이시돌 목장을 소개하는 프로그램 테이프를 보았습니다. 제가 시편 23편을 강해하고 있었기 때문에 그것을 조금 더 흥미를 갖고 보았습니다. 그 중에 내가 과거에 잘 몰랐던 것 중에 하나를 깨닫게 되었는데 그것은 이 양이 앞다리를 땅에 버티고 앉아있으면 괜찮지만 일단 양이 한번 뒹굴어서 다리가 하늘로 향하든지 네 발이 땅에서 떨어지기만 하면 다시 원상태로 못돌아간다는 것이었습니다. 누우면 몸체가 워낙 크고 다리가 약하니까 아무리 애를 써도 몸을 세울 수가 없고 발버둥만 계속 치는 것을 보았습니다. 스스로 다시 서는 능력이 양에게 없습니다.

만약 광야에서 이런 현상이 생긴다면 늑대나 이리의 밥이 되는 것은 말할 것도 없고 심지어는 이렇게 누워있는 그 양은 매나 독수리의 밥이 되고 또 힘없는 까마귀마저도 옆에 와서 쪼아대면 속수무책으로 죽을 수밖에 없다고 합니다.

그런데 이런 위험만 있는 것이 아니라 아무런 위험이 없다 할지라도 일단 네 다리를 들고 허우적거리면 그 되새김질하는 위에 가스가 차기 시작하고 결국 고무풍선만큼 커지면 모든 혈관들이 막혀서 몇시간 지나지 않아 죽는다고 합니다. 특히 태양에 노출이 되면 약 3시간에서 4시간이면 죽어 버린다고 합니다.

이처럼 양이 눕는 것은 양의 생명에 심각한 영향을 끼칩니다. 버둥거리는 것으로 끝나는 것이 아니라 생사가 달려 있는 중요한 문제입니다. 이시돌 목장에서는 그렇게 넘어져있는 양들을 찾아다니며 일으켜 세워주는 일들을 계속 하는 사람이 있었습니다.

여러분의 인생에서도 흡사한 일이 있습니다. 이것이 나쁜줄 압니다. 그러면서도 그 거대한 세력 앞에 무력하게 계속 허우적거립니다. 빠져나갈 수가 없습니다. 원상태로 돌이킬 수가 없습니다.

이런 인생들, 안되는 줄 알면서도 나도 모르게 그 길을 향해서 계속 빠져드는 양떼처럼 자기 방어능력도, 다시 일어설 능력도 없이 허우적거리는 내 모습을 보게 됩니다. 이 때 양에게는 목자가 있어서 일으켜 세워줍니다. 성도들이 허우적거릴 때에 우리 구속주되신 목자 예수 그리스도가 내 인생을 일으켜 세워주십니다.

양을 사랑하는 목자

바로 오늘 읽은 구절 "내 영혼을 소생시켜주시고" 이 말은 나를 다시 일으켜 세워주시고 이런 뜻입니다. 주께서 내 영혼을 새롭게 세워서 일으켜 세워주실 뿐 아니라 우리 주님께서 자기 이름을 걸고 나를 가장 복된 길로 인도해 주신다고 말합니다. 많은 그리스도인 마음 속에 이런 생각이 있습니다. 내가 신앙의 딜레마를 가질 때에, 내 마음 속에 깊은 회의와 낙심이 나를 붙잡을 때에 하나님께서 나를 미워하시지 않을까, 하나님께서 나를 싫증내지 않을까 우리는 두려워하면서 하나님을 점점 멀리 떠나버리고 마음에 깊은 절망이 찾아듭니다.

그러나 아닙니다. 그처럼 혼자 누워있는 양떼를 목자가 계속 찾는 것처럼 양떼들을 세다가 한 마리의 양이 부족할 때에는 밤에 잠을 이루지 못하고 찾아다니는 것이 목자의 심정입니다. 다윗 자신이 그렇게 살았습니다. 그러면서 다윗은 말합니다. 여호와는 나의 목자이시다. 내가 허우적거리고 깊은 고통과 좌절 속에 있을 때에 그 분이 나를 찾아다니시면서 나를 일으켜 세워주시는 분이라고 말씀하셨습니다. 우리 주님께서 다윗의 후예로 오셔서 말씀하셨습니다. 나는 선한 목자라 양들을 위해서 사랑하는 정도가 아니라 목숨을 버리기까지 사랑하는 선한 목자라고 선언하셨습니다.

우리 주님, 한 마리의 양을 잃어버리셨을 때 주님께서는 우리에 그 수많은 양이 가득한데도 불구하고 잃어버린 한 마리의 양을 찾기 위해서 가시밭길, 절벽길을 쫓아가셔서 드디어 일으켜 세우시고 붙잡아서 목에 안고 돌아오시는 예수 그리스도, 우리의 목자이십니다.

위에 가스가 차기 시작하고 몸이 팽창되어 혈관들이 막혀서 어려움을 겪던 양을 일으켜 세워놓으면 양들의 근육이 마비가 되어서 일어서지를 못한다고 합니다 그러면 목자들은 그 근육을 풀어주기위해 누워있던 시간이 길면 긴 시간 동안 마사지를 해 주어야 근육이 소생하는 힘을 얻고 제 길을 가게 된다고 합니다.

우리 주님께서 연약한 나를 싫다 하지 아니하시고 주님의 도움을 구할 때에 주께서는 언제나 내 목자이십니다. 그런데 이 양떼들은 세 가지 원인에 의해 넘어진다고 합니다.

음식도 잘 먹고 편하고 눕기 편한 장소를 만나면 기분이 무척 좋아져서 빙그르 몸을 돌리다가 넘어지면 다시 못 일어난다고 합니다.

두번째로 양의 몸에 털이 많은데 그 길이가 자라서 온몸을 덮을 때 더러운 오물이 몸에 붙으면 무게가 무거워지고 몸의 어느 한편에만 계속 오물이 묻으면 몸의 균형을 잡지 못하고, 옆으로 넘어진다고 합니다. 우리 몸에 더러운 죄악들이 주렁주렁 달려있고 근심과 염려, 걱정의 짐들이 달려 있으면 내 가던 길을 가지 못하고, 목자를 따라가지 못하고 뒤로 넘어집니다.

세번째로 이 양이 너무 음식물을 많이 먹어서 살이 쪄서 비만하면 다리는 약한데 몸은 커서 한번 쓰러지면 일어나지 못하고 몸이 구른다고 합니다.

여러분, 잘 나갈 때 조심하십시오. 모든 것이 형통할 때 조심하십시오. 거기에 우리가 생각 못할 함정이 얼마든지 있습니다. 그래서 성경은 선 줄로 생각하는 자는 넘어질까 조심하라 하였습니다. 잘된다고 우쭐하지 마십시오.
 여기 시편 기자 다윗은 내 영혼을 소생시키시고 자기 이름을 위하여 의의 길로 인도하신다고 노래했는데 자기를 일으켜 세워주시는 그 주님을 말씀했습니다. 성경 전체를 보면서 이 소생시킨다는 단어가 사용되는 용법을 찾아보았습니다. 첫째로 병든 자가 회복될 때에 소생이라고 하였습니다. 그런가하면 혼돈했던 것이 질서를 가질 때에 소생이라는 단어를 썼습니다.

부활로써 소생케 됨

 시편 19:7에 "여호와의 율법은 완전하여 영혼을 소성케 하고." 시편 23편은 '소생'이라고 하였고 19편은 '소성'이라고 하였습니다. 히브리 원문으로는 같습니다. 또 슬픔과 깊은 낙심에 젖어있던 사람들이 격려를 받고 일어설 때에 소성이라는 단어를 사용하였습니다. 재미있는 것은 열왕기상 17:21, 22에 엘리야가 어린아이를 살릴 때 성경은 "이 아이의 혼이 몸으로 돌아오고 살아난지라" 살아났다는 말의 원문이 소생한지라 그렇게 되어있습니다.
 죽었다가 살아난 것을 소생이라고 말합니다. 다윗의 생애는 죽었다가 살아나는 개념을 온전히 갖지 못했습니다. 그러나 천년 후에 예수께서 이 세상에 오셔서 우리 죄를 위해서 죽으시고 부활하셨습니다. 이 부활이 소성한다는 단어의 절정입니다. 이 부활은 기독교만 갖는 특징입니다.
 여러분, 세상의 모든 종교에 교훈이 있습니다. 처세술이 있습니다. 그것은 모두 귀합니다. 그러나 그들에게 없는 것이 있습니다. 무엇입니까? 부활이 없습니다. 기독교의 종교는 이론의 종교가 아닙니다. 멋있는 비유의 종교가 아닙니다.
 사도행전을 보면 사도들이 전한 것은 예수님의 산상수훈이 아닙니다. 예수님의 멋있는 비유가 아닙니다. 그들이 전했던 것은 예수께서 나의 죄를 위해서 죽으셨고 예수께서 다시 살아나셨다. 우리는 이 일의 증인이다. 이러한 사건을 전하는 종교입니다. 이론을 전하는 종교가 아니고 깨닫는 종교가 아니고 소식을 전하는 종교입니다. 그래서 복음이라고 말합니다. 복된 소식이라고 말합니다. 이 복된 소식이 증거될 때에 세계 역사는 바뀌었습니다. 문화는 새롭게 일어납니다.

이 부활의 주님, 우리를 소성케 하시는 부활의 주인되시는 그 주님. 이 주께서 부활하신 그 무덤은 빈무덤입니다. 세상의 모든 성현들은 자기 무덤이 있습니다. 그러나 천사들이 말했던 대로 예수님을 가두어두었던 무덤에는 "그가 여기 계시지 아니하느니라" 빈무덤입니다.

예수님이 부활하심으로 놀라운 변화가 생겼습니다. 첫째 변화로는 제자들의 삶이 변했습니다. 제자들은 당시 무시받던 갈릴리지방 사람들이 대부분이었는데 일종의 배우지 못한 상민이었습니다. 또 겁쟁이였습니다. 비겁하게 선생을 부인할 뿐만 아니라 맹세하면서 저주하고 부인했던 사람들입니다.

그런데 부활을 목격한 다음에 그들은 담대해졌습니다. 그들이 나가서 예수님이 다시 부활하셨다고 증거할 때였습니다. 바리새인들과 당시 유대 고관들이 이들을 붙잡아다 매를 치고 그리고 위협하였습니다. 그 때 그들에게 말했습니다. 우리가 보고 들은 것을 너희에게 말하지 않을 수 없도다 우리가 하나님의 말씀을 순종해야 할지 사람의 말을 들어야 할지 어느 것이 옳은지 너희가 판단하라 우리는 보고 들은 것을 증거하지 않을 수 없다고 그들은 외쳤습니다.

교회의 시작이 된 부활

위협이 심해지자 자기들끼리 모여서 기도합니다. "하나님이여, 지금 우리를 위협함을 하감하옵시고 더욱 입을 벌려 담대히 하나님의 말씀을 증거하게 도와주시옵소서." 자기의 어려움이 사라지게 해달라고 기도하지 않습니다. 위협들이 물러나도록 기도하지 않았습니다. 그들은 그 어려움 속에서, 고통 속에서, 더 담대히 하나님의 말씀을 증거하게 해 달라고 기도하고 있습니다. 그리고 그 무식한 제자들이 결국 사도 요한 이외에는 모두 순교를 당했습니다.

이 사람들은 진실로 부활의 예수 그리스도를 만난 다음에 강하고 담대했습니다. 사람들이 진실된 도리를 주장하면서도 가서 매를 몇번 맞고 고문당하면 아니라고 부인하는 세상인데 자기 목숨을 버리면서까지 계속 이 부활은 생명으로 증거되고 있습니다. 그것은 부활의 주님을 만났던 제자들에게 일어난 똑같은 변화의 역사입니다.

두번째로 이 부활로 교회가 탄생되었습니다. 제자들이 길거리로 나가 '예수께서 부활하셨다! 우리 죄 때문에 성경대로 죽으셨다' 고 전했습니다. 오순절 다락방에서 성령 체험한 그 사람들이 나가서 전할 때 사람들은 모여들게 되었습니다. 그 모여든 사람들 앞에서 만약 오십일전에 처형당하신 예수의 시체가 그 무덤 속에 그대로 있었다면 아마 간악한 바리새인들과 당시 유대 고관들은 그의 시신을 증거로 보여주면서 너희가 살아나셨다고 전하는 예수가 여기있다고 하였을 것입니다.

그러나 그들은 예수가 부활하셨다는 말을 듣고 가슴이 찔렸다고 합니다. 우리가 어찌할꼬 회개하고 자복하였습니다. 그리고 주님 앞에 나와서 하루에 삼천명이나 세례를 받게 되었습니다. 부활은 교회의 시작입니다. 이 부활의 신앙 위에 교회는 든든히 자랐습니다. 역사가들이 말하는 대로 이제까지 가장 강경한 국가는 로마였다고 말합니다. 무수한 제국이 있었지만 로마보다 강한 국가는 역사상 한번도 없었다고 말합니다.

어떤 역사가는 말하기를 이 로마의 거대한 세력에 어떤 세력도 2주간을 지탱한 세력이 없었다고 말합니다. 그런데 이 부활의 터 위에 세운 주님의 교회는 삼백년 동안 그 처럼 많은 수난과 십자가 형과 맹수의 밥이 되면서도 기어코 로마를 정복하고 말았습니다. 이 부활의 복음으로 어떤 제국도 그 앞에서 무너집니다.

감사한 것은 우리 나라 교회의 시작이 부활절과 연관되어 있습니다. 1885년 4월 5일 부활절 새벽에 언더우드 아펜셀러가 제물포 항에 도착하였습니다. 부활 신앙과 함께 상징적으로 하나님께서 한국교회에 놀라운 출발을 주셨습니다. 일제의 무수한 박해가 있었습니다.

그러나 이 부활 신앙은 일제의 박해를 뚫고 넘어섰습니다. 공산주의의 기독교 말살 정책이 계속되었지만 부활 신앙은 그 순교의 피 위에서 더 복되게 자랐습니다. 세계에서 가장 유명한 선교학자 중 한 분이 1950년 중국이 공산화 될 때 중국에서 사역했습니다. 중국 오지에서 복음을 전하고 있었습니다.

중국 당국이 '외세는 물러가라 당신은 출국하라' 고 명령할 때였습니다. 그 분은 작정하기를 '하나님, 내가 복음 전하러 왔습니다. 내가 하나님의 명령을 받고 왔는데 이곳에서 물러설 수 없습니다. 내가 순교할지언정 이곳을 지키겠습니다.'

안 나가니까 별 고통과 아픔을 다 주더니 나중에는 하다하다 안되니까 사회안전요원이 그를 양팔에 끼고 나가서 차에 태워 그 머나먼 길을 동행해서 홍콩 국경선에 내려놓았습니다. 붙잡혀가면서, 하나님, 그 무수한 순교자의 피로 세운 중국 교회가 문을 닫아야 됩니까? 그 영광스러운 십자가의 깃발이 이 땅에서 꺾이고 저 붉은 기가 날려야 된다는 말입니까? 주님, 차라리 이 중국 땅을 벗어나기 전에 내 목숨을 가져가 달라고 그처럼 울부짖으면서 쫓겨났다고 합니다.

그런데 그 분이 쫓겨난 지 40년 후에 그 어른을 만났습니다. 그분이 그 때 그런 얘기를 하셨습니다.

"세상에 이런 일이 있을 수가 없다. 내가 중국에서 출국당할 때 85만 명 밖에 되지 않던 중국의 그리스도인이 어떻게 5천만 이상으로 자랐는지 이

해가 되지 않는다."
 선교사를 모두 내 보내시고 그 가운데 주의 성령께서 능력으로 역사하셔서 중국 전역에서 놀라운 역사를 펼치셨습니다.
 지금 어떤 사람은 적게는 6천만이라고 말하고 많게는 1억5천만이라고 주장하는 사람들이 있습니다. 세계에서 가장 기독교 인구가 많은 곳이 중국이라고 말합니다. 요원의 불길처럼 복음이 펼쳐지고 있습니다. 왜 그렇습니까? 부활의 생명 위에 죽음을 이긴 이 신앙은 어떤 정권도 어떤 탄압도 넘어서서 살아계신 하나님의 영광을 선포합니다.
 제가 믿기는 사랑하는 우리 동족이 사는 북한에 그처럼 큰 탄압, 그처럼 혹심한 고난 가운데서도 저는 김일성이가 절대로 부활 신앙을 이기지 못할 것을 확신합니다. 있을 수 없습니다. 역사상 그런 예가 없습니다. 주의 은혜가 북한의 가짜 교회 말고 진짜 부활 신앙을 가진 그 믿음, 우리의 통일의 그날, 그 믿음이 씨앗이 되어서, 거룩한 그루터기가 되어서 영광스러운 만남을 허락해 주실 것이라고 확신합니다. 음부의 권세가 부활의 터전 위에 서 있는 예수 그리스도의 교회를 이길 수 없습니다.
 그리고 부활 예수 그리스도로 말미암아 우리는 주님의 날을 갖게 되었습니다. 예수 그리스도께서 십자가에서 죽으시고 부활하심으로 구속을 완성하셨습니다. 모든 율법의 마침이었습니다. 이 때 모조품이고 상징적인 것이 진짜의 모습으로 바뀐 것이 있습니다. 크게 세 가지입니다. 이스라엘 민족의 구속의 날 이집트에서 구원받은 날을 기념하는 유월절이 죄악의 사슬에서 풀려나온 성만찬 의식으로 바뀌었습니다.
 지난 금요일날 성만찬 의식에 참여하신 분께는 참으로 큰 축복이 되었으리라고 생각됩니다. 한 사람, 한 사람을 향해서 그 성만찬의 메시지가 주어진 것은 우리 교회에서 첫번째 성만찬입니다. 죄의 사슬에서 풀린 것을 기뻐하는 날입니다. 두번째로 아브라함의 자손이라는 할례가 변해서 하나님의 자녀의 새로운 표시인 세례로 바뀌었습니다. 그리고 세번째로 하나님께서 창조를 마치신 안식일에서 우리 주님께서 사망권세를 깨우치시고 부활하신 주님의 날로 바뀌었습니다.

옛사람의 소욕이 죽음

사도행전을 보면 주의날, 안식 후 첫날, 일요일 이렇게 세 가지로 계속 기록되어서 그리스도인들이 주일 날 모인 것을 우리에게 보여줍니다. 안식교도들이 안식일이 옳다고 말하는 것이 옳은 것입니다. 그런데 안식일을 지키는 사람이 아니라 부활의 주님을 예배하는 주님의 날을 지키는 사람들입니다. 주께서 부활하셨습니다. 그 주님을 믿음으로 바라봅니다. 그렇기 때문에 이 주일은 거룩하게 복되게 지켜져야 합니다. 하나님의 말씀보다 더 멋있게 예수를 믿으려는 것은, 저는 범죄라고 생각합니다.

무슨 말인가 하면 어떤 사람들이 이런 멋있는 얘기를 합니다. "어떻게 일요일만 주일입니까? 월요일도 주일이고 수요일도 주일이고 금요일도 주일이지. 다 주님의 날이다." 그래 놓고는 주님의 날도 안지키더라구요, 아니 십의 일만 주님의 것이냐, 다 주님의 것이다 말은 그럴싸한데 그런 사람치고 십일조를 제대로 하는 사람이 없습니다.

나쁜 쪽으로 사람들은 해석해 버리고, 모두 보통의 날로 주님의 날을 평준화시키고 하나님 앞에 준비해서 드리는 헌금도 자기 쓰는 용돈과 평준화시켜버리는 악을 범합니다. 아닙니다. 성경이 말하는 것에 대해 순종하시고 더 멋있는 생각도 중지하십시오. 주님의 말씀대로 순종해야 합니다. 주님의 날은 우리에게 거룩하게 지켜져야 합니다. 영광스럽게 지켜져야 합니다. 우리들은 주님의 날, 부활하신 주님을 찬양하고 예배합니다.

그러나 우리에게 또 한 가지 사실이 있습니다. 주님의 날을 지키는 우리의 신앙 고백 가운데 하나는 오메가 포인트를 갖습니다. 최후의 궁극의 목표를 갖습니다. 무엇입니까? 우리 주님 재림하는 날 주께서 부활하신 것같이 내가 부활하는 것, 이 영광의 사실을 바라보면서 우리가 주님의 날을 예배합니다. 그냥 우리가 모여서 의미 없이 예배드리는 것이 아닙니다. 내가 부활합니다. 이 고백입니다.

그러므로 안식일을 지키는 사람이 아니라는 것을 기억해 주십시오. 주님의 날을 지킵니다. 영광스러운 부활의 주님, 우리 영혼을 소성시키시되 죽음에서 우리를 일으켜 세워주시는 우리 주님, 그 분의 권세로 우리가 다시 부활할 것을 믿습니다. 사도 바울은 부활의 신앙을 그처럼 앙망했습니다. 그는 빌립보서 3장에 자기가 가장 알고 싶은 것을 이렇게 말합니다. "내가 예수 그리스도의 부활의 권능과 그 권한을 알게 하려" 그는 예수 그리스도의 부활의 권능을 알고 싶어했습니다.

그것이 무슨 말입니까? 여러분, 우리는 이기심으로 꽉차있는 인생입니다. 우리는 늘 탐욕에 내 시선이 뺏기고 다른 사람을 쉽게 쉽게 미워하는 못된 악한 습성을 가졌습니다. 그래서 나도 모르는 새에 얘기하는 것을 들어보면 지금 미움이 가득합니다. 내 입에서 터져나온 말을 만약 여러분이 객관적으로 듣는다면 저 사람 참 이기적이다 하고 느낄 것입니다. 아니, 내 겉모습이 아니라 내 속 영혼을 보시는 하나님 앞에 내가 얼마나 누추하게 보이겠습니까? 이런 것들은 그리스도 안에서 죽었어야 할 것입니다. 죽었어야 할 나입니다. 이 부활의 권능을 알고자 하는 것은 이 악한 것이 죽어버리고 주께서 우리를 부르시는 영광의 몸의 형상을 본받는 하나님의 말씀을 순종하는 삶으로 다시 사는, 죽을 것이 죽고 살 것이 사는 이런 은혜를 사도 바울은 알고 있었습니다.

사도 바울이 성자였습니다. 거룩한 사람입니다. 그러나 자기 몸에 있는 더러운 옛사람의 소욕은 그대로 살아있었습니다. 이것이 날마다 죽기를 원했습니다. 그래서 고린도전서 15장에서 그는 이렇게 고백했습니다. "내가 날마다 죽노라." 죽었어야 할 내가 있습니다. 여러분, 이렇게 죽을 내가 있어야 만, 내가 죽어야만, 부활의 권세가 나와 함께 합니다. 죽음이 없이는 부활이 없습니다.

이 못된 내가 십자가의 나를, 정과 욕심을 못박습니다.

내가 못박을 적에 우리 하나님께서는 빌립보서 1:19, 20에서 너희에게 얼마나 큰 능력으로 너희를 붙잡은줄 알아라 그렇게 말한 다음에 이 능력이 그리스도 안에서 역사하여 죽은 자 가운데서 다시 살리신 그 능력이다, 예수를 부활시키는 그 능력. 예수는 죽음으로 하나님의 뜻을 순종하기 위해서 죽었습니다. 죽은 그 예수를 그 크신 부활의 권세로 살리신 그 능력으로 내 삶을 우리 하나님이 붙잡고 계신다고 말씀하고 있습니다.

사랑하는 성도 여러분, 우리 주님을 살리신 그 능력이 나를 붙잡고 있습니다. 넘어져서 자기 노력으로는 도무지 다시 설 수 없는 회복 불능의 나를 일으켜 세워주는 그 주님의 손길이, 무서운 죄 때문에 내가 고통을 받고 누워서 다시 일어나지 못할 때에 부활의 권세로 나를 붙잡아서 다시 일으켜 세워주십니다. 소성케 하실 뿐 아니라 그 분은 자기 명예를 걸고 내 인생을 가장 좋은 길로 인도하십니다. 누가 하신다고요? 목자되신 우리 구세주 예수 그리스도께서 하십니다.

이 은혜가 내 것입니다. 오늘 이 시간에 마음에 좌절이 있고 낙심이 있었던 분, 죽은 몸을 다시 살리신 주님이 그 크신 능력으로 여러분을 일으켜 세워주시기를 원하십니다. 주께서 새롭게 하시기를 기뻐하십니다. 내가 도움을 받기 원하는 것보다 나를 돕기를 더 원하시는 우리 주님, 그 능력의 손이 오늘 내 피곤한 육체 위에, 내 낙심한 영혼 위에 역사하시기를 원하십니다. 우리는 외쳐야 합니다. 예수 그리스도는 살아나셨다!

제 8 장
사망의 음침한 골짜기

"여호와는 나의 목자시니 내가 부족함이 없으리로다 그가 나를 푸른 초장에 누이시며 쉴만한 물가로 인도하시는도다 내 영혼을 소생시키시고 자기 이름을 위하여 의의 길로 인도하시는도다 내가 사망의 음침한 골짜기를 다닐지라도 해를 두려워하지 않을 것은 주께서 나와 함께 하심이라 주의 지팡이와 막대기가 나를 안위하시나이다 주께서 내 원수의 목전에서 내게 상을 베푸시고 기름으로 내 머리에 바르셨으니 내 잔이 넘치나이다 나의 평생에 선하심과 인자하심이 정녕 나를 따르리니 내가 여호와의 집에 영원히 거하리로다."

— 시편 23편

1947년경입니다. 사해 북단에 있는 와디쿰란에서 목동이 양을 치다가 양을 잃어버렸습니다. 그래서 이 목동은 양을 찾기 위해 산지 사방으로 돌아다녔지만 찾을 길이 없었습니다.

그런데 어떤 절벽에 동굴이 있는 것을 발견했습니다. 깜깜한 동굴인지라 이 목동은 무서워서 들어갈 수 없어서 양의 이름을 부르면서 그 안에 돌멩이를 던졌습니다. 그런데 그 안에서 둔탁하게 무엇인가 부딪쳐서 깨지는 소리가 들렸습니다. 그래서 횃불을 준비해서 그 동굴을 탐사하였습니다.

거기서 높이는 50㎝ 직경은 25㎝쯤되는 항아리들을 발견했습니다. 그 항아리 안에서 양피지로 된 수많은 두루마리가 발견되었습니다. 그래서 그는 양대신에 양피지 두루마리를 갖고 나가서 고물상에 가서 그것을 근으로 달아 팔았습니다. 이것이 성경을 연구하는 데에 근래 가장 중요한 자료인 사해 사본입니다. 이스라엘에는 수많은 동굴이 있고 그리고 낭떠러지가 있습니다.

아마 그 곳에 가본 분들은 그것을 쉽게 연상하실 수 있을 것입니다. 동쪽으로는 절벽으로 깎아지른 지중해 연안에 도시들이 있습니다. 그런가하면 예루살렘이라는 해발 830M 고산지대에서 여리고로 내려가면 해저 340M 바닷물보다 더 낮은 골짜기로 30분만에 내려가는 급경사를 이루고 있습니다. 그곳에 그 유명한 사해가 있습니다. 그 급경사에 무수한 함정이 있고 무수히 위험한 절벽이 있고 동굴이 있습니다. 미로가 있고 함정이 있습니다.

이런 지경에서 이스라엘 목자들은 양떼들을 치고 있습니다. 그래서 이 다윗은 자기가 양떼를 쳤던 지난날들을 회상하면서 이렇게 노래하고 있습니다. "내가 사망의 음침한 골짜기를 다닐지라도 해받음을 두려워하지 않을 것은 주께서 나와 함께 하심이라 주의 지팡이와 막대기가 나를 안위하시나이다."

이스라엘 양떼에게 무수한 위험이 있었던 것처럼 성경에서도 우리 성도들에게 너희가 예수님을 믿기만 하면 모든 위험은 물러가고 평안의 시대가 온다고 약속하지 않고 있습니다.

오히려 성경은 우리에게 환경은 바뀌지 않는다고 말합니다. 아니, 예수 믿기 때문에 믿기 전보다 더 많은 어려움도 있을 수 있다고 말합니다. 그래서 요한복음 16:33에 예수님이 이렇게 말씀하십니다. "너희가 세상에서 환난을 당하나." 세상에서 환난을 당한다고 말합니다.

요한복음 17:15에도 예수께서 자기의 사랑하는 제자들을 우리 하나님께 부탁하면서 이렇게 기도합니다. "내가 비옵는 것은 저희를 세상에서 데려가시기를 위함이 아니요 오직 악에 빠지지 않게 보존하기를 위함이니이다." 세상에서 데려가서 이상향을 우리에게 펼치시기 위해서 주께서 우리를 택하시지 않았다고 말합니다. 그것을 위해서 기도하지 않습니다. 오히려 이 세상의 악에 빠지지 않고 그 어두운 세상에서 하나님의 빛된 자녀로 살게 하시기 위해서 우리를 부르셨다고 주께서 기도하고 계십니다.

베드로전서 1:6에도 "그러므로 너희가 이제 여러 가지 시험을 인하여 잠깐 근심하게 되지 않을 수 없었으나." 우리 속에 근심이 계속될 것을 말합니다. 염려가 끊어지지 않을 것을 우리에게 말씀하십니다.

겹겹이 싸인 위험

'사망의 음침한 골짜기'를 번역한 성경의 여러 역본을 보면 재미있는 사실이 있습니다. 어떤 분은 어둠의 골짜기라고 번역했습니다. 또 어떤 분은 눈물의 골짜기라고 번역하기도 했습니다. 그러니까 도무지 앞을 보고 뒤를 보아도 전후좌우를 분간할 수 없는 인생의 때가 우리에게 있겠다고 말합니다. 또 어떤 때는 깊은 슬픔의 때를 만나서 눈물의 골짜기라고 번역하기도 했습니다. 아마 이런 모든 의미가 다 포함된 그런 말로 사망의 음침한 골짜기라고 말했을 것입니다.

그러나 다윗의 생애에 사망의 음침한 골짜기라는 말은 실제 상황이었습니다. 그는 아직 어린 나이, 자기 몸도 가눌 수 없는 그 때, 가난한 집안을 일으키기 위해서 목동으로 일했습니다. 그냥 일한 것이 아니라 그의 기록을 보면 어렸을 때부터 사자나 곰의 수염을 붙잡고 싸웠다고 이야기하고 있습니다.

그런가하면 왕의 무거운 투구를 이길 수 없는 어린 나이에 거인 골리앗 앞에 서서 전 이스라엘이 벌벌 떠는 거인과 정면대결하여 목숨을 건 투쟁을 하는 모습을 우리는 보았습니다. 그는 국가를 위해서 수고한 죄밖에 없습니다. 충성한 죄밖에 없습니다. 그럼에도 불구하고 사울은 천천이요 다윗은 만만이요라고 부르는 백성들의 노래에 화가 치민 사울이 그를 죽이려고 수많은 세월 동안 그를 추적했습니다. 그의 기록을 보면 내가 당신 앞에 서는 벼룩처럼 뛰어다니는 미천한 존재입니다 하고 사울에게 고했습니다. 얼마나 그가 가엾게 도망다녔는지를 알 수 있습니다.

왕국이 평안을 되찾았습니다. 이제 모든 일이 끝났는가 했는데 자기의 사랑하는 아들 압살롬이 반란을 일으켜서 그를 추격할 때에 얼마나 어려웠던지 옷을 제대로 입지 못한 채 예루살렘을 밤중에 빠져나와 마하나임까지 목숨을 유지하기 위해서 피나는 도주를 하는 다윗의 모습을 기억할 수 있습니다. 그는 이런 위험뿐 아니라 얼마나 많은 전쟁을 겪었는지 모릅니다.

우리야를 죽인 요압, 그가 몹시 슬퍼하고 있을 때 다윗은 요압을 이렇게 위로합니다. '요압장군, 칼은 눈이 없어서 이 사람도 치고 저 사람도 베느니라.' 평생 전쟁터에서 살아본 사람만이 가질 수 있는 고백입니다. 화살이 정확하게 나를 조준해서 날아오지 않는다고 누가 장담합니까? 칼날이 춤추듯 스치다가 내 옷깃을 베고 내 살을 뚫고 들어오지 않는다고 누가 장담할 수 있습니까?
  그는 그냥 명상 속에 앉아서 시적인 깊은 이미지로 내가 사망의 음침한 골짜기를 다녔다고 이야기하는 것이 아닙니다. 내 몸전체로, 내 생애 전체로 걸었던 걸음은 위험의 연속이었고 사망의 음침한 골짜기가 얼마나 내 주위에 겹겹히 싸였는지 모른다고 그는 고백하였습니다.
  이처럼 고난의 세월이었습니다. 위험에 위험이 겹쳐있었던 인생이었습니다. 그런데 그는 이렇게 말합니다. 내가 사망의 음침한 골짜기를 다닐지라도 해받음을 두려워하지 않았다고 말합니다. 담대함을 보여줍니다.
  많은 사람들은 아직 일어나지도 않은 일들을 상상하면서 두려워하며 염려하고 근심합니다. 그런데 다윗은 말합니다. 나는 몸 전체로 무수한 위험을 겪었고 눈물의 골짜기, 고통의 골짜기가 있었다, 전후좌우를 분간조차 할 수 없는 깊은 어두움의 시기가 있었다. 그러나 두려워하지 않았다고 말합니다.
  여러분, 이 둘의 차이가 어떤 차이입니까? 위험이 없는데도 위험을 느끼는 무수한 사람들, 위험 속에서도 내가 해받음을 두려워하지 않았다고 말할 수 있는 차이는 어디에서 생겼습니까? 그것은 다윗에게서 생긴 것이 아닙니다. 다윗이 믿는 그 목자 때문입니다.
  사랑하는 성도 여러분, 예수님은 여러분에게 누구입니까? 여러분 중심의 고백으로 누구이십니까? 진실로 여러분은 예수 그리스도의 양입니까? 그렇다면 여러분은 목자이신 그 분 때문에 인생에서 고난이 있고 핍박이 있고 어려움이 있고 수많은 난관에 겹겹이 싸인다 할지라도 나는 해받음을 두려워하지 않는다고 고백할 수 있습니다. 왜 그렇습니까? 주께서 나와 함께 하시기 때문입니다. 내가 내 곁에 가까이 있는 것보다 내게 더 가까운 그 분, 나의 목자되신 주님, 내 숨결보다 더 가까우신 그 분, 우리 주님 그 분이 누구이십니까?

임마누엘

마태복음 1장에는 아들을 낳으리니 이름을 임마누엘이라 하라고 했습니다. 이를 번역한즉 하나님께서 우리와 함께 하신다는 뜻입니다. 임마누엘, 그리고 마태복음 28장 마지막절에 내가 세상 끝날까지 너희와 항상 함께 있겠다고 말씀하셨습니다. 임마누엘입니다.

우리 목자되신 그 분이 나와 함께 하십니다. 여러분의 인생길이 외롭지 않습니까? 뼈가 저리는 외로움을 경험한 적이 없으십니까? 그 때도 주님께서는 나의 임마누엘이십니다. 눈물의 골짜기를 지날 때에도 그 분은 나의 임마누엘입니다. 우리는 어떤 때 죽음의 길을 걸을 수도 있고 고난의 길을 걸을 수도 있고 어두움과 눈물의 길을 걸을 수도 있습니다. 그렇지만 임마누엘이신 우리 주님이 내 곁에 계시는 한 나를 불행케 할 세력은 이 세상에 그 어떤 것도 없습니다.

하나님의 사람 웨슬레가 마지막 임종하면서 이렇게 말했습니다. "나는 지금 아무것도 볼 수 없습니다. 체력이 떨어져서 시력이 없어졌습니다. 내 귀에는 이제 아무 소리도 들리지 않습니다. 점점 기력이 떨어져갑니다." 그런데 그가 이렇게 외쳤습니다. "그러나 무엇보다 귀한 것은 주께서 지금 내 곁에 계십니다." 이것이 웨슬리의 임종의 언어입니다. 그리고 그는 천사처럼 주님 앞에 빛나는 얼굴로 갈 수 있었습니다.

주께서 나와 함께 하십니다. 어느 때나 함께 하십니다. 함께 하실뿐 아니라 그 분은 그의 지팡이와 막대기로 나를 안위하십니다. 이 지팡이는 인도하는 도구입니다. 여러분이 잘 아시는 대로 이스라엘의 목자들이 갖고 다니는 지팡이는 목동의 키보다 훨씬 큰 길이입니다. 그래서 위 꼭대기가 마치 낚시 바늘처럼 굽어 있습니다.

그래서 뒤로 넘어져있는 양떼를 그 갈고리모양처럼 생긴 지팡이의 끝으로 일으켜 세워줍니다. 또 목을 붙잡아서 오기 싫어하는 양을 바른 길로 다시 이끌어줍니다. 인도의 지팡이입니다. 그런가하면 한 손에는 몽둥이를 들었습니다. 그 몽둥이 끝에는 날카로운 쇠붙이가 붙어있는 경우도 있고 또 그냥 평범한 몽둥이일 수도 있습니다. 이것은 일종의 목동들의 무기입니다.

그래서 하이에나나 늑대가 오면 양들을 해치려는 맹수를 향해서 힘껏 던져서 쫓아내는 무기입니다. 짐승들을 퇴치하는 무기입니다. 목자되신 주님께서는 우리를 막대기의 보호로 그리고 그분은 우리를 지팡이의 인도하심으로 우리의 삶을 날마다 인도해 주십니다.

모세의 지팡이가 함께 했던 이스라엘은 가나안으로 나아갑니다. 그런데 그를 향해서 이집트의 제왕인 바로가 장애가 되었습니다. 그러나 그 지팡이의 인도를 막을 길이 없었습니다. 홍해가 가로막혔습니다. 그렇지만 그 지팡이는 계속해서 홍해를 가르고 나아갑니다. 사십 년 동안 광야길을 돌아다닙니다. 그렇지만 그 지팡이가 있는 한, 이스라엘 백성들은 점점 약속의 땅으로 나가고 있습니다.

복된 지름길

사랑하는 성도 여러분, 목자되신 주님이 내 곁에 있고 그의 지팡이와 막대기가 내 인생에 있는 한 내 인생은 점점 주께서 약속하신 그 땅을 향해서, 그 목적지를 향해서 나아갈 것입니다. 맹수의 위협이 있을 것입니다. 어려움이 있을 것입니다. 그러나 목자는 맹수를 몽둥이로 쫓아내시면서 그리고 잘못된 길로 쉽게 도망가는 나를 붙잡아서 주께서 복된 길로 우리를 인도하실 것입니다. 이 목자가 내 곁에서 그의 지팡이와 막대기로 나를 안위할 때에 제일 처음에 우리 인생에게 있는 것은 평안입니다. 그분의 보호가 있는 한 나는 언제든지 평화를 누립니다. 주께서 말씀하십니다.

요한복음 14:27에, 내가 너에게 평안을 준다. 이 평안은 세상이 주는 것 같은 평안이 아니다. 너희는 마음에 근심하거나 염려하지 말라고 하십니다. 놀라운 평화가 그리스도로 말미암아 주어집니다. 예수 믿고 나서 많은 사람들이 똑같이 하는 고백이 있다면 그것은 내 마음이 평안해졌다는 고백입니다. 주의 인도하심을 받는 우리의 마음 속에는 복된 평화가 있습니다.

그리고 주의 인도가 있을 때에 사망의 음침한 골짜기는 우리에게 최단의 거리입니다. 무슨 말입니까? 목자는 다음 목적지의 길을 잘 압니다. 양은 기껏해야 9m에서 12m 밖을 못봅니다. 근시라서 멀리 보지를 못합니다. 그리고 냄새를 맡아서 자기가 가고자 하는 방향을 찾지도 못합니다. 모든 동물들은 생존 본능에 의해서 후각이 발달하였는데 양은 후각도, 시각도 발달하지 못하였습니다.

이 양떼를, 목자가 인도합니다. 목자는 양떼를 가장 빠른 지름길로 인도합니다. 얼른 보면 짧은 인생의 시야로 여기가 더 좋은 것 같다고 달려가 보지만 그러나 얼마 있다 길이 없어져 버리고 곧 낭떠러지입니다. 얼마 있다 곧 함정이 나타납니다.

그러나 목자는 전체의 지형을 잘 알기 때문에 늘 최단의 거리로 인도합니다. 이것은 기차의 터널과 같습니다. 터널을 지나는 기차는 답답하고 캄캄합니다. 어둡습니다. 그렇지만 만약 그 터널을 뚫지 않으면 열 배나 삼십 배 긴 거리를 돌아가야 합니다.

사망의 음침한 골짜기 같은 어둠의 골짜기인 우리 인생에게 갈 데가 있습니다. 주의 인도가 있으면 물러서지 마십시오. 계속 전진해 나가십시오. 그리고 뒤를 돌아보십시오. 주께서 이 고통과 이 어둠과 이 아픔을 주셨던 것은 다른 것이 아니라 내게 최단의 거리를 주시기 위해서, 내게 가장 빠른 지름길을 주시기 위한 주님의 놀라운 지혜와 주님의 놀라운 사랑의 보살핌이었던 것을 알게 됩니다. 그때 그 고통은 지나고 보면 내게 유익이고 축복입니다. 가장 복되고 아름다운 최단의 거리였다는 말입니다.

그것은 최선의 길이기도 합니다. 목자는 어디에 물이 있는지를 압니다. 목자는 어디에 풀이 있는지를 압니다. 만약 이 지점에서 그 목적지까지 가는데 물길을 정확하게 알지 못한다면 결국 양은 도중에 기진맥진해서 죽을 수밖에 없습니다. 그래서 목자는 그 물길과 그 초장을 염두에 두고 인도합니다. 시야가 좁은 양은 위험을 당할지 몰라 주춤거립니다.

그러나 아닙니다. 내 눈에 지금 아무것도 보이지 않아도 내게 필요한 물은 그 곳을 지나야만 주십니다. 내 시야에 아직 들어오지 않았지만 이 음침한 골짜기를 지나야만 살진 꼴을 거기에서 얻습니다. 주께서는 그 길을 아십니다.

그 양은 그러기에 시야가 트이지 않아도, 후각이 발달하지 않아도 결국 다른 것을 의지하지 않도록 만들고 오직 목자 그 분만 의지하도록 만듭니다. 우리는 내일 일을 모릅니다. 그리고 어느 것이 내 생애에 참으로 유익인지 모릅니다. 그 길로 가는 것이 진실로 내 영혼에 살진 꼴이 있다는 것을 모르는 채 날마다 허겁지겁 갑니다.

후각과 시각이 발달이 안된 양처럼 우리 인생길이 꼭 그렇습니다. 우리는 앞으로 가는 내 길에 어느 것이 참 내게 유익인지 모릅니다. 그렇지만 우리는 한 가지를 압니다. 나의 목자, 그분을 압니다. 임마누엘이신 그 분이 내 곁에 계심을 압니다. 그 분을 향해서 시선을 둡니다. 그 분의 인도에 내 귀를 기울입니다.

그렇기 때문에 중요한 것은 양은 목자의 음성을 들을 줄 알아야 됩니다. 그 목자의 음성을 들을 줄 아는 한 내 양은 내 음성을 듣고 인도함을 받습니다. 이 험한 세상, 어두운 세상, 음침한 사망의 골짜기를 지날지라도 목자의 음성을 듣는 그 양은, 목자를 신뢰하면서 따라가는 그 양에게는 마음에 평화가 있을 것이고 지나고 보면 가장 지혜로운 길이 그 앞에 열릴 것입니다. 그리고 가장 최선의 길이 그 인생에게 주어졌다는 사실을 결론으로 얻게 될 것입니다. 인생의 시작을 아시고 인생의 결론을 아시는 분은 주님이십니다.

어떤 인생도 내가 어디서 왔고 내가 또 어디로 가는지를 모릅니다. 목자 되신 주님 그 분만 아십니다. 그 예수 그리스도가 여러분의 목자이십니까?

그분과 함께 인생길을 가고 계십니까? 그렇지 않으면 목자의 소리는 들리지만 내가 지금 눈 앞에 있는 풀을 찾아서, 목자의 음성은 멀리 떠나고 내 시계 밖으로 멀리 사라져 가는데 눈 앞에 있는 물을 먹기 위해서, 눈앞에 펼쳐지는 조그만 풀밭의 유혹을 이기지 못해서, 목자의 음성을 멀리 두고 있지 않습니까?

목자, 그 분은 임마누엘이십니다. 그 분 안에 있는 한 내게 두려움이 없습니다. "내가 사망의 음침한 골짜기를 다닐지라도 해받음을 두려워하지 않을 것은 주께서 나와 함께 하심이라 주의 지팡이와 막대기가 나를 안위하시나이다."

한 어머니가 하나밖에 없는 아들을 잃었습니다. 그래서 병원에 입원할 정도로 마음에 낙담을 하였습니다. 그 입에 언어가 사라졌습니다. 누가 가도 무슨 말을 하여도 침묵이었습니다. 그 병상에 목사님이 찾아가셨습니다. 그래도 시선을 돌리고 아무말 하지 않고 허공만 응시할 뿐이었습니다. 그 어머니를 향해서 목사님은 인간적으로 위로할 말이 없었습니다. 세상에 가장 위로하기 어려운 슬픔이 있다면 부모 앞에서 자식을 먼저 보낸 슬픔입니다. 그 슬픔보다 더 큰 슬픔은 아마 이땅에서는 없을 것같습니다.

할말이 없는 목사님은 조용히 궁리하다가 당신 마음속의 신앙고백으로 늘 묵상해온 시편 23편을 조용히 낭송하셨습니다. "여호와는 나의 목자시니 내가 부족함이 없으리로다 그가 나를 푸른 초장에 누이시며 쉴만한 물 가으로 인도하시는도다 내 영혼을 소생시키시고 자기 이름을 위하여 의의 길로 인도하시는도다 내가 사망의 음침한 골짜기로 다닐지라도 해를 두려워하지 않을 것은 주께서 나와 함께 하심이라 주의 지팡이와 막대기가 나를 안위하시나이다." 거기까지 낭송이 계속 되자 그 자매님께서 목사님! 이제 알았습니다 하고 입이 열렸습니다.

눈물의 골짜기를 여러분이 지금 지나가고 계십니까? 깜깜한 어두운 골짜기를 지금 가고 계십니까? 목자께서 내 곁에 계심을 바라보십시오. 그

분만이 나를 보호하는 지팡이를, 나를 인도하는 막대기를 가지셨습니다. 그 분만이 한손에는 나를 보호하는 무기인 막대기가 있고 다른 한 손에는 나를 인도하는 지팡이가 있습니다.

그 분의 음성을 따라 나아가시기 바랍니다. 그 분을 내 시야에서 멀리 두지 마십시오. 그 분만을 붙잡으십시오. 목적지가 어디인지 여러분은 알 수 없을 것입니다.

그 분은 내가 생각하는 목적지보다 더 좋은 목적지를 알고 계십니다. 완전한 목적지를 알고 계십니다. 최선을 알고 계십니다. 지금 나에게 무엇이 가장 필요한지를 알고 계십니다. 그 분만을 붙잡으십시오. 내 인생에 실패는 지금 내 눈앞에 꼴이 없는 것이 아니라, 지금 내 앞에 흐르는 물이 없는 것이 아니라 내 시계 밖으로 목자되신 그 분이 사라지는 것이 내 실패입니다. 내 위험입니다. 아무리 좋은 푸른 초장이 있다 할지라도 그 분이 내 눈에서 사라졌다면 그 인생은 절망의 인생입니다.

그러나 지금은 사망의 음침한 골짜기를 간다 할지라도 그 분이 내 눈앞에 계시면, 의로운 오른 손으로 나를 붙잡고 있으면 차가운 죽음의 강물을 지날 때에도 나를 두렵게 할 수가 없습니다. 그 분은 내 승리이고, 그 분은 내 평안이고, 그 분은 내 만족이시기 때문입니다. 내 최선, 내가 생각하는 최선보다 더 좋은 최선을 나를 위해서 예비하신 그 분, 그 분의 인도를 받으십시오. 그래서 우리는 어려움이 있을 때에 이렇게 노래해야 합니다.

"내가 사망의 음침한 골짜기를 다닐지라도 해를 두려워하지 않을 것은 주께서 나와 함께 하심이라 주의 지팡이와 막대기가 나를 안위하시나이다."

제 9 장
영광의 개선식

"여호와는 나의 목자시니 내가 부족함이 없으리로다 그가 나를 푸른 초장에 누이시며 쉴만한 물가로 인도하시는도다 내 영혼을 소생시키시고 자기 이름을 위하여 의의 길로 인도하시는도다 내가 사망의 음침한 골짜기를 다닐지라도 해를 두려워하지 않을 것은 주께서 나와 함께 하심이라 주의 지팡이와 막대기가 나를 안위하시나이다 주께서 내 원수의 목전에서 내게 상을 베푸시고 기름으로 내 머리에 바르셨으니 내 잔이 넘치나이다 나의 평생에 선하심과 인자하심이 정녕 나를 따르리니 내가 여호와의 집에 영원히 거하리로다."

— 시편 23편

1815년 6월 18일은 유럽의 역사가 바뀐 결전장이었습니다. 나폴레옹 황제가 이끄는 12만 5천명의 프랑스 포병을 중심으로 한 거대한 기병대들이 한쪽에 포진해 있었습니다. 그리고 반대편에는 9만 5천명의 연합군이 웰링톤 경을 중심으로 포진하고 있었습니다. 벨기에 동남쪽 워터루 남방 교외에서 싸움은 시작되었습니다.

며칠전 나폴레옹은 프로이센의 연합군 12만 명을 무참하게 깨뜨리고 승리하였기 때문에 그의 사기는 충천해 있었습니다. 그러나 이삼일 계속 비가 왔기 때문에 포병의 천재인 나폴레옹이 포진지를 이동하는 데에는 어려움을 겪었습니다.

그렇지만 워낙 사기가 올라있는 황제군은 연합군을 계속 압박하기 시작하였습니다. 이제 이 연합군은 언제 멸망당하는가 시간문제인 것으로만 보였지만 웰링턴 공은 정말 철심장을 가진 사람처럼 만면에 엄숙한 표정과 여유있는 자세를 잃지 않은 채 적진을 예의 주시해서 바라보았습니다.

그 때 서북쪽에서 큰 함성소리가 들려왔습니다. 프로이센의 남은 4만 명이 다시 군대를 결집해서 배후를 친 것입니다. 포대를 마음대로 움직이지 못했던 나폴레옹은 먼저 궤멸시켜야 될 주진지를 먼저 공격하지 못했기 때문에 양쪽에 협공을 당하면서 조금씩 밀리기 시작했습니다.

그날 전투에서 황제군은 사만 명이 전사를 당하는 그의 생애에서 가장 무참한 워터루 전쟁의 패배를 경험하였습니다. 이 일의 결과는 두 진지에서 현격한 차이를 만들어냈습니다. 나폴레옹의 휘하에 있는 번쩍거리는 훈장으로 그 넓은 가슴을 가득 채운 대장들은 패잔병들이었습니다.

그러나 프로센 군대들은 나중에 뒤따라와서 전쟁의 연기 밖에 보지 못했고, 싸움한번 하지 않았던 어린 소년군대는 승리자였습니다. 왜 그렇습니까? 자기 부대가 이겼기 때문입니다. 웰링턴 공을 중심으로한 연합군이 이겼기 때문입니다.

여러분, 인생은 싸움터입니다. 그것 뿐만 아니라 신앙생활은 특별히 싸움입니다. 믿음의 사람들이 신앙은 싸움이라고 계속 우리에게 이야기합니다.

싸우며 나아가는 인생

바울은 말합니다. 내가 선한 싸움을 다 싸우고 달려갈 길을 마쳤다고 말하고 있습니다. 우리 안에 이 싸움이 계속되고 있다고 말합니다. 의의 병기로 너를 무장시키라는 그 말은 우리가 싸우고 있다는 말입니다. 신구약 성경 전체를 통해서 우리 인생이, 특별히 신앙생활이 얼마나 격렬한 백전장의 싸움터인가 계속해서 가르쳐 주고 있습니다.

우리는 이렇게 노래합니다. "험하고 높은 이 길을 싸우며 나아갑니다." 우리 안에 이 싸움이 계속 되고 있습니다. 그렇지만 우리는 승리자입니다. 왜 승리자입니까? 우리 진지는 승리할 것이기 때문입니다. 아니, 승리했기 때문입니다. 예수 그리스도 대장되신 그분은 승리하셨습니다.

그러므로 주께서 말씀하십니다. 너희는 세상에서 환난을 당하나 담대하라 내가 세상을 이기었노라. 그리스도 예수 안에서 우리에게 이김을 주신 하나님께 감사하노니 예수님께서 승리하셨습니다. 그리고 그 승리는 예수 그리스도 안에 있는 우리에게 하나님께서 이미 주신 승리라고 말합니다.

여기 다윗도 그 승리를 노래하고 있습니다. "주께서 내 원수의 목전에서 상을 베푸시고." 이 상은 상급이라는 뜻이 아닙니다. 이 상은 잔치상이라는 말입니다. 지금 다윗이 잔치상에 참석해 있습니다.

그런데 이 잔치상은 다른 잔치상이 아니라 개선의 상입니다. 어디서 그것을 우리에게 보여줍니까? '원수의 목전에서 내게 잔치상을 베설하시고.' 무슨 말씀일까요? 옛날에는 개선식할 때에 두 가지가 늘 개선의 영광을 더하기 위해서 진열이 되어 있습니다.

첫째로는 노획물들입니다. 왕관과 왕의 깃발을 진열합니다. 원수의 가장 중요한 무기를 풀어놓습니다. 그것뿐 아니라 잡았던 포로들을 그 앞에 모두 쇠사슬로 묶어놓고 잔치를 베풀었습니다. 얼마나 큰 승리였는가를 보여줍니다. 얼마나 영광스러운 전투였는가를 보여주는 그런 잔치상이 배설되었습니다. 그러므로 이 하나님의 사람은 내 원수의 목전에서 내게 상을 베풀어주시는, 승리를 주시는 하나님을 찬양하고 있습니다. 그분을 기뻐하고 있습니다.

이 싸움은 다윗이 승전할 능력이 있어서 승리한 것이 아니라 대장되신 그 분이 승리했고 그 분의 승리의 잔치상에 자기는 참석만 한 인생이라고 말하고 있습니다. 그러므로 이 원수의 목전은 이것을 시사합니다. 적군들의 무기가 놀랍고 큰 것만큼 그 전쟁은 영광스러운 것입니다. 적장이 얼마나 용감하고 힘이 센가 그것은 얼마나 멋진 승리를 했는가를 보여주는 증거가 됩니다. 지금 그런 놀라운 축복을 약속하고 있습니다.

언젠가 우리가 주님의 승리의 잔치상에 참석할 때 우리들은 우리 생애에 당했던 슬픔, 눈물, 고통, 비탄, 아팠던 모든 것 앞에서 주께서 승리케 해주신 그 은혜를 노래할 것입니다. 마치 안이숙씨가 감옥에서 죽으면 죽으리라 하고 믿음으로 끝까지 견디어서 승리했던 것이 오늘 우리에게 감동과 기쁨인 것처럼, 허드슨 테일러와 저드슨 같은 선교사들이, 리빙스턴같은 선교사들이 선교 현장에서 겪었던 모든 고통의 대상들은 노획물이 되어서 그 승리의 영광을 더해주는 잔치의 한 부속물로, 장식물로 사용된다고 주께서는 말씀하고 있습니다.

넉넉한 승리

사랑하는 성도 여러분, 이런 승리의 잔치상이 우리를 위해서 마련되어 있습니다. 그리고 이 승리의 잔치상은 그대로 끝나지 않습니다. 주께서 내 원수의 목전에서 내게 상을 베푸시는 것으로 끝나지 않습니다. '기름으로 내 머리에 바르셨으니', 무슨 말입니까? 귀한 손님인 경우에는 반드시 기름으로 영접을 했습니다.

예수님께서 베다니 마을에 입성했을 때였습니다. 그때까지 누구도 예수께서 집안에 들어오시는 것을 진심으로 환영하지 않았습니다. 마지막에 예수께서 십자가에 달리러 올라가실 그 때를 대비하여 마리아는 자기 평생에 가장 소중하게 모았던 옥합을 깨뜨려서 예수 그리스도의 머리에 바르면서 중심으로 그 분을 환영하였습니다.

물론 예수님께서는 생애에서 가장 소중한 환영을 받으면서 이것은 내 죽음을 예비한 것이라는 설명을 덧붙여주셨지만 사실은 그것은 주님의 죽으심보다 마리아 편에서 보면 마지막으로 예루살렘으로 올라가시는 주님을 깊은 애정으로 영접하고 싶었던 행위였습니다. 내가 주님을 사랑합니다. 주님을 참으로 영접합니다. 주님을 받아들이기를 원합니다. 주님을 열렬히 사랑합니다. 이런 표시입니다.

주께서 그냥 승리의 잔치상에 나를 앉히시는 것뿐만 아니라 원수들의 목전에서 주께서 나를 사랑하신다는 표시로 내 머리에 기름을 부어주신다는 말입니다. 나를 영접해 주십니다. 나를 환영해 주십니다. 그 표로 동방에서 귀한 기름을 가지고 머리를 발라주신 그 의식을 내게 행해주신다고 말씀하고 있습니다.

그리고 주께서는 내 승리의 잔치에 친히 잔을 부으십니다. 그는 이렇게 노래합니다. "내 잔이 넘치나이다." 부족함이 없습니다로 끝나지 않습니다. 넘칩니다. 그 풍성함을 약속하고 있습니다. 주님은 넘치게 주시는 분입니다. 주께서 우리에게 승리를 주실 때에도 넉넉하게 승리하게 해 주십니다. 그런고로 하나님의 사람은 이렇게 말했습니다.

로마서 8장에 "그러나 이 모든 일에 우리를 사랑하시는 이로 말미암아 우리가 넉넉히 이기느니라." 여러분, 넉넉한 승리를 기억하십니까? 이 넉넉한 승리가 하나님의 사람 다윗의 생애에 있었습니다. 다윗은 키가 2m 69나 되는 거인 골리앗 앞에 섰습니다. 그 앞에 전 이스라엘이 덜덜 떠는 것뿐만 아니라 산천초목도 그 앞에 떨고 있었습니다. 그의 우렁찬 소리에 이스라엘 군대들은 숨기에 바빴습니다.

다윗은 우연히 형님에게 심부름을 갔다가 그 소리를 들었습니다. 하나님을 모독하는 이방인의 고함을 듣게 되었습니다. 그래서 그는 말합니다. '저들은 할례받지 못한 하나님이 없는 인생이다. 저들은 진다. 우리는 승리할 수 있다.' 사울은 이긴다고 자신있게 말하는 소년이 있다는 말을 듣고 그를 데려오라고 하였습니다. 그의 형들도 그가 이길 수 있다는 말에 장난치지 말라고 꾸중해서 돌려보냈는데, 다윗은 왕앞에 가서 섰습니다.

왕이 보니, 나이가 어린 소년이 골리앗을 이길 수 있는 능력이 자기에게 있다고 자신감있게 주장하는 것을 보고 자기가 입고 있던 갑옷을 친히 벗어서 소년에게 입혀주었습니다. 어린 소년이 어른 갑옷을 이길 수가 없어서 갑옷을 팽개치고 양을 칠 때 늘 무기로 지니고 다녔던 막대기 하나 그리고는 시냇가의 돌멩이 다섯개를 준비하였을 뿐입니다. 자기 앞에선 소년이 무장도 하지 않은 채 막대기 하나만 들고 오자 골리앗은 비웃었습니다. 네가 나를 개나 돼지로 취급하느냐? 그래서 막대기를 들고 나왔느냐? 내가 오늘 너를 찢어서 공중의 새와 맹수의 밥으로 만들겠다고 호통쳤습니다.

이 때 어린 소년 다윗이 외칩니다. 너는 칼과 창으로 내게 나오지만 나는 네가 모독하는 만군의 여호와의 이름으로 나아간다. 그리고는 시냇가의 돌멩이 중에 하나를 취해서 물맷돌에 실었습니다. 힘차게 돌립니다. 어린 소년이 돌리는 물맷돌을 시원찮게 생각했습니다. 그렇지만 여호와의 이름으로 날아가는 그 돌멩이는 정확하고 날카롭게 거인 골리앗의 정수리를 때렸습니다. 넘어져있는 골리앗에게 쫓아나가 골리앗의 허리에 채워져 있는 칼을 뽑아 그의 목을 쳐서 거대한 승리를 경험했습니다.

소년은 돌멩이 다섯개를 들고 나갔습니다. 그 중에 단 하나만 썼습니다. 이것을 넉넉한 승리라고 합니다. 다 쓰지도 않았습니다. 한개밖에 안썼습니다.

이 승리를 우리 안에 허락해 주셨습니다. 그래서 사도 바울은 이렇게 말합니다. "누가 우리를 그리스도의 사랑에서 끊으리요 환난이나 곤고나 핍박이나 기근이나 적신이나 위험이나 칼이랴." 나를 공격하는 무서운 사탄의 궤계들, 유혹들, 나를 아프게 하는 수많은 곤고함이 우리 주변에 있습니다.

이것들이 사도 바울의 생애에 늘 있었습니다. 싸움으로 있었습니다. 그를 넘어뜨리려는 무수한 기도들이 있었습니다. 그러나 그는 37절에서 이렇게 외쳐댑니다. "이 모든 일에 우리를 사랑하시는 이로 말미암아 우리가 넉넉히 이기느니라." 내 힘으로가 아닙니다. 이미 이기신 주님 안에서 우리가 넉넉히 이깁니다. 간신히 이기는 것 아닙니다.

우리를 괴롭히려는 많은 세력이 있습니다. "내가 확신하노니 사망이나 생명이나 천사들이나 권세자들이나 현재 일이나 장래 일이나 능력이나 높음이나 깊음이나 다른 아무 피조물이라도 우리를 사랑하시는 목자되신 예수 그리스도 안에 있는 하나님의 사랑에서 끊을 수 없느니라." 그 사랑 안에서 나는 승리자다, 하나님의 사람은 외쳤습니다.

사랑하는 성도 여러분, 지금 내 싸움이 격렬합니까? 내가 질 것같습니까? 무너질 것같습니까? 이 고통을 더 못이길 것같습니까? 아닙니다. 목자되신 주님을 바라보십시다. 그 분은 이기셨습니다. 그 분은 승리하셨습니다. 그리고 내가 그 분을 참으로 목자로 모셨다면 그 분의 승리 안에서 양인 나는 승리합니다. 믿으십니까? 주께서 원수의 목전에서 상을 베푸시는 그 날 내가 당했던 수치와 내가 싸움에서 당했던 고난과 그 아픔들은 오히려 우리에게 그 승리의 영광을 더해 주는 장식물일 것입니다.

우리는 승리했습니다. 목자되신 그 분 안에서 이겼습니다. 다윗의 고백처럼 여호와는 나의 목자시니 내가 부족함이 없다고 중심으로 고백하는 성도들의 고백이 되시기 바랍니다.

"주께서 내 원수의 목전에서 내게 상을 베푸시고 기름으로 내 머리에 바르셨으니 내 잔이 넘치나이다."

제 10 장

목자, 그 분의 선하심과 인자하심

"여호와는 나의 목자시니 내가 부족함이 없으리로다 그가 나를 푸른 초장에 누이시며 쉴만한 물가로 인도하시는도다 내 영혼을 소생시키시고 자기 이름을 위하여 의의 길로 인도하시는도다 내가 사망의 음침한 골짜기를 다닐지라도 해를 두려워하지 않을 것은 주께서 나와 함께 하심이라 주의 지팡이와 막대기가 나를 안위하시나이다 주께서 내 원수의 목전에서 내게 상을 베푸시고 기름으로 내 머리에 바르셨으니 내 잔이 넘치나이다 나의 평생에 선하심과 인자하심이 정녕 나를 따르리니 내가 여호와의 집에 영원히 거하리로다."

— 시편 23편

이　시편 23편은 어느 때 불러도 좋은 노래입니다. 어떤 시든지 이쪽이 좋으면 저쪽이 좋지 않을 수가 있습니다. 그러나 이 시편 23편은 내 인생의 단면 어디를 잘라놓고 봐도 감격이 있고 기쁨이 되는 시입니다. 그래서 어린 아이가 태어나면 우리는 시편 23편으로 어린 아이를 축복해 줄 수 있습니다. "여호와께서 이 어린 아이의 목자시니 이 어린 아이의 평생에 부족함이 없을지어다."

　아이들이 청소년기에 방황기를 겪습니다. 부모의 마음에는 자녀들의 생애가 어떻게 펼쳐질까 염려되는 적이 참 많이 있습니다. 아이들이 인생에 걸음을 뒤뚱거릴 때 안타까운 마음을 갖다가도 우리들은 시편 23편을 통해서 우리 자녀들을 봅니다. "여호와는 방황기를 겪고 있는 내 아이들의 목자이십니다. 그런고로 주께서는 푸른 초장 잔잔한 물가로만 인도하시는 것이 아니라 사망의 음침한 골짜기를 다닐지라도 해를 두려워하지 않을 것은 주께서 함께 하심이라 주의 지팡이와 막대기가 저를 안위하시나이다." 우리는 이처럼 노래할 수 있습니다.

　결혼식장에서도 우리는 시편 23편으로 축복해 줄 수 있습니다. "여호와께서 이 두 사람의 평생에 목자되셔서 부족함이 없도록 해 주실 것입니다. 인생에 싸움도 많겠지만 싸우는 원수의 목전에서 주께서는 승리의 잔치를 베풀어 주시고 기름으로 그 머리에 발라주시고 그 잔을 넘치게 해주실 것입니다."

　아니, 병들어 고통 받는 환자에게도 우리는 이렇게 기도해줄 수 있습니다. "우리 하나님, 우리 평생에 푸른 초장 잔잔한 물가로 갈 때에도 감사와 찬송의 하나님이시지만 사람의 도움이 필요없을 때에도 여호와는 내 곁에 계시고 나의 목자시고 나보다도 더 가까이 계셔서 주께서 함께 하시는 지팡이와 막대기로 내가 이 질병에서 다시 건강하게 될 것을 믿습니다.

그런가하면 장례식에서도 이 시편 23편은 놀라운 찬송의 시간이 될 수 있습니다. "여호와께서 평생 이분의 목자셨습니다. 그런고로 그 안에서 그분의 생애는 부족함이 없습니다."

다함없는 노래

여러분, 왜 이 시가 이처럼 모든 사람에게 아름다운 시가 될까요? 그것은 다윗이라는 사람의 시적인 천재적인 감각에 의해서 아름답게 표현되었기 때문이 아니라 이 시의 주인공되시는 주님, 그분이 영광스럽기 때문입니다. 그분이 아름답기 때문입니다. 그분은 어느 때나 우리 인생에 필요하기 때문입니다.

지금 이 노래는 사람을 노래하는 것이 아니라 우리의 목자되신 우리 주님을 노래하는 것입니다. 주님은 내 인생으로 어느 때이든지 필요하신 분입니다. 내 위로이십니다. 내 격려이십니다. 내 문제의 해답이십니다. 그분 안에서만이 우리 인생이 진실로 부족함이 없습니다. 그분이 인생에 진정한 해답입니다.

오늘 이 다윗은 그 주님이 나의 평생에 함께 하셨다고 말합니다. 그래서 시편 23편은 평생의 노래입니다. 어느 한 부분의 과정이 아니라 인생의 시작과 마감까지, 아니 영원까지 부를 노래입니다. 우리는 아마 천국에서도 이 찬송을 다시 힘차게 부를 것입니다. 우리 성가대보다도 아름답게 부를 수 있을 것입니다. 다윗의 아름다운 찬송, 천국에 입성하는 날 우리의 찬송의 영광은 더 극진해질 것입니다.

제가 한 가지 아쉬운 것이 있다면 과거와 같이 목 상태가 좋지 못해서 찬송가를 잘 부르지 못해서 답답할 때가 있습니다. 찬송을 힘껏 불러보고 싶습니다. 그래서 대용품으로 바뀐 것이 듣는 것입니다. 요즘 제가 잘 듣는 것은 영국의 엘리드 존스라는 한 소년의 찬송 테이프입니다. 일본 사람들이 그 찬송가 앨범을 냈기 때문에 일제입니다. 우연히 지나가다가 그 찬송가를 하나 샀습니다.

그리고 난 후에 집에서 듣고 있는데 영국에서 방금 도착한 최종상 선교사가 우리 집에 와서 하는 말이 "아, 엘리드 존스군요." 저는 아직 누구인지 모르는 상태였습니다. 그 소년이 조그마한 웰스의 교회에서 보이 소프라노로서 찬양을 부르고 있었다고 합니다. 그런데 그 찬양에 늘 감동을 받은 할머니가 영국 비비시(BBC) 방송 앞으로 편지를 보냈습니다. 우리 교회에 보이 소프라노가 있는데 찬송을 천사처럼 부르니 조금 취재를 해달라는 내용이었습니다.

그러자 비비시(BBC)의 전 장비가 동원되어서 이 소년의 찬양을 녹음했습니다. 그 다음부터 일약 세계적인 보이 소프라노가 되었습니다. 제가 비엔나 소년 합창단의 노래도 참 많이 들어보았습니다만 보이 소프라노를 그만큼 잘 하는 것은 저도 처음 보았습니다. 정말 천사처럼 아름답게 노래를 부르기 때문에 예수 믿는 사람이 별로 없는 일본에서도 그의 디스크판이 네 개나 나왔습니다. 그 찬송을 들으면서 참으로 잘 한다는 생각이 저절로 들었습니다.

그렇지만 천국에서는 우리 모두가 이 보이 소프라노인 엘리드 존스보다 아니 하나님 앞에 영광의 찬송을 찬양했던 다윗보다 더 아름다운 목소리로 우리 하나님을 찬양하는 날이 올 것입니다. 그 때에도 우리는 이런 노래를 부를 것입니다. '여호와는 나의 목자이십니다. 영원히 여호와의 집에 여호와와 함께 거할 것입니다.' 우리의 찬송은 끝없이 이어질 것입니다. 평생에 찬송 시편 23편입니다.

"나의 날마다"

다윗은 "나의 평생에"라고 표현하고 있습니다. 이 "평생에"라는 말은 "내 모든 날들에"라는 뜻입니다. 그냥 평생을 한 단위로 보지 않고 원래 원문의 뜻은 "나의 날마다"입니다. 이제 살았던 모든 날마다 그리고 앞으로 살아야 할 모든 날마다 선하심과 인자하심이 나를 따르리니…

평생에 만난 하나님은 어떤 분이십니까? 그분은 선하신 하나님이시고 인자하신 하나님이십니다. 우리 하나님은 선하십니다. 나를 향해서 선한 의지를 한번도 접어두신 적이 없는 하나님이십니다. 내가 나를 보아도 미울 때가 있습니다. 내가 나를 사랑하기를 포기하고 싶을 때가 있습니다. 내가 나를 볼 때에 못마땅해서 견딜 수 없을 때가 있습니다. 아니 우리들은 내가 사랑하는 자식을 그처럼 사랑하다가도 어떤 때에는 "네 마음대로 해." 하고는 마음에 미움이 복받치면 선한 의지가 자녀들을 향해서도 중단될 수 있습니다.

그런데 우리 하나님은 내 평생 어느 때에나 내게 선이십니다. 어느 때에나 선이십니다. 그 창조주 목자되신 하나님께서는 나를 향해서 선한 의지를 계속 갖고 계신 분이십니다. 그러나 오해해서는 안될 것은 그 선함이라는 것이 내 이익대로가 아니라는 말입니다. 내 요구대로가 아닙니다. 인생의 시작을 아시고 과정과 결론을 아시는 그 하나님 앞에서, 하나님의 지혜로움과 하나님의 통찰력 앞에서 선하심입니다. 그런고로 안심할 수 있습니다.

내가 좋아하는 것은 잘못될 때가 있습니다. 그것이 악으로 바뀔 때도 있습니다. 그러나 하나님께서 나를 향해 가지신 선하심은 언제나 온전합니다. 완전합니다. 그 선하심이 내 인생의 삶 속에 언제나 있습니다. 내가 나를 포기할 때에도 나를 포기하지 아니하십니다. 다윗이 만난 하나님은 인자하신 하나님이셨습니다.

인자하심, 불쌍히 여기심입니다. 용서하심이 그 안에 포함되어 있습니다. 신구약 성경 전체를 통해서 가장 큰 죄를 지은 사람은 다윗입니다. 우리가 성경의 결론을 놓고 보아서 다윗이 좋은 사람처럼 여겨지지만 인간적인 눈으로 볼 때에 다윗 같은 죄를 반만 지은 사람이 와도, 제가 생각할 때 형제 자매님 미움 때문에 우리교회에 오지 못할 것입니다.

그렇습니다. 그런 무시무시한 죄를 범했을 때에도 살아계신 하나님은 그의 생애에 인자하신 분이었습니다. 인자하심, 불쌍히 여기셨습니다. 용서하셨습니다. 그는 노래합니다. "여호와를 송축할지어다", "내 모든 죄를 사하시고." 마치 아비가 자식을 불쌍히 여김 같이 우리의 죄악을 우리에게서 멀리 옮기우시되 동이 서에서 옮겨진 것처럼 멀리 옮겼다고 다윗은 노래하고 있습니다. 하나님의 놀라운 용서를 그의 생애에 경험했습니다.

아니, 하나님을 향해서 반역했고, 하나님의 계명을 떠났고, 하나님을 모독했던 그 생애를 향해서도 하나님의 인자하심은 계속 되었다는 말입니다. 그 인자하심이 중단된 적이 없습니다. "나의 평생에 선하심과 인자하심이"라고 말씀하고 있습니다. 하나님은 어느 때나 선하심입니다. 목자되신 하나님께서는 어느 때나 인자하심으로 우리를 용서하셨습니다.

그런고로 다윗이 용서함을 받았다면 이 세상 사람으로 지은 모든 죄는 어떠한 죄도 하나님 앞에 용서받습니다. 다윗이 용서받았다면 다윗이 그 죄를 해결하였다면 하나님 앞에서 해결받지 못할 것은 이 세상에 어떠한 것도 없습니다.

그런데 선하심과 인자하심은 어떻게 우리의 삶속에 임합니까? 성경은 "내 평생에 그의 선하심과 인자하심이 정녕 나를 따르리니"라고 말합니다. 반드시 뒤따라 다닌다는 말입니다. 걸음을 배우기 시작한 어린 아이, 엄마가 그 아이를 향해서 시선을 한시도 놓지 않고 계속 추격하는 것처럼, 마치 사냥개가 먹이를 추격할 때 토끼를 향해서 계속 쫓는 것처럼, 화살이 과녁을 향해서 날아가는 것처럼 하나님의 선하심과 인자하심이 나를 정녕, 반드시 따른다고 말합니다.

이스라엘이 하나님을 원망했습니다. 광야길을 걸으면서 불평했습니다.

정말로 불평할 수밖에 없는 것은, 이스라엘의 시내산 광야를 가보면 오늘날도 마치 하나님께서 천지를 창조하셨을 때 그 원형이 그대로 있는 것처럼 문자 그대로 광야입니다. 사람의 손이 가지 않은 곳입니다. 그곳에는 물마저도 없습니다. 그런고로 원망하고 주려죽겠다고 불평했습니다.

그럴 때에 모세는 반석을 쳤습니다. 흘러나오는 반석의 물, 이 사람들이 진군하는 곳에 그 물길이 뒤따라 주었다고 말하고 있습니다. 마치 수로공사에서 물길이 따라와주는 것처럼 하나님께서 그 반석에서 샘물이 쏟아져 나오게 하시더니 그 샘물을 계속해서 뒤따라 보내주었다고 성경은 말하고 있습니다. 저들이 길을 걸어갈 때에 어두운 밤길에는 불기둥으로 여호와께서 계속 그 인생을 뒤따라 주셨다고 말합니다.

다윗은 나의 평생에 선하심과 인자하심이 정녕 나를 따랐다고 말합니다. 오늘 이 시간에도 예수 그리스도께서 나의 구세주이고 주님이신 그 인생은 홀로 외롭게 서 있는 내게 함께 하십니다. 나를 향해서 오늘도 그의 선하심을 거두신 적이 없습니다. 그 때에는 그 선하심이 아프게 느껴질 때도 있습니다. 그 선하심이 손해로 내게 올 때도 있습니다. 그 선하심이 내게 억울함을 당하게 할 때도 있습니다. 그러나 지나고보면 주님의 선하심은 완전하셨습니다. 그 은혜로 나를 붙잡아주셨습니다.

사람들마다 이런 말을 합니다. 세상에 예수 믿기처럼 어려운 것이 없다고 합니다. 그러나 저는 이렇게 생각합니다. 세상에 참으로 어려운 것은 예수를 믿어야 할 사람이 예수를 믿지 않는 것보다 어려운 것은 없다고 생각합니다. 어떻게 아냐구요? 제가 그래보았기 때문입니다. 제가 열심히 도망을 다녀본 사람입니다. 하나님이 계시지 않은 자리가 바늘구멍만한 틈이라도 있으면 도망을 가려고 노력했던 사람입니다. 우리 하나님은 어디에나 계십니다. 나의 온 삶, 내 인생의 어떠한 부분도 다 붙잡고 계십니다.

선하심과 인자하심은 반드시 나를 따릅니다. 내일 아침 해가 동에서 떠올라 서쪽으로 지는 것이 중단될지도 모릅니다. 그러나 하나님의 선하심은 반드시 따릅니다. 선하심이 정녕 나를 따릅니다. 과거에만 따른 것이 아닙니다. 지금 이 시간에도 따릅니다. 나는 여러분을 잘 모릅니다. 여러분의 생애에 아픔이 있을 것입니다. 치유를 받아야 될 부분이 있을 것입니다. 고통스러운 부분이 있을 것입니다. 내게서 이것이 떠났으면 좋겠다고 생각되는 부분이 있을 것입니다. 또 어떤 분은 내 생애 속에서 과거를 지우개로 지우고 싶은 부분이 있는 사람도 있을 것입니다.

오늘 이 시간에 우리 하나님의 선하심과 인자하심 앞에 나옵시다. 주님은 고쳐주십니다. 주님은 새롭게 하십니다. 그리고 주님은 치료해 주십니다. 그의 선하심과 인자하심은 정녕 내 숨결보다 내게 더 가까이 계십니다. 그것 뿐만 아니라 여호와의 선하심과 인자하심은 우리의 생애에서 내 소망입니다. 내일이 빛나는 것은, 내일이 감사인 것은 여호와의 선하심과 인자하심이 있기 때문입니다.

그런고로 우리에게 마음의 낙심이 있으면 우리는 살아계신 하나님을 바라보아야 됩니다. 선하시고 인자하신 하나님, 나를 향해서 정녕 뒤따라주시고 내 삶 속에서 함께 하시는 그 하나님을 바라보아야 합니다. "내 영혼아 네가 어찌하여 낙망하며 어찌하여 네 속에서 불안하여 하는고 너는 여호와를 바라라 그 얼굴의 도우심을 인하여 내가 오히려 찬송하리로다." 찬송의 하나님이십니다. 얼굴을 드시기 바랍니다.

인생의 흔적

사랑하는 성도 여러분, 우리들은 내 평생에 선하심과 인자하심을, 하나님께서 내 사건 속에 내 날들 속에 찾아오셔서 함께 하셨던 것을 기억하고 노래하고 찬송하고 있습니다. 그러면서 우리가 한 가지 잊어서는 안될 부분이 있습니다. 그것은 내 생애에 마주쳐서 하나님의 선하심과 인자하심이 다윗의 생애에 역사하셨던 것처럼 나의 생애에서도 분명히 선하심과 인자하심이 있습니다.

그런데 그 선하심과 인자하심을 이미 내 것으로 경험하며 사는 우리가 한 평생을 살면서 내 주위의 다른 사람들에게 내가 살았던 삶 속에 하나님의 선하심과 인자하심이, 하나님의 그 영광스러움이 삶으로 드러나느냐고 묻고 싶습니다. 내가 살았던 자리, 하나님이 나와 마주쳐서 교제했던 그 자리는 다윗의 생애에 선하심과 인자하심이었습니다.

오늘 우리가 겸손하게 하나님의 은혜 앞에 여호와를 향해서 얼굴을 바라보며 주의 영광을 사모할 때 생각해 보면 남은 것이 정말 그렇습니다. 내가 잘나서 여기에 온 것이 아닙니다. 주의 선의가 나를 여기까지 세워주셨습니다. 아니, 내가 실수할 때가 있었습니다. 넘어질 때가 있었습니다. 좌절할 때가 있었습니다. 그 때도 나를 용서하셨습니다. 치료하셨습니다. 감동케 하셨습니다. 그리고 여기까지 오게 하셨습니다. 모두 주의 은혜입니다.

그것이 사실이라면 내가 살았던 삶의 흔적들, 나를 만났던 사람들에게 선하심과 인자하심이 드러나는 삶을 살고 있습니까? 나는 어떠한 흔적을 남기며 인생을 살고 있습니까? 내가 살고 스쳐간 지나간 자리가 선의입니까, 악의입니까? 내가 살고 지나간 자리가 사랑입니까 미움입니까? 내가 다른 사람과 살고 교제했던 자리가 기쁨을 남기고 간 인생입니까, 그렇지 않으면 슬픔을 안기고 간 인생입니까? 내가 다른 사람과 만났던 만남이 축복스러운 만남입니까, 아니면 그 결과가 저주스러운 만남입니까?

우리가 하나님을 만나서 선하심과 인자하심을 노래했습니다. 그의 선하심을 우리가 사모할 때에 우리들은 어떤 때에도 내 이웃을 향해서 악의를 가질 수가 없습니다. 여호와께서 나를 향해서 계속 선의를 보여주시는 것이 사실이라면…

참으로 미운 사람 많습니다. 사랑을 중단하고 싶은 사람이 많습니다. 도중에 그만두고 싶고 하차시키고 싶은 인생이 많이 있습니다. 그래도 우리가 용기백배하고 다시 돌이키는 것은 다른 것이 아니라 그의 선하심 없이는 오늘 내가 있을 수 없기 때문입니다. 그런데 하물며 내게 조금 실망을 주고 내게 낙심을 주었다고 해서 내가 돌이킬 수 없습니다. 인자하심은 그렇습니다. 나를 향해서 범죄한 사람들, 나를 향해서 타격을 준 사람, 아픔을 준 사람들이 얼마든지 있습니다.

그런데 그의 인자하심이 나를 용서하셨습니다. 그의 용서가 내 것인 사람은 에베소서 4:32에 이렇게 말했습니다. "서로 인자하게 하며 불쌍히 여기며 서로 용서하기를 하나님이 그리스도 안에서 너희를 용서하심과 같이 하라." 용서하라고 말합니다. 불쌍히 여기라고 말합니다. 여기에 서라고 말씀하십니다.

사랑하는 성도 여러분, 목자를 아십니까? 그분은 내 평생에 진정한 문제의 해답이십니다. 내 모든 날들 하나하나에 목자되신 주님은 온전한 치료이셨습니다. 그리고 그 주님은 오늘 이 시간에 내 상처와 내 아픔에 치료자이십니다. 그분은 내 인생 속에 능력으로 함께 하시기를 원하십니다. 내 거친 부분을 주께서 다듬으시기를 원하시고 내 상처난 부위를 그 사랑의 손길로 치료하시기를 원하십니다. 그분의 영광의 손길로 내 인생을 어루만지셔서 주께서 원하시는 인생으로 빛으시기를 원하십니다. 그의 선하심과 인자하심이 나를 정녕 따릅니다. 정녕입니다.

그렇기에 우리들은 그의 선하심과 인자하심이 우리의 삶 속에 살아있어야 합니다. 내 주변을 향해서 우리의 선의를 거두면 안됩니다. 다시 마음을 일으켜 세움시다. 미워할 수밖에 없는 사람을 용서할 수 있는 것은 주께서 우리를 용서하심처럼 우리의 인자함을 이웃에게 드러내기를 요구하시기 때문입니다.

성도 여러분, 이런 인생에게 이 노래가 필요합니다. '나의 평생에 선하심과 인자하심이 나를 따르리니…' 참으로 다윗의 생애가 위대하였던 것은 그의 선하심이 그의 삶 속에 드러났기 때문입니다. 다윗의 생애에 영광스러움은 그의 생애에 하나님의 인자하심이 그 속에 풍성히 거했던 것뿐만 아니라 그것이 다른 사람을 향해서 펼쳐졌기 때문입니다. 다윗이 그래서 위대한 것입니다.

  오늘도 우리의 삶을 가장 복되게 인도하시는 주님께서 이 찬송이 우리의 찬송이 되기를 원합니다. '나의 평생에 선하심과 인자하심이 정녕 나를 따르리니…' 우리의 찬송이 되어야겠습니다. 아니, 내 찬송입니다. 입으로 부르는 찬송이 아니라 삶으로 이 찬양의 증거자가 되어야겠습니다.

제 11 장
영원의 노래

"여호와는 나의 목자시니 내가 부족함이 없으리로다 그가 나를 푸른 초장에 누이시며 쉴만한 물가로 인도하시는도다 내 영혼을 소생시키시고 자기 이름을 위하여 의의 길로 인도하시는도다 내가 사망의 음침한 골짜기를 다닐지라도 해를 두려워하지 않을 것은 주께서 나와 함께 하심이라 주의 지팡이와 막대기가 나를 안위하시나이다 주께서 내 원수의 목전에서 내게 상을 베푸시고 기름으로 내 머리에 바르셨으니 내 잔이 넘치나이다 나의 평생에 선하심과 인자하심이 정녕 나를 따르리니 내가 여호와의 집에 영원히 거하리로다."

— 시편 23편

사람들이 모두 죽지만 옆에 같이 있는 사람들이 죽을 때, 세상을 떠날 때 나도 이 세상을 떠나리라는 것을 확인하고 정신을 차리게 되는 경우가 많습니다. 특별히 한평생 한번도 꽃이 피고 열매를 맺었다고 할 수 없는 가난의 연속, 고통의 연속, 그러다가 이제 전세집 하나 얻어서 살만하다 싶었는데 그러한 인생을 산 성도가 세상을 떠나셨습니다.

그러면 이런 삶은, 세상에서 가난하게 살고 사람들에게 주목받지 못한 삶을 살았으니까 그 인생은 그것 때문에 헛되다고 할 수 있는가? 저는 그렇게 생각하지 않습니다.

사람을 평가하는 평가는 여러 가지로 다릅니다. 운동장에서 하는 평가는 그 사람이 운동을 잘하는 것으로 결론이 납니다. 사업가의 평가는 그 사람이 돈을 얼마나 벌었는가로 그 인생이 평가됩니다. 학자라면 얼마나 좋은 논문을 썼는가가 학자들의 중요한 평가의 가늠대일 것입니다.

지금 세계적인 연주자 가운데 대학교 졸업장을 가진 연주자들이 거의 없습니다. 대개 유럽에서는 진짜로 실력 있는 사람은 졸업하지 않고 연주자로 나갑니다. 실력이 없을 때에 졸업하고, 실력이 없을 때에 박사 학위를 받아서 교수하는 법이지 진짜로 실력이 있는 사람은 연주자로 그 생애를 계속합니다. 그 사람들이 졸업장이 없다고 무시하는 사람을 저는 한번도 보지 못했습니다. 그러니까 평가의 기준이 다른 것입니다. 정치가는 그의 정치력으로 평가를 받아야 할 것입니다.

그렇다면 하나님께서 우리의 인생을 평가하실 때에 그 평가의 기준은 무엇일까? 우리들은 지금 이 시간에 엄숙하게 생각해 보아야 합니다. 왜냐하면 여기 있는 대부분의 성도님들은 인생의 반환점을 돌아선 분들이기 때문입니다. 그리고 우리 앞에 골인 지점이 보이고 거기를 향해서 달려야 하기 때문입니다. 아니 아직 반환점에 도달하지 못한 분이라면 내 인생을 어떻게 그 골인 지점을 향해서 더 아름답게 준비해야 될지를 생각해야 될 것입니다.

이별의 땅에서 사는 우리들

평가가 다른 것은 주님의 생애에서 역력하게 드러났습니다. 성전에서 부자들이 은전을 쏟아부으면서 헌금을 했습니다. 많은 사람들은 그 은전 쏟아지는 소리를 들으면서 그 사람이 하나님을 얼마나 사랑하는가에 감동했습니다. 사람들은 그 사람을 향해서 마음의 찬사를 쏟아부었습니다마는 우리 주님은 관심이 없었습니다.

자기가 헌금을 낸다는 것이 너무 부끄러워서 숨기면서 헌금을 냈던 과부의 엽전 두 닢을 보시면서 우리 주님은 이 헌금이야말로 진짜 헌금이라고 하셨습니다. 이 헌금이야말로 내가 받는 헌금이라고 주께서 말씀하셨습니다. 주님의 평가는 다릅니다.

그런고로 우리가 인생을 이야기할 때에 누가 평가했느냐를 생각해야 될 것입니다. 성경은 우리의 인생을 어떻게 살아야 될 것인가를 계속 촉구합니다. 그리고 우리가 가야 될 영원한 결승 지점에서 우리 하나님 앞에서 받을 평가를 오늘 이 시간 우리가 마음을 정케해서 바라보아야 될 그런 자리라고 생각됩니다.

다윗은 평생에 노래를 불렀습니다. 여호와의 선하심과 인자하심이 나를 항상 따른다고 그는 찬양했습니다. 그것으로 끝나지 않았습니다. 그의 결론은 "내가 여호와의집에 영원히 거하리로다" 입니다. 인생의 마라톤에서 중요한 것은 우리가 가야 될 최후의 골인 지점이 어디인가에 대한 정확한 인식이 필요합니다.

요한복음 14장에 예수님께서는 우리가 가야 될 여호와의 집이라고 다윗이 노래했던 장소를 내 아버지 집이라고 말씀했습니다. "너희는 마음에 근심하지 말라 하나님을 믿으니 또 나를 믿으라 내 아버지 집에 거할 곳이 많도다 그렇지 아니하면 너희에게 일렀으리라 내가 너희를 위하여 처소를 예비하러 가노니 내가 다시 와서 너희를 내게로 영접하여 나 있는 곳에 너희도 있게 하리라." 영원히 거할 내 아버지 집이 있는 것을 말씀하고 있습니다.

이 곳은 확실한 장소입니다. 이 내 아버지 집, 그리고 여호와의 집 또 천국이라고 말하는 그곳은 관념이 아닙니다. 우리의 염원이 만들어낸 상상물이 아닙니다. 그런 것이 있었으면 좋겠다고 기대하는 뜻만 가진 의미가 아니라 확실한 장소가 있는 곳입니다. 제가 여기에 서서 설교하는 것이 확실한 것처럼 주께서 내 생명을 거두어가시고 불러주시면 그 다음 순간에 나는 확실하게 그 장소에서, 그 처소에서 눈을 뜰 것입니다.

그곳은 영원히 거할 장소일 뿐만 아니라 만나는 장소입니다. 이 땅은 이별의 땅입니다. 그래서 우리는 인생을 살면서 이별을 견디어야 합니다. 사랑하는 사람과 이별할 준비를 지금부터 해야 합니다. 사랑하는 아내도 사랑하는 남편도 사랑하는 부모도 자녀들도 한 사람 한 사람 이별하고 보내는 것이 이 세상의 중요한 일 중의 하나입니다.

저는 임종을 계속해서 경험해야 합니다. 저는 장례식을 계속해서 집행하면서도 장례식만큼은 익숙해지지 않습니다. 그 때마다 새롭습니다. 익숙할 수 없는 예식이 있다면 장례식입니다.

이별의 땅에서 우리는 삽니다. 이별의 아픔을 가정마다, 사람마다 느낍니다. 이 세상이 이별의 땅이라면 우리가 가야 될 그 빛나는 천국은 만남의 장소입니다. 먼저 간 사랑하는 사람들을 만날 것입니다. 이 세상을 떠나가신 부모님을 사랑했던 어떤 자녀가 이렇게 고백하는 말을 들었습니다.

"나는 천국을 항상 멀게만 생각했습니다. 그런데 내 어머님이 돌아가신

다음에 천국은 내가 그처럼 사랑하는 어머님이 계시는 곳이라고 생각을 하니까 얼마나 가까워졌는지 모릅니다."

이 말은 어머님에 대해서도 아버님에 대해서도 사랑하는 남편, 아내에 대해서도 자녀에 대해서도 얼마든지 할 수 있는 이야기라고 생각됩니다.

거기서는 만납니다. 다시 이별이 없다고 말합니다. 곡하는 것도 애통하는 것도 없는 복된 장소입니다. 천국은 우리 하나님께서 예비하신 빛나는 장소이지만, 거기서 사랑하는 성도들을 만나는 장소이지만, 천국의 가장 소중한 것은 천국의 왕되신 우리 주님이 그곳에 계시기 때문에 천국은 귀한 장소입니다.

우리가 세상에서 사람을 사랑하고 삽니다. 그렇지만 사람은 누구를 사랑하든지 간에 사랑의 목마름이 완결되지는 않습니다. 부족한 채 남는 부분이 있습니다. 부족한 그 부분이 완전히 채워지는 때가 옵니다. 그것은 나를 나보다 더 사랑하시는 그 주님을 만날 때입니다. 우리 주님이 계신 장소입니다.

장님인 어떤 처녀 아이가 엑스포 70 때 텍사스 달라스 메인 스타디움에서 이렇게 말했습니다.

"나는 날 때부터 장님이었습니다. 한번도 빛을 보거나 형체를 본 적이 없습니다. 그래서 그것이 내 아픔이고 절망이었습니다. 그러나 지금은 예수님을 믿습니다. 예수 믿은 후에 나는 내 눈이 처음 열릴 그 날 나보다 나를 더 사랑하시는 주님을 가장 처음 볼 것이기 때문에 나는 장님된 것에 감사합니다. 그 전에 나는 쓸데없는 세상의 것을 한번도 보지 않은 채 영광의 나라에서 눈뜰 것을 생각합니다."

불치의 질병 때문에 고통을 받는 분이 계십니까? 천국에서 우리들은 주께서 주시는 건강을 덧입고 걷기도 하고 뛰기도 하며 하나님을 찬양할 것입니다.

성도의 자세

이 빛나는 천국을 향해서 가는 우리 인생길에, 그 골인 지점을 향해서 달리는 성도들이 빼앗기지 말아야 할 자세를 몇 가지 생각해 보겠습니다.

첫째로, 바른 예배를 드려야 될 것입니다.

하나님의 사람 다윗은 시편 27:4에 이렇게 말했습니다. "내가 여호와께 청하였던 한 가지 일 곧 그것을 구하리니 곧 나로 내 생전에 여호와의 집에 거하여 여호와의 아름다움을 앙망하며 그 전에서 사모하게 하실 것임이라." 그의 마음에 깊은 소원이 있었습니다. 그것은 여호와의 집에 거하고 여호와의 아름다움을 앙망하는 것이라고 했습니다.

그의 시대에 그는 쫓겨다니면서 하나님과의 개인적인 교제를 풍성히 누렸습니다. 그러나 성도들과 함께 산 예배를 드리는 것에서 제외 되었기 때문에 그의 마음의 소원은 '내가 하나님의 전에 들어가서 하나님께 예배하면 하나님의 아름다움을 다른 성도들과 함께 노래하고 사모하게 되는 것이야말로 내가 참으로 원하는 일입니다.'

예수님도 같았습니다. 열두 살 때 예루살렘에 올라가셨습니다. 예수님의 부모는 돌아오는 길에 자기 아들이 어딘가에 끼어 오겠거니 생각해서 그냥 왔는데 사흘 길을 가다보니 그 때까지 예수가 보이지 않습니다. 그러자 그들은 예수님을 다시 찾으러 거슬러 올라가서 예루살렘에 가게 되었습니다. 성전에 가자 예수가 성전에서 학자들과 이야기하고 있는 모습을 봅니다. 그의 부모는 말합니다.

"우리가 얼마나 놀라서 너를 찾았는지 모른다."

그때 예수께서 말씀하십니다.

"어찌하여 나를 찾으시나이까? 내가 내 아버지 집에 있어야 할 줄을 알지 못하셨나이까?"

또한 예수님은 밤이 맞도록 살아계신 하나님과 기도하는 교재를 가졌던 분입니다. 그러나 예수님은 성전에 있는 것을 기뻐했습니다. 왜 그렇습니까? 개인 경건의 시간이 소중합니다. 성경 공부도 귀합니다. 이것을 하지 말라는 말이 아닙니다. 그러나 그것을 대신할 수 없는 것은 예배입니다. 예배라는 것은 우리의 만왕의 왕되신 우리 하나님 앞에서 구속받은 성도가 함께 있을 것을 믿음으로 생각하면서 같이 천국갈 성도들이 이 땅에 함께 모여서 천국의 영광을 같이 사모하는 은혜, 이것이 예배입니다.

사랑하는 성도 여러분, 예배가 살아있습니까? 찬송을 부를 때에 나를 구속하신 나의 주를 내가 중심으로 찬송하리라. 그 찬송을 입술로 불렀습니까, 중심으로 불렀습니까? 그렇지 않으면 헌금 몇 푼 내는 것으로 끝냈습니까? 아니면 내가 나를 드려야 되는데 헌금을 드리면서 '내가 드려지기를 원합니다' 하는 믿음이 들어있습니까? 장로님이 기도할 때에 우리가 기도할 때에 기도를 따라 움직이고 있습니까?

우리의 예배가 형식이 아닙니까? 주일날 때가 되어서 드려지는 것입니까? 그렇지 않으면 영광의 하나님 앞에 나의 마음이 드려지고 있습니까? 나는 여러분의 인생의 피곤을 어느 정도 아는 사람입니다. 그러나 여러분이 아무리 피곤하다 한들 하나님 앞에 예배할 때에 이 예배를 하나님께서 받으시고 내 인생을 받아주신다는 기쁨과 감격을 가진다면 다시 용기 백배해서 일주일을 승리할 줄로 확신합니다.

신앙이 죽기 전에 예배가 죽습니다. 그래서 신앙이 사라지는 모습을 보면, 처음에는 교회부터 나가지 않습니다. 사탄이 성도를 역사상 가장 크게 넘어뜨리는 비결이 무엇이냐고 하자 교회가려고 성경 찬송을 들고 나오는데 피할 수 없는 사람을 보내서 교회에 가지 못하게 하는 것이라고 합니다. 지금까지 사탄이 그것으로 제일 성공했다고 합니다.

여러분이 오늘 여기에 왔다 할지라도 살아계신 하나님 앞에 내 마음이 온전히 드려지는 준비 없이, 하나님께서 내 예배를 오늘 이 시간에 받아주신다는 감격이 없이 드린다면 그 예배는 헛된 것입니다. 그래서 예배시간은 준비되어야 합니다. 마지못해서 교회에 나와서는 안됩니다.

천국을 사모하는 사람은 이 땅에 하나님께서 천국의 모형으로 주시고 천국에서 성도들이, '찬양과 영광과 존귀를 보좌에 앉은 어린양에게 돌리세' 외쳐대는 그 예배가 이 가운데서 먼저 드려지는 장소로써 이 땅에 교회를 허락하셨습니다. 그것을 다윗이 사모했고 우리 주님마저도 사모하셨습니다.

두번째로, 우리가 이 세상을 살면서 나그네 길인 것을 알아야겠습니다.

베드로전서 2:11에서 사도는 이렇게 말합니다. "사랑하는 자들아 나그네와 행인 같은 너희를 권하노니." 나그네와 행인 같은 우리라고 말합니다.

그런가하면 믿음의 사람들은 실제로 행인처럼 살았습니다. 히브리서 11:13에 "이 사람들이 다 믿음을 따라 죽었으며 약속을 받지 못하였으되 그것을 멀리서 바라보고 환영하며 또 땅에서는 외국인과 나그네로라 하는 증거를 얻었으니." 이 땅에 살면서 외국인과 나그네로서 살았다고 말합니다. 그래서 믿음의 사람 아브라함은 이 땅에 살면서 장막에 거했다고 성경은 말씀하고 있습니다. 왜 그렇습니까? 이는 하나님께서 경영하시고 지으실 터가 있는 성을 바랐기 때문입니다.

2년 후에 입주할 분당 아파트만 당첨이 되어도 지금 사는 집이 시시한 것에 대해서는 도무지 개의치 않더라구요. 2년 동안 이집 저집을 쫓겨다니는 것도 즐거움이 되더라구요. 왜 그렇습니까? 그것은 갈 집이 있기 때문입니다. 그런데 우리의 생애가 끝이 나면 영원히 갈 집이, 우리 주님이 나를 위해서 예비하신 복된 집이 있는 것을 확신하십니까? 그러면 왜 이 땅에 그렇게 집착을 가지십니까?

이 땅에서 얻고 이 땅에서 누리는 것을 자세히 보면 땅 따먹기 같습니다. 그 골 안에 넣기 위해서 얼마나 열심이었습니까? 그리고 지지 않기 위해서 오기는 얼마나 씁니까? 결국 땅을 많이 땄습니다. 그 다음 해가 지면 어떻게 됩니까? 그 땅은 그대로 놔두고 집에 갑니다. 우리가 이 세상에서 갖는 인기, 이 세상에 지은 것들, 이 세상에서 가진 재물들, 이 세상에서 가진 모든 것들이 꼭 땅 따먹기 하는 것과 같습니다.

골인 지점을 향한 달리기

우리는 이 세상에 살면서 이것을 성실하게 해야 합니다. 그러나 이 골인 지점과 관련해서 성실해야 합니다. 어떤 재벌이 회고록을 썼는데 그 회고록을 보니까 이렇게 기록되어 있습니다. "한국의 재벌들 집에는 종이조각만 많이 들어 있다." 증서들입니다. 그것을 대단하다고 착각하는데 어느날 그것은 모두 휴지가 되어버립니다. 그래서 지혜자 솔로몬은 말했습니다. "많이 가졌다는 것은 눈만 즐기는 것이다."

여러분, 우리의 마음이 이 세상의 것에 빼앗기면 안됩니다. 달리는 사람은 땅을 바라보고 달려서는 안됩니다. 달리는 사람은 골인 지점을 향해서 달려야 되는 법입니다. 놓고 가야 되는 인생이라는 사실을 기억합시다.

그런가하면 놓고 가지 않는 것이 있습니다. 주께서 우리의 인생을 향해서 구하시는 열매들이 있습니다. 열매를 맺고 있는가를 살펴보셔야 합니다. 빌립보서 1:11에 "예수 그리스도로 말미암아 의의 열매가 가득하여 하나님의 영광과 찬송되시기를 구하노라." 이것은 사도 바울이 빌립보 교인들이 하나님 앞에서 바로 서기를 구하면서 하나님 앞에 기도하는 기도의 내용입니다. 왜 그렇게 기도합니까?

예수님께서 말씀하셨습니다. "나는 참포도나무요 너희는 가지니"라고 말씀하신 후에 "너희가 열매를 많이 맺으면 내 아버지께서 영광을 받으실 것이요 너희가 내 제자가 되리라."

예수님께서 예루살렘에 올라가실 때였습니다. 마지막으로 무화과를 마르게 하신 기적을 우리는 봅니다. 예수님이 이 세상에 행하신 기적들은 사람을 살리는 기적이었습니다. 예수님께서 하신 기적은 복을 주시는 기적이었습니다. 평안을 주는 기적이었습니다. 그런데 유일하게 한 가지 저주하는 기적이 있습니다. 그 내용이 무엇입니까? 열매맺지 못한 무화과 나무를 향해서 저주했습니다. 주님이 행하신 수많은 기적은 복을 주는 기적인데 열매 맺지 못한 나무를 향해서만 저주하셨습니다.

우리 인생이 지나갑니다. 인생의 꽃이 필 수가 있습니다. 그러나 우리에게 꽃을 요구한다고 말하지 않고, 열매를 맺었느냐고 묻고 계십니다. 어떤 사람에게는 성공이라는 꽃도 주어졌습니다. 어떤 사람에게는 물질이라는 꽃도 주어졌습니다. 어떤 사람에게는 건강이라는 꽃, 형통이라는 꽃도 주어졌습니다. 그것은 꽃에 불과합니다. 그 꽃이 진 다음에 열매가 맺어졌느냐고 주께서 묻고 계십니다. 여러분이 가진 것 가운데 우리 주님 앞에 드려진 열매가 있느냐고 묻습니다. 이 세상이 모두 불탈 때 불타지 않을 것이 있느냐고 묻고 계십니다. 내가 가진 소중한 것 중에 불타지 않을 것이 무엇입니까?

우리 주님은 열매를 찾으십니다. 어떤 열매를 찾는가? 지극히 적은 사람에게 준 냉수 한 컵의 열매도 찾으십니다. 오른 손이 해놓고 왼 손이 모르는 것도 주님은 찾으십니다. 자기가 일을 해놓고 잊어버린 것도 주님은 찾으십니다. 여러분, 주님 앞에 드려질 열매가 무엇입니까?

제가 늘 감사하고 감격하는 것은 우리 소망회 어머님들입니다. 한 열다섯 분에서 스무 분들이 나오셔서 토요일이 되면 계속해서 주보를 접어주십니다. 아마 우리 어머님이 주보를 접어주지 않으시면 여러분들은 주보를 접느라 예배 시간 전에 소란스러울 것입니다. 요즈음 교회가 17년이 되어가면서 제가 우리 교회에서 타락 증세가 많이 보인다 하는 생각을 갖습니다. 그 중의 하나가 성도들이 몸으로 주님을 향해서 사랑의 봉사를 하지 않고 돈으로 모든 것을 해결하는 모습들이 너무나 역력합니다. 음식바자회도 보면 돈이고 노력은 들어 있지 않습니다.

주님 앞에 드려질 여러분의 열매는 무엇입니까? 여러분이 깨뜨릴 옥합은 무엇입니까? 주님이 기뻐 받으실 아름다운 것은 무엇입니까? 여호와의 집에 가려는 사람은, 그 집을 사모하는 사람은 그 집의 모형인 교회에서,

천국의 한 모습을 이 땅에서 맛볼 수 있습니다. 그것을 사모합니다. 거기서 힘을 얻습니다. 거기서 위로를 받습니다. 그 안에서 치료를 경험합니다.

뿐만 아니라 이 땅에 살면서 그러한 분은 이 땅에 매이지 않습니다. 이 땅은 나그네 길인 줄 알아서 이 땅에서 열심히 수고하지만 언제든지 풀어서 떠날 장막 터전의 인생을 삽니다. 언제든지 주께서 부르시면 유감없이 갈 수 있어야 합니다. 뭘 많이 쌓아 두면 죽는 것이 고통스럽더라구요. 그래서 부잣집 임종은 참으로 힘이 든 것입니다.

그런가하면 그 영광의 결승점을 향해 가는 사람들은 주님을 만나서 그 앞에 드릴 열매가 필요합니다. "한번 죽는 것은 사람에게 정한 것이요 그 후에는 심판이 있으리니." 주 앞에 드릴 열매를 바라보면서 여러분은 인생을 살아가십니까? 여호와의 집에 거할 사람들의 태도입니다.

다윗은 말합니다. 꿈에 부풀어 있습니다. 기대에 가슴이 벅찹니다. 무엇입니까? 나를 평생에 선하심과 인자하심으로 인도하셔서 여기까지 오게 하신 그 은총의 하나님은 내 짧은 평생이 아니라 영원토록 나를 그 영광의 집에 보호해주고 그 축복을 내리실 것을 기대한다. 영원히 거하리로다. 영원을 향한 그의 기대가 있었습니다.

어떤 사람은 이렇게 질문합니다. "목사님, 천국에서는 죽지도 않으니 얼마나 지루할까요?" 이것은 말이 되는 질문이고, 특별히 학생들이 많이 질문하는 내용들입니다.

여러분, 왜 지루합니까? 권태는 타락한 인간을 향한 하나님의 저주입니다. 뱀은 하루종일 또아리를 틀고 있어도 권태가 무엇인지를 모릅니다. 지루가 무엇인지를 모릅니다. 소는 계속 음식을 반추하고 있어도 지루가 무엇인지 모릅니다. 코끼리는 220킬로그램의 음식을 먹는다고 합니다. 그것을 먹는 데 수 시간이 걸린답니다. 먹고만 사는 것 같은 코끼리도 지루한 것을 모릅니다. 권태는 사람에게만 있습니다. 권태는 이상에게만 있습니다. 소가 반추하는 것을 볼 때 권태롭다고 하는데 소는 권태롭지 않고 그것을 보는 시인 이상이 권태롭습니다.

C.S. 루이스는 이렇게 말합니다. "천국은 날마다 만나도 새롭게 가슴 설레이는 첫사랑의 기쁨 잔치다." 이것은 연애를 해본 사람만이 압니다. 부모는 자식만 옆에 있으면 권태롭지 않습니다. 자식은 권태로울지 몰라도 부모는 권태롭지 않습니다. 자식이 옆에 있는데 권태롭습니까? 그것은 사랑을 해보지 않은 가슴일 것입니다.

마음에 맞는 친구들과 같이 있으면 권태롭습니까? 사랑하는 연인들끼리 앉아 있으면 권태가 없습니다. 거기에는 감격이 있습니다. 기쁨이 있습니다. 뛰는 맥박이 있습니다. 아무 일이 일어나지 않아도 웃음이 있고 감격이 있습니다. 왜 그렇습니까? 사랑이 있기 때문에 그렇습니다.

나의 영원한 사랑의 대상이신 우리 주님을 천국에서 만납니다. 영원히 그분과 함께 있을 것입니다. 내 가슴은 날마다 벅찰 것입니다. 내 가슴은 날마다 감격과 감사로 넘칠 것입니다. 이것이 다윗의 노래입니다. "여호와는 나의 목자시니…" 여호와가 목자이신 것으로 시작되었습니다. 그리고 결론은 "내가 여호와의 집에 거하리로다" 입니다.

사랑하는 성도 여러분, 우리 한평생 세월을 살면서 시편 23편이 나의 노래가 되기를 원하고 시편 23편이 우리 주님과 영원을 두고 부를 복된 노래가 되시기를 우리 주님의 이름으로 축원합니다.

제 12 장
성도의 교제

"형제가 연합하여 동거함이 어찌 그리 선하고 아름다운고 머리에 있는 보배로운 기름이 수염 곧 아론의 수염에 흘러서 그 옷깃까지 내림 같고 헐몬의 이슬이 시온의 산들에 내림 같도다 거기서 여호와께서 복을 명하셨나니 곧 영생이로다."

— 시편 133:1 ~ 3

우리는 이런 생각을 많이 해봅니다. 어떤 인생이 가장 값진 인생일까? 어떤 인생이 최선의 삶을 살고 아름다운 인생일까? 내 인생을 내가 완전하게 볼 수 없기 때문에 이 문제는 더욱 중요한 문제입니다. 그래서 우리들은 아름다움을 만들어 내는 예술가의 삶은 아름다움일까 하는 문제를 생각해볼 수 있습니다.

제가 파리에서 그림 공부하고 있는 화가를 만난 적이 있습니다. 국가에서 인정해 주는 화가로서 아틀리에가 딸린 아파트를 국가에서 주었기 때문에 이분은 그림 그리는 일에만 열중하고 있었습니다. 제가 그 옆에서 보니까 오후 한 4시쯤 그림을 그리기 시작하면 저녁에 샌드위치로 잠깐 끼니를 떼우고 밤 2, 3시까지 그림을 계속 그리다가 어떤 때 조금 더 그림을 그리면 6, 7시까지 아침이 밝을 때에야 잠을 자는 화가의 삶이었습니다. 그 부인에게 언제나 그러냐니까, 대부분 그렇다는 겁니다. 그러면 아빠가 자녀들을 어떻게 만납니까 그러니까, 아빠하고 아이하고 만나서 대화를 나눌만한 시간이 없답니다. 제가 그 삶의 현장을 보고 '야, 아름다움을 만드는 삶은 아름답지 않구나' 라는 생각을 했습니다. 얼마나 큰 비극입니까?

그때 제가 깨달은 것도 있습니다. 박물관에 돌아다니면서 미켈란젤로의 작품수가 많아서 '아마 제자들이 만들어 주었겠지' 그렇게 생각을 했고, 렘브란트나 루벤스의 그림이 세계 도처에 있을 때 그것을 보면서 '아마 이것도 렘브란트가 다 그린 그림이 아니고 주변 사람들이 그려준 그림이겠거니, 그렇게 생각했는데 그렇게 밤낮없이 삶 전체를 그림으로 사니까 그렇게 많은 그림을 그릴 수가 있었겠다는 생각을 처음으로 갖게 되었습니다.

또 그렇게 자기 생명을 토해서 그린 그림이기 때문에 명작이 나올 가능성도 높겠다고 함께 생각을 해보았습니다. 그러나 그렇게 살고싶은 생각은 제게 도무지 없었습니다.

아름다움을 만들기 위해서 가정의 아름다움이 파괴되는 화가의 삶을 보면서 인간적으로 측은하다는 생각을 그 가정을 향해서 갖게 되었습니다.

저에게는 형제가 많은지라 형제들의 결혼문제들도 각각 다르게 진행되는 모습을 보았습니다. 그중에 한 동생이 결혼할 때였습니다. 어렸을 때부터 촉망받는 연주가로서의 삶이 예약되어있는 어떤 자매하고 결혼문제가 나왔습니다. 그런데 자기도 음악을 공부하고 있는 동생이 그 동생을 향해서 이렇게 말했습니다.

"너, 그 여자하고 결혼하면 평생 가방이나 들고 따라다녀야 해. 나는 반대다."

연주하는 사람들의 모습을 가까이서 지켜볼 수 있는 그런 시간들이 있었습니다. 하루에 적어도 8시간에서 10시간 이상 연습하는 연습벌레들입니다. 그것도 1년의 8개월은 가정을 떠나있는 연주가들.

"뭐가 가장 어렵습니까?" 그랬더니, 어디가면 자기보고 "미스터 리, 미스터 리" 외국사람들이 자기보고 미스터 리라 부르는 것이 참 듣기가 싫답니다. 그래서 결국 얼마있다가 십몇년 만에 이혼하는 부부도 본적이 있습니다. 그 부부의 중재를 하느라고 양쪽에 다니면서 나름대로 그 연주가의 고뇌를 보기도 했습니다.

마음을 같이 하는 연합

가정이 희생되어있는 연주가의 아픈 삶의 모습들, 그러니까 결국 아름다움을 만들어내는 사람들 속에도 아름다움이 없다는 사실을 제가 보게 되었고 과연 어떤 삶이 참으로 아름다운 삶일까를 곰곰이 생각해보게 되었습니다.

성경은 이렇게 말합니다. "형제가 연합하여 동거함이 어찌 그리 선하고 아름다운고 보배로운 기름이 수염 곧 아론의 수염에 흘러서 그 옷깃까지 내림 같고 헐몬의 이슬이 시온의 산들에 내림 같도다 거기서 여호와께서 복을 명하셨나니 곧 영생이로다."

성경은 형제가 연합하여 동거하는 그 삶이 가장 아름다운 삶이라고 말합니다. 연합이라는 말은 창세기 2:24, "남자가 그 부모를 떠나 아내와 연합하여"의 그 연합하고는 다릅니다. 거기서는 아교풀로 붙였다는 뜻입니다. 꽁꽁 묶어버렸다는 뜻입니다. 그런데 여기서의 연합은 마음을 같이한다는 뜻입니다. 뜻을 같이한다는 뜻입니다.

성도가 서로 마음을 같이하고 뜻을 같이하는 그것이야말로 세상에서 가장 아름다운 일이고 가장 선한 일이라는 하나님의 판단입니다. 사람들은 더 사이가 나빠지지 않기 위해서 떠나는 일을 종종 합니다. 대표적인 일은, 아브라함과 롯이 창세기 15장에서 떠나는 사건을 통해 우리에게 많은 것을 가르쳐 줍니다. 두 사람의 소유가 많아졌습니다. 많은 사람들은 인생에 소유가 많아지면 그때부터 인생의 문제는 해결될 것이라고 기대합니다. 그렇지 않습니다. 실제로는 소유가 많아질 때에 인생의 문제는 더 커집니다. 소유가 많은 가정이 화목하기가 힘듭니다. 소유가 많은 집에 참 평안이 있기 힘듭니다.

평안 대신에 편리는 있을 수 있습니다. 편안함은 있을 수 있습니다. 그러나 평안은 없습니다. 그래서 하나님의 사람 아브라함이 이제는 더 이상 두사람이 함께 할 수 없을 줄을 알고는 현실로 돌아와서 이렇게 이야기합니다.

"너의 소떼와 양떼와 그리고 나의 소떼와 양떼의 수가 많아서 이 헤브론 골짜기는 너무 좁다."

현실 인식을 합니다. 그러면서 두번째로

"그러나 이 현실은 우리에게 부딪침이 있을 수 있고 미움을 줄 수 있지만 너하고 나는 친척 골육이다. 싸워서 될 사람이 아니다. 네가 나를 물면 네가 먼저 아픈 법이다."

자기들이 돌아가야 할 지점을 말합니다.

그리고 세번째로 "네가 우하면 내가 좌하고 네가 좌하면 내가 우할께." 양보합니다. 그래서 두 사람이 떨어져서 편안한 삶을 살게 됩니다. 다툼은 없어졌습니다. 그러나 롯은 푸른 들은 가졌지만 신앙을 잃어버립니다. 손해중에 그렇게 큰 손해가 없습니다.

성경은 물리적인 이유가 확실치 않게 서로 떠나는 것, 그것이 복이 아니라고 말합니다. 성경은 "형제가 연합하여 동거함이 어찌 그리 선하고 아름다운고." 하나님은 선하고 아름다운 일이라고 말합니다. 이것이야말로 값지고 귀한 인생이라고 말합니다. 그 인생의 성공과 실패를 하나님의 관점에서 본다면, 그리고 자기가 자기 인생을 정리해서 본다면, 진정한 축복은 소유나 여건에서 오는 것이 아니라 내 주변의 인관관계에서 어떻게 사랑의 교제의 폭이 넓어지고 그 사랑의 깊이가 더해지느냐에 따라서 최선의 인생이 되고 아름다운 인생이 결정된다고 성경은 말하고 있습니다.

우리들은 이렇게는 사랑할 수 있습니다. 내 가족을 사랑하기 위해서 내 가족밖에 있는 사람을 미워할 수 있습니다. 어떤 경우에 우리 교회를 사랑하기 위해서 우리 교회 이외의 사람들을 미워할 수 있습니다. 자기 집단을 사랑하기 위해서 다른 집단을 저주하는 인생까지 더러 있습니다. 그렇기 때문에 우리들의 사랑의 질은 높아져야 합니다. 우리의 사랑의 교제가 주변을 향해서 계속 커지고 하나님께서 기뻐하시는 사랑을 온전히 이룰 수 있어야 그것이 인생의 아름다움이고 선한 일이라고 성경은 말하고 있습니다.

그러면서 우리들은 우리의 사랑이 진실로 가정에서 복되게 이루어졌는가를 다시 생각해봅시다. 사랑해야 될 자녀들과 또 부부간에 깊은 사랑의 교제가 있으십니까? 연합하여 동거하는 그 축복을 복스럽게 누리고 있습니까? 이 교회를 출석하시면서 밀물처럼 왔다가 예배가 끝나면 썰물처럼 빠져 나가는 인생입니까, 그렇지 않으면 하나님께서 만나게 해주신 복된 성도들과 사랑의 교제를 온전히 누리는 아름답고 선한 인생을 살고 계십니까?

우리가 사랑하기 때문에 인생이 복됩니다. 사랑하기 때문에 인생이 영광스러워진다고 성경은 말합니다. 그래서 내가 만약 주변을 향해서 진정으로 사랑의 교제를 가졌으면 그 인생은 아름다운 인생이라고 말하고 있고 그 인생은 최선의 인생이라고 성경은 말씀하고 있습니다. 이것은 성경의 가치관입니다.

많이 가졌느냐에 대해서 성경은 관심이 없습니다. 편리한 것으로 주변에 좋은 환경을 이루고 있느냐에 대해 성경은 관심이 없습니다. 진실로 내가 너를 향해서 만나게 해준 인생들과 사랑의 충분한 교제들을 누리고 있느냐를 성경은 오늘 이 시간에 우리 모두에게 묻고 있습니다. 그것은 선하고 아름답다고 말합니다. 서로 복된 교제를 누리는 것은 선하고 아름다운 것으로 끝나는 것이 아니라 하나님께서 이 인생에 반드시 축복을 허락해 주신다고 약속하고 있습니다.

관유를 부음 같이

그 축복이 반드시 임하다는 것을 두 가지 그림을 통해서 우리에게 설명하고 있습니다. 첫째로는 성경에 있는 존귀한 의식을 통해서 하나님은 형제가 연합해서 동거하는 그곳에 놀라운 축복을 약속하고 있습니다. 어떻게 말하고 있습니까? 2절에, "머리에 있는 보배로운 기름이 수염 곧 아론의 수염에 흘러서 그 옷깃까지 내림같고."

아론의 머리에 기름을 부었습니다. 그것이 아론의 머리를 타고 수염을 타고 계속 확산되는 것을 우리에게 보여줍니다.

이스라엘 사람들이 관유를 만들 때는 특별한 노력을 합니다. 정성을 쏟습니다. 레위인들이 자기 몸을 정결케 한 다음, 이 머리에 붓는 관유를 만들기 위해서 그 해 올리브 가운데 가장 크고 탐스러운 올리브들을 따옵니다. 그리고는 하나하나를 돌려보면서 그 올리브 열매에 조그마한 흠이나 티가 있으면 버립니다. 무게는 어느 정도 되어야 하고 크기는 어느 정도가 정확하게 되어야 합니다.

그것을 가지고 그냥 기름틀에 넣고 쭉 짜버리지 않습니다. 손에 깍지를 만들어서 이 레위인들이 손으로 힘껏 누르면 그 올리브 기름이 쭉 짜집니다. 그런데 그냥 쭈르륵 떨어지면 안됩니다. 이 깍지를 조금 눌러서 한 방울이 뚝 떨어지면 그것을 버립니다. 다음 방울이 떨어지면 또 버립니다. 계속 그러다가 한되가 다 찼는데 잘못해서 두 방울이 뚝뚝 떨어졌으면 그렇게 열심히 모은 한되는 다 버립니다. 그렇게 정성스럽게 첫방울을 가지고 계속 모아서 관유를 만듭니다.

여기다가 라드를 섞습니다. 또 육계의 향을 거기다가 집어넣기도 합니다. 그 기름이 아론의 머리에 부어졌습니다. 이 기름은 준비되기 위해서 만들어졌습니다. 깨기 위해서 병에 담았습니다. 옥합을 깨뜨린 마리아에게처럼 그것은 간직되기 위해서가 아니라 깨어지기 위해서 준비되었습니다. 머리 위에, 아론의 위에 부어졌습니다. 머리 위에 그 기름은 머물러 있지 않습니다. 수염을 타고 내립니다. 흘러내리자 제사장이 입은 그 영광의 옷에 퍼지기 시작합니다. 계속 들이 부으면 이것이 밑으로 쏟아져 내리면서 온 몸을 타고 스며들기 시작합니다. 그때 사방에 향기가 진동합니다.

하나님의 축복이 임하면 이 하나님의 사람은 축복의 근원이 됩니다. 그 주변에 있는 모든 사람은 그 향기에 같이 기뻐하고 감격합니다. 그런데 그렇게 향기가 부어져도 육신적인 생각을 가진 사람은 향기의 영광스러움을 알지 못했습니다. 베다니의 마리아가 예수 앞에 그 영광의 기름을 부을 적에 신령한 뜻을 알지 못했던, 그 향기의 기쁨을 알지 못했던 예수의 제자는, 아니 이것을 팔기만 하면 200데나리온이 되는데 이것을 갖다 그냥 허비하다니 하고 오히려 못마땅해했습니다.
　성경은 말합니다. 하나님의 축복은, 하나님 앞에서 기름부음을 받았던 아론입니다. 하나님께서는 이 인생을 선택하셨다, 하나님께서는 이 인생을 축복하신다, 하나님의 영광은 이 사람의 생애 동안 계속 역사할 것이다, 내가 이 입술의 말에 함께 해줄 것이고 이 사람의 결정에 따라 축복해줄 것이고, 이 사람의 인도를 따르는 사람을 향해서 내가 복을 주겠다. 향기의 근원으로 그 인생을 만들어 줍니다. 그 기름이 부어졌습니다.
　그래서 그 기름이 반드시 온몸 전체에 퍼졌던 것처럼 형제가 서로 사랑을 나누는 그 장소에 이런 놀라운 영광이 있다고 성경은 말합니다. 이것은 성경에서 말하는 축복의 모습입니다. 거룩한 의식속에 하나님의 축복이 반드시 그 머리에 부은 기름이 그대로 머물러있지 않고 흘러내려서 온 옷깃을 적심같이 내 삶 전체에 형제가 연합하여 동거하는 그 인생을 적셔준다고 약속하고 있습니다.
　그런가하면 주변의 자연질서를 통해서 하나님의 축복이 반드시 임하는 것을 말씀해주고 있습니다. "헐몬의 이슬이 시온 산들에 내림 같도다."
　헐몬산은 9천2백피트나 되는 높은 산입니다. 그러니까 레바논, 시리아, 이스라엘 경계에서 가장 높이 우뚝 솟아있는 산입니다. 이 산을 이스라엘 사람들은 헐몬산이라고 부르지만 에벨레트라는 말의 에벨이라는 뜻은 산이라는 말이고, 레트라는 말은 눈이라는 말입니다. 그러니까 에베레스트도 같은 이름 같습니다. 에베레스트, 에벨레트.
　설산(雪山)이라는 이름을 가졌습니다. 헐몬산이라는 말은 하나님께 속한 산이라고 이스라엘 사람들이 생각해서 헐몬산이라고 했지만 다른 나라 사람들은 일년 사시절 만년설이 덮여있는 그 봉우리를 바라보면서 설산이라고 했습니다. 이 설산에 겨울에 눈이 많이 와서 하얗게 되면 사람들은 그 다음해의 풍년을 기대했습니다. 왜냐하면 이스라엘의 모든 물줄기는 헐몬에서 그 눈 물이 녹아서 일년내내 공급하기 때문에 이 사람들은 헐몬산에 눈이 많을 적마다 '야, 올해 물 걱정 없다' 그렇게 생각했습니다. 그런데 이 헐몬산은 그처럼 직접적인 물만 주는 것이 아니었습니다.

또 다른 수자원을 공급했습니다. 지중해 연안에 그 따뜻하고 습한 바람이 낮에는 계속 헐몬산을 지나갑니다. 그러다가 우기가 기껏해야 일개월반에서 이개월 동안 있는데 비는 조금밖에 오지 않습니다. 그 이스라엘 땅에 건기가 되면 전혀 비가 오지 않습니다.

그런데 제가 이스라엘을 처음 방문했을 때는 우기에 가지 않고 건기에 갔습니다. 그래서 비가 오지 않을 것이라 생각해서 우산이나 그런 것을 준비하지 않고 갔습니다. 그랬는데 여장을 풀고 저녁식사하러 밖으로 나왔더니 해가 지자마자 가는비가 내리기 시작하더는 것이었습니다. 제가 "야, 비다!" 그러면서 뛰어나갔더니 안내원이 그건 비가 아니고 이스라엘의 특이한 현상인데 이슬이 이렇게 굵다고 합니다. 그것이 가는비처럼 내립니다. 습한 바람들이 이 높은 헐몬산을 넘지 못하고 부딪쳐서 해가 지면 찬공기에 결빙을 해서 그 습기들이 이슬이 되어서 가는비처럼 내립니다.

헐몬산이 있으면 반드시 이슬이 내립니다. 이라크나 아라비아가 사막일 수밖에 없는 것은 저들에게는 헐몬산이 없기 때문입니다. 그냥 공기가 지나갑니다. 그런데 이스라엘에만 헐몬산이 있어서 이 습한 공기를 저녁에 잡아두고 밤새도록 이슬을 내리게 해줍니다. 이것으로 깡말랐던 그 대지들이 솟아나는 힘을 갖게 됩니다.

형제가 연합하여 서로 사랑의 교제를 하는 그 현장에 마치 밤에 저기압을 따라서 헐몬산을 넘지 못했던 습한 기온이, 습기를 머금은 그 모든 바람들이 이슬이 되어서 반드시 내리는 것처럼 우리 살아계신 하나님의 그 은혜 아래서 성도들끼리, 가족들끼리, 우리 옆에 있는 주께서 주신 귀한 믿음의 사람들끼리 서로 사랑의 교제를 누리고 사랑의 영광을 가슴에 담는 그 인생을 향해서 축복하신다고 주께서 말씀하십니다.

삭막한 인생에서

이 삭막한 인생, 사막같은 인생에 쓰러져 있을 때에 이웃의 한마디의 아름다운 격려가 내게 소생함을 줄 때가 있었습니다. 여러분은 저를 어떻게 위로해주었는지 모르는 위로를 제가 참 많이 받았습니다. 그 위로 때문에 다시 목회 현장에서 소생하는 힘을 얻게 될 때가 얼마나 많았는지 모릅니다.

하나님의 부름을 입은 선교사들 가운데 독신 선교사 숫자가 그렇게 많습니다. 결혼한 선교사 숫자보다 독신 선교사 숫자가 훨씬 많습니다. 그런데 독신 선교사들이 그 선교 현장에서 돌아가는 큰 이유가 우리가 생각하면 우습습니다. 어떤 일인가 하면 "아무도 나를 '허그' 한번 해주지 않더라."

서양 사람들이 서로 인사할 적에 간단하게 서로 등을 두드려주는 것 있잖아요. 허그하는 것. 특별히 동양 사람은 언제 허그합니까? 또 혼자 독신으로 있는 사람을 언제 누가 안아주겠습니까? 너무 외로워서 견딜 수 없다. 그래서 떠나는 사람이 얼마나 많은지 모릅니다.

인생은 삭막합니다. 참 외롭습니다. 여러분! 어떤 밤, 뼈가 저리도록 외로운 경험을 해본 적은 없으십니까? 가족과 함께 자면서 외로움의 슬픔을 경험해 보셨습니까? 정말 인생은 사막같습니다. 그런 곳에서 믿음의 형제, 자매들의 등을 두드려주는 교제 하나, 이것이 내게 소생하는 힘을 줍니다. 사랑의 미소 한번, 그것이 내 심령을 다시 일으켜 세워 줍니다.

이번에도 유학생 수련회에 강사들이 30여명이 갔습니다. 이 30여명의 강사, 강사료는 주지 않습니다. 자기 돈을 가지고 옵니다. 자기 차비 가지고 옵니다. 아무도 대우해 주지 않습니다. 그런데 왜 그 사람들이 그처럼 열심히 모이는줄 아세요? 서로 만나보고 싶어서, 저녁 1시나 2시될 때까지 같이 모여서 지난날 주님께서 어떻게 우리에게 축복해 주셨는가를 서로 나눕니다. 서로 격려합니다. 그 힘 때문에 강사들이 자기 돈내고 와서 서로 즐거워합니다. 물론 다른 사람을 가르치는 좋은 의도도 있습니다. 그러나 그것 못지 않게 소중한 것은 성도간의 아름다운 교제입니다.

뜻을 같이해서라고 성경은 말하고 있습니다. 뜻을 같이 하지 않으면 같이 살 수 없습니다. 결국은 나누어집니다. 뜻이 나누어지면 그 인생은 나누어지도록 되어있습니다. 마음들은 갈라지도록 되어있습니다.

빌립보서 2장에 우리에게 명령하시기를 "뜻을 같이하고 마음을 합하라"는 말씀이 있습니다. 뜻을 합하기 위해서는 뜻이 높은 사람이 낮은 곳을 향해서 내려가 주어야 합니다. 그렇지 않으면 안맞습니다. 위에서 올라와! 해도 못 올라갑니다. 아무리 올라오라 그래도 안올라 가는 사람은 어쩔 수 없지요. 최대한으로 내려가서 맞춰 주어야 합니다.

그래서 성경은 빌립보서 2:5에 "너희 안에 이 마음을 품으라 이는 그리스도 예수의 마음이니." 우리 주님의 그 마음처럼 낮아질 것을 말씀합니다. 낮아져도 보통 낮아지지 않습니다. 예수께서 십자가에 죽으심까지 낮아짐으로 내려가라고 합니다.

가족들간에 마음에 맞지 않는 가족들을 가지고 있습니까? 내 수준에 도달하지 않는 가족들 때문에 애통해 하십니까? 슬퍼하십니까? 여러분의 마음을 낮춰 주시기 바랍니다. 부모들이 자녀들에게 찾아가 주세요. 내려가 주세요. 마음을 같이 해 주시기 바랍니다. 그리고 사랑은 사랑을 받고 싶은 욕망보다 사랑하고 싶은 욕심이 훨씬 큽니다. 사랑할 대상이 옆에 없는 외로움보다 더 큰 슬픔은 없습니다. 사랑받을 대상이 아닙니다. 사랑할 대상입니다. 대표적인 것이 자녀문제입니다.

자녀들을 내가 사랑합니다. 자녀들은 내가 사랑하는 것을 아마 100이라면 10도 못느낍니다. 우리가 우리 부모에게 또 그랬습니다. 그래서 사랑을 받는 것은 언제나 만족이 없습니다. 그러나 사랑을 하는 것은 내가 사랑하고 있는 한 100%입니다.

사랑은 서로를 살립니다. 내가 사랑하고 있을 적에 내 심령이 살아납니다. 그런가하면 내가 사랑하는 그 사람이 격려를 받고 다시 살아납니다. 가족중에 뜻을 같이해야 될 가족은 없으십니까? 마음을 같이 하시기 바랍니다. 연합하시기 바랍니다. 여러분의 마음을 낮추시기 바랍니다.

거기서 내려가서 다시 한번 출발해 보십시오. 그리고, 여러분의 사랑의 교제를 누리십시오. 그렇게 교제할 때에 아름다운 추억들이 생깁니다. 그 순간들을 기억이라는 사진첩에 모았다가 추억이라는 박물관에 차곡차곡 저장해 놓으십시오. 우리 인생은 언제가는 떠납니다. 사랑하는 사람들을 두고 떠납니다. 가족들도 떠날 것입니다.

짧아서 소중한 인생

이 인생이 짧기 때문에 우리의 만남은 소중합니다. 가치있습니다. 짧기 때문에 우리가 시간을 아껴야 합니다. 우리가 헤어져 있으면서 사랑하는 아이들을 멀리두고 만나고 싶어도 만나지 못할 때가 있습니다. 그때 추억이라는 박물관에서 기억의 사진첩을 뒤적거리면서 과거에 사랑했던 아름다운 것들을 다시 느낄 수 있습니다.

그때 내가 감정적으로 사랑했다, 그것은 지나갑니다. 그것은 물처럼 흘러가는 것입니다. 머물러 있지 않습니다. 그래서 사건이 필요합니다. 교제했던 아름다운 그림들이 마음속에 필요합니다.

가족들간의 사랑의 아름다운 박물관은 마련되어 있습니까? 아니, 우리가 신앙생활하면서 교회 안에서 성도들간의 아름다운 사랑의 교제속에 이루어진 추억의 사진첩들이 정리되셨습니까? 이 교회 다니면서 그냥 밀물처럼 왔다가 썰물처럼 빠져나가면 복된 인생이 아닙니다.

성경은 말합니다. "형제가 연합하여 동거함이 어찌 그리 선하고 아름다운고. 보배로운 기름이 수염 곧 아론의 수염에서 흘러서 그 옷깃까지 내림같고 헐몬의 이슬이 시온산들에 내림같도다." 거기서 여호와께서 복을 명하신다, 반드시 복이 임한다는 말입니다.

헐몬의 이슬이 내리는 것처럼, 부어진 기름이 밑으로 쏟아져 내리는 것처럼 형제가 연합하여 동거하는 그곳에 기적은 있고 하나님의 축복은 반드시 있다는 말입니다. 그리고 인간 관계의 풍요는 여기서 결정된다고 말합니다. 최선의 삶이 가장 아름다운, 빛나는 삶이 빼앗길 수 없는 축복의 삶이 여기있다고 말합니다.

그리고 또 말합니다. 여기서 여호와께서 복을 명하셨나니 곧 영생이로다. 유한한 인간이 영원을 느낄 때가 있습니다. 언제입니까? 사랑할 때입니다. 그래서 사랑하는 사람마다 "우리 짧게 사랑합시다", "우리 순간만 사랑합시다" 이렇게 말하는 사람을 전 아직 못봤습니다.

"짧게 재미봅시다" 이 말은 가능합니다. 그러나, "짧게 사랑합시다" 이 말은 없습니다. "우리 영원히 사랑합시다", "내가 당신을 영원히 사랑합니다", 사랑 안에서, 이 복된 교제 안에서 우리들은 영원을 느낍니다. 이 유한한 인생에게 영원의 그 풍요를 느끼는 때가 바로 사랑할 때입니다.

오늘 이 시간 내 인생을 다시 점검해 봅시다. 하나님께서 주신 아름다운 만남인 가정, 그리고 교회를 통해서 아름다운 이 교제의 축복은 누려지고 있는가? 우리의 신앙고백은 이렇습니다. '성령 안에서 성도가 서로 교통하는 것' 이것을 우리의 고백으로, 마음 중심으로 하지 않는다면 그것은 헛것입니다. 그리고 주님께서 우리를 위해서 마지막으로 해주신 기도가 있습니다.

그 기도는 요한복음 17장입니다. "저들로 서로 하나가 되게 해 주시옵소서." 우리의 기도입니다. 우리는 언젠가 서로 헤어질 것입니다. 그건 어쩔 수 없습니다. 그러나 헤어졌어도 그 아름다운 보배로운 기름이 부어졌던 아름다운 향기가 우리의 사귐의 관계에서 내 주변 사람들과 함께 계속되고 있는 삶인가? 지금 살피셔야 합니다.

이러한 인생이 가장 선하고 아름다운 인생이라고 우리 하나님은 말하고 있고 바로 그곳에 여호와께서 복을 명하셨다고 말합니다. 이 때에 유한한 인생이 영생을 느끼게 됩니다.

시편 133편을 통하여 하나님께서 우리 마음속에 주신 아름다운 노래, "형제가 연합하여 동거함이 어찌 그리 선하고 아름다운고. 보배로운 기름이 수염 곧 아론의 수염에서 흘러서 그 옷깃까지 내림 같고 헐몬의 이슬이 시온산들에 내림 같도다." 반드시 하나님이 축복하시는 현장, 그러니까 그 아름다운 교제를 받지 못하면 축복의 현장 대신에 무슨 현장입니까? 저주의 현장입니다. 그래서 미워하고 있으면 손해를 누가 봅니까? 내가 보지요. 상대편은 늠름합니다. 그렇게 미워하는지도 모릅니다. 사랑하고 있으면 누가 복됩니까? 이 133편, 그 아름다운 시편이 영원토록 가슴에서 노래되는 생이 되시기를 주님의 이름으로 축원합니다.

제 13 장
다윗의 기도

"여호와여 내가 주를 불렀사오니 속히 내게 임하소서 내가 주께 부르짖을 때에 내 음성에 귀를 기울이소서 나의 기도가 주의 앞에 분향함과 같이 되며 나의 손 드는 것이 저녁 제사같이 되게 하소서 여호와여 내 입 앞에 파숫꾼을 세우시고 내 입술의 문을 지키소서 내 마음이 악한 일에 기울어 죄악을 행하는 자와 함께 악을 행치 말게 하시며 저희 진수를 먹지 말게 하소서 의인이 나를 칠지라도 은혜로 여기며 책망할지라도 머리의 기름 같이 여겨서 내 머리가 이를 거절치 아니할지라 저희의 재난중에라도 내가 항상 기도하리로다 저희의 관장들이 바위 곁에 내려 던지웠도다 내 말이 달므로 무리가 들으리로다 사람이 밭갈아 흙을 부스러뜨림 같이 우리의 해골이 음부 문에 흩어졌도다 주 여호와여 내 눈이 주께 향하여 내가 주께 피하오니 내 영혼을 빈궁한 대로 버려두지 마옵소서 나를 지키사 저희가 나를 잡으려 놓은 올무와 행악자의 함정에서 벗어나게 하옵소서 악인은 자기 그물에 걸리게 하시고 나는 온전히 면하게 하소서."

— 시편 141편

요즘 자녀를 키우시는 우리 성도들이 자녀를 키우시는 깊은 정성중의 하나가 하나님 말씀대로 키우고자 하는 노력들을 액자에서 볼 수 있습니다. 맥아더의 기도문을 써놓은 가정들을 참 많이 봅니다. 힘있고 좋은 기도제목이라고 생각됩니다. 집집마다 우리 한국 부모님들이 자녀교육을 주님의 거룩하신 뜻대로 키우기로 노력하는 한 증거라고 생각됩니다.

그런가하면 성 프란시스코의 기도가 있습니다. "주여 나로 평화의 도구로 삼으소서." 우리 마음속에 참으로 깊이 간직된 그런 기도문입니다. 사실 우리의 인생은 내가 나를 어떻게 기도하느냐에 따라서 내 인생이 만들어집니다.

자신을 위해서 어떤 기도를 드리십니까? 미국 사람들은 각 가정에 가면 짧막한 기도문을 써놓았는데 제 마음에 퍽 인상적이었습니다.

"주여! 나로 하여금 변화시킬 수 있는 것은 변화시킬 수 있게 도우시고 변할 수 없는 것은 수용하게 하옵소서. 이 둘을 잘 분별하는 지혜와 그리고 그 일을 수행할 수 있는 용기를 주옵소서."

그렇습니다. 우리 눈에 잘못된 것이 있으면 변화시켜야 합니다.

그렇지만 어떤 경우에는 그것을 그대로 수납해야 할 것들이 많습니다. 가령 부부간의 관계는 남을 변화시키려고 하면 싸움밖에 안됩니다. 부부간에는 서로 용납을 해야 합니다. 수용을 해야 합니다.

고부간의 문제도 만약에 서로 수용하기로 작정했다면 그렇게 심각한 문제는 안 생길 것입니다. "왜 저것은 항상 저래?" 이것이 우리를 서로 부딪치게 만듭니다. 그래서 아마 이 사람들은 그렇게 기도문을 만들었는지도 모릅니다. 그런데 여기 다윗의 자기 생애를 위한 기도문이 있습니다.
 대개 성경학자들은 이렇게 말합니다. "이것이 저녁의 기도이다." 2절에 "나의 손든 것이 저녁제사 같게 하옵소서. 나의 기도하는 것이 분향함같게 하옵시고 상을 드려서 하나님 앞에 드려지는 것 같게 하시되 저녁제사같게 하옵소서." 그래서 이 시편 제목을 대부분 저녁의 기도라고 합니다. 그러나 저는 저녁의 기도가 아니라 다윗이 자기의 삶을 위해 드린 기도라고 생각합니다.

자신을 위한 기도

 다윗은 자기 자신을 위해서 무엇을 기도했을까요? 첫번째로 자기를 위한 기도가 3절에 기록되어 있습니다. "여호와여 내 입 앞에 파수꾼을 세우시고 내 입술의 문을 지키소서."
 사람들은 자기 입술의 열매를 먹고 삽니다. 부정적인 사람은 부정적인 이야기를 합니다. 그래서 부정적인 열매를 맺습니다. 긍정적인 사람은 긍정적인 열매를 맺습니다. 그런데 그 긍정적인 열매가 입술로 드러납니다. 그래서 "아이구 죽겠다, 안됐다, 못됐다, 저 사람 틀렸다." 이런 얘기가 내 입술에서 많이 나가면 그 사람은 무조건 그 사람이 나쁜 사람입니다. 좋은 사람은 다른 사람도 좋게 보이도록 되어있습니다. 긍정적인 사람은 긍정적인 이야기를 하도록 되어있습니다.
 말이 인격입니다. 돈이 많거나 학문이 높거나 세상적인 지위가 높은 것이 인격자가 아닙니다. 자기 말에 책임을 지는 사람이 인격자입니다. 다윗은 자기 입술에 파수꾼을 세워달라고 기도했습니다. 그러면 우리 마음속에 하고 싶은 얘기는 하지 말아야 되는가? 아닙니다. 해야됩니다. 어디에 해야합니까? 하나님께 해야 합니다. 하나님을 향해서 내가 하고 싶은 얘기를 다합니다.
 다윗도 142편에 이렇게 말합니다. 2절입니다. "내가 내 원통함을 그 앞에 토하며 내 우환을 그 앞에 진술하는도다. 내 심령이 속에서 상할 때도 주께서 내 길을 아셨나이다." 6절입니다. "나의 부르짖음을 들으소서. 나는 심히 비천하나이다. 나를 핍박하는 자에게서 건지소서. 저희는 나보다 강합니다."

우리가 마음속에 한될 것이 있고 고통될 것이 있고 염려될 것이 있습니다. 그것을 하나님께 간구합니다. 제가 카운셀링할 적에 이런 제안을 많이 합니다. "저에게 그 많은 이야기를 하시면 그 이야기를 다 듣겠습니다. 그렇지만 당신이 지금 나에게 한 이야기들을 하나님 앞에 이야기하십시오."

성경은 말합니다. 너의 근심, 염려, 걱정을 모두 주께 맡기라. 너는 아무 것도 염려하지 말고 너희 구할 것을 기도와 간구로 감사함으로 하나님께 아뢰라 그리하면 모든 지각에 뛰어나신 하나님의 평강이 너희의 마음과 생각을 지키시리라. 하나님께 이야기해 보십시오. 하나님 앞에 이야기하면 하나님의 치료가 있습니다. 하나님의 은혜가 임합니다. 왜 염려하고 걱정하십니까?

우리는 하나님께 구한 다음 내 입술에 문을 지켜달라고 간구해야 합니다. 인격이기 때문입니다. 생각없이 나가는 그 말을 가진 사람은 경솔한 자라고 말합니다. 사랑받는 사람은 그 사람에게서 나오는 말이 사랑스럽습니다. 싫은 사람은 그 입에서 나오는 소리가 싫습니다. 다윗은 이것을 알았습니다.

내 말이 인격인줄 알고는, "주여, 내 입술의 문을 지키소서. 파수꾼을 세우소서." 첫번째 기도였습니다. 두번째 기도는, 내 마음을 지켜달라고 기도합니다. 4절에, "내 마음이 악한 일에 기울어 죄악을 행한 자와 함께 악을 행치 말게 하시며 저희 진수를 먹지 말게 하소서."

이 말은 "주여, 나로 악인들과 함께 행하지 않게 하여 주시옵소서." 첫번째 기도입니다. 이 기도는 모두 하는 기도입니다. 그런데 두번째 기도에 깊은 의미가 있습니다. "그들의 진수를 먹지 말게 하소서." 무슨 말입니까?

우리는 사기꾼들은 싫어합니다. 그러나 사기꾼들이 사기로 얻은 그 부는 부러워합니다. 악인들이 악을 행하는 것은 싫어합니다. 그런데 악인들이 악으로 자기 인생을 승리하는 모습을 볼 적에 그것은 부러워합니다. 다윗은 그것도 부러워하지 않게 해달라고 말합니다. 저들의 진수를 먹지 않게 해달라고 기도했습니다.

제가 아는 어떤 그리스도인 기업이 있습니다. 그런데 그 기업의 회사원들이 이런 불평하는 것을 들었습니다. "왜 우리 회사는 세금을 꼬박꼬박 내서 세금 총액이 우리 전 사원의 봉급보다 더 많으냐?" 또 두번째로는 "왜 거기서 외형의 2%를 떼어서 구제사업과 장학사업과 선교사업 등등의 일을 하느냐?" 세번째로는, "왜 기업을 자꾸 늘리느냐?" 그런 몇가지 불만이 있습니다.

한국에서 정직하게 세금을 꼬박꼬박 내는 회사가 없는데, 꼬박꼬박 내는 회사가 있다는 것 얼마나 자랑스러운 일입니까? 그리고 자기가 헌신한 그 결과로 한 뭉의 돈이 모두어져서 멋지게 주님을 위해 사용되는 것 얼마나 귀합니까? 그리고 정직한 회사가 계속 세워져서 고용이 증대되는 것 얼마나 귀합니까? 그런데도 사람들이 시험을 받으니까 그런 쓸데없는 소리를 합니다.

제가 그 얘기를 듣고 "그놈들 모두 배달꾼이구만, 배달꾼!" 했습니다. 왜냐하면 그 회사는 자기들의 제조업체가 없습니다. 하청을 주어서 가져다가 점포에 내다 팝니다. 그러니까 여기서 가져다가 저기 가져가 파는 것은 배달꾼이지요.

자기 회사에서 뜻이 있지 않으면 회사일 하면서도 그처럼 배달꾼으로 전락합니다. 그 회사 사람들이 그 회사의 좋은 목표는 좋아합니다. 그러면서도 다른 회사의 잘못벌어 주어지는 녹에 대해서는 마음의 탐심이 있습니다.

하나님의 사람은 그렇게 생각하지 않았습니다. 다윗은 말합니다. "내 인생이 악인들과 함께 걷지 말게 하옵소서. 그리고 저들의 진수도 먹지 말게 하옵소서." 다윗이 다윗된 것은 이처럼 위대한 마음의 결정 때문입니다. 큰 사건이 날 때마다 모두 나쁘다고 손가락질을 합니다마는 그런 이익을 준다면 보장, 투자 안할 사람이 어디있겠습니까? 사람들이 남의 얘기는 참 쉽게 잘 합니다. 그래놓고 자기 삶은 바르지 못한 인생이 얼마나 많은지 모릅니다.

다윗도 연약했습니다. 다윗은 "주여, 내 인생이 연약합니다. 내 마음을 지켜주시옵소서. 악인들의 악행의 그 길을 내가 쫓게 하지 마옵시고, 그들의 소득에도 눈을 돌리지 말게 하옵소서." 다윗의 기도였습니다.

하나님의 말씀에 "아멘"하는 귀

세번째, 다윗은 이렇게 기도합니다. "바른 귀를 갖게 해주시옵소서." 5절입니다. "의인이 나를 칠지라도 은혜로이 여기며 책망할지라도 머리의 기름같이 여겨서 내 머리가 이를 거절치 아니할지라."

올바른 사람이 나를 향해 말할 때 그 말을 최대의 축복으로 아는 마음을 주시옵소서. 듣는 귀를 주옵소서. 사람들은 남의 얘기를 들을 적에 거짓말이라도 내게 유익된 소리, 기분좋은 소리를 해주면 좋아합니다. 나를 향해서 진실을 얘기해도 내게 기분 나쁘면 싫어하는 것이 인생입니다.

다윗은 그렇지 않았습니다. 제가 그렇지 않은 사람을 또하나 압니다. 이랜드 사장 박성수 집사를 8년전인가, 9년전에 처음 만났는데, 이 회사가 법인으로 처음 시작할 그런 단계였을 것입니다. 저는 그 친구가 누구인지도 몰랐습니다.

그런데, 버마 선교를 위해서 모이어 목사님이라는 분을 우리집에 처음 초청했습니다. 버마 사람으로는 한국에 온 지가 아마 한두번 밖에 없는 그런 때였습니다. 그랬는데 그 친구에게 우리가 표를 줄 때에 교회에서 싱가포르의 한정국 선교사를 만나서 표를 주기로 되어있기 때문에 한정국 선교사가 만났습니다. 만나서는 이 사람이 좋으니까 자기 친구인 박성수 집사한테 그 사람을 꼭 도왔으면 좋겠다, 그렇게 간곡히 편지를 썼습니다.

그래 박성수 집사가 우리 집에 찾아왔습니다. 모이어 목사가 우리집에 같이 기거했기 때문입니다. 그 집사님이 와서 얘기하는데, 내가 한달에 300달러 씩 도와주겠다, 또 두 사람은 장학금을 주어서 공부를 시키겠다, 너의 프로젝트를 이렇게 돕고 저렇게 돕겠다. 돈 주겠다는 얘기를 합니다. 그래서 제가 스톱을 시켰습니다.

"모이어, 이 사람이 너를 좀 오해하고 있는 것 같은데, 너 좀 들어가 있어라, 내가 이 친구와 다시 할 이야기가 있다."

그리고는 제가 박성수 집사에게 이렇게 말했습니다.

"너 어떤 놈이냐, 도대체."

제가 처음 봤거든요. 20대 갓 넘은 친구같더라구요. 30살 밖에 안될 그 때니까 아주 어린 나이입니다. 지금도 어리게 보이지만 그때는 정말 앳되게 보였습니다.

"어떤 놈인데 우리집에 와서 선교를 망치려고 하느냐? 그 사람이 지금 한달에 받는 봉급이 10~20달러 밖에 안되는데, 300달러 준다는 것 너 그게 뭔줄 아느냐? 어린아이에게 독약을 줘주는 것과 똑같다. 돈 앞에 타락 않는 사람 봤느냐? 돈 앞에 무릎꿇지 않는 사람 봤느냐? 이 사람이 핍박속에서 바른 신앙을 가졌는데 네가 돈줘서 타락시키려고 하느냐?"

얼마나 꾸중했는지 모릅니다. 제가 지금 생각해도 너무 꾸중을 했던 것 같아요. 그리고는 그 사람을 잊었습니다. 그런데 그 다음에 보니까 제가 무슨 일을 하고 있으면 그 사람이 제 주변을 빙빙 돕니다. 그리고 얼마나 따르는지, 저는 저한테만 그러는 줄 알았습니다. 저희가 하는 기독교윤리실천운동 그 중앙위원회에서 한 문제를 가지고 얘기가 되었습니다.

이랜드의 잘못에 대해서 어떤 사람이 글을 썼습니다. 일을 많이 시킨다 등등 열 몇가지를 썼는데 저희들이 볼때 그게 좀 시시했습니다. 손봉호 박사가 그런 얘기를 했습니다.

"이거 너무 지지한 얘기니까, 이것 싣지 말자." 안 실었습니다. 그 얘기를 박성수 집사가 듣고 그 사람을 자기 회사에 초청해서 전사원 앞에서 강의하라고 했습니다.

하나님의 사람들은 하나님께서 기뻐하시는 소리를 들으려고 귀를 기울입니다. 아프고 고통스러워도, 옳은 얘기는 합니다. 내 고집대로 인생을 살지 않습니다. 내 오기대로, 내 악한 마음의 심보대로 살지 않습니다. 하나님의 말씀이면 '아멘' 하려는 귀, 이것이 하나님의 사람의 특징입니다.

나단이 다윗을 향해서 바로 네가 그 놈이라고 했습니다. 그러니까 그 앞에 무릎꿇고 "여호와여, 내가 주께만 범죄하였사오니 주여 나를 용서하소서, 우슬초로 나를 씻기소서. 주께서 나를 용서하시면 내가 정하리이다. 내가 내 눈물로 내 침상을 띄웁니다. 내 뼈가 심히 떨리오니 나를 고치소서."

그의 말을 듣고 하나님 앞에 매달리는 다윗을 봅니다. 그런가하면 나단을 자기의 사랑하는 아들 솔로몬의 스승으로 삼습니다. 그리고 또 재미있는 것은 이 마태복음의 가계는 요셉의 가계입니다. 그런데, 솔로몬이 나옵니다. 누가복음의 가계는 마리아의 가계입니다. 거기는 다윗 다음에 누가 나오는가 하면 나단이 나옵니다. 이 나단은 다윗의 아들입니다. 오죽 나단을 좋아했으면 그 아들에게 그의 이름을 붙였겠습니까. 믿음의 사람의 특징입니다.

쓸데없는 소리에 귀를 기울이지 않습니다. 달콤한 말에 내 마음을 빼앗기지 않습니다. "주여, 말씀하시옵소서. 아픈 가운데 주의 음성을 듣기 원합니다. 진리라면 내 삶이 바뀌고 내가 수치를 당해도 그 진리를 내가 듣겠는데 의인의 소리가 내게 들려지는 것은 내가 왕될 적에 내 머리에 기름을 붓는 것 같은 축복으로 내가 받겠사오니 바른 말을 내 생애에 허락하여 주시옵소서." 이 다윗이 자기를 향한 세 가지 기도였습니다.

"바로 그라"

여러분은 여러분을 위해서 무엇을 기도하고 있습니까? 하나님께서 외모로 사람을 보지 않고 중심을 본다고 성경은 말합니다. 이 믿음의 사람 다윗을 만날 때 하나님께서 사무엘에게 말씀하셨습니다.

아들들이 옵니다. 큰 아들이 용모가 좋아서 기름 부으려고 듭니다.

"아니다, 저는 아니다."

둘째를 보여줍니다. 그 사람의 눈매를 보니까 될 것같아서 기름을 부으려 했습니다.

"아니다."

일곱이 지나갔습니다. 그 아버지가,

"일곱중에 아니면 아닙니다."

"더 없느냐."

"한놈 있긴 있지만 쓸모없는 놈입니다."

본인도 생각하지 않았고 아버지도 기대하지 않았습니다. 그런데 그 아이가 들어올 적에 하나님께서 말씀했습니다.

"바로 그라."

사도행전 13:22에 "내가 이새의 아들 다윗을 만나니 내 마음에 합한 자라." 중심을 보시는 하나님 앞에 이새의 아들 다윗이 마음에 합했던 것입니다. "내가 그들 통해서 내 뜻을 다 이루리라."

오늘도 여호와는 온땅을 두루 감찰하시며 전심으로 자기를 찾는 자를 위하여 능력을 베푸시는 하나님이십니다. 다윗이 크고 위대한 것이 아닙니다. 다윗을 만드시고 다윗을 붙잡으시고 다윗의 믿음의 대상이신 하나님이 크신 것입니다. 하나님이 붙잡으시니까 다윗이 커졌습니다. 그 하나님이 오늘 이 시간에도 중심으로 하나님을 찾는 자를 기뻐 찾으십니다.

주여, 내 입술에 파수꾼을 세워 주시옵소서. 주여, 내 마음을 지키시옵소서. 행악하는 자와 함께 내 인생길을 걷지 않게 하시고 저들의 소득에 내가 마음을 빼앗기지 않게 하옵소서.

의인의 소득

의롭게 살기 위해서는 버릴 것이 있습니다. 손해나야 할 것이 있는 법입니다. 그리고 의인에게는 의인의 소득이 있습니다. 반드시 소득이 있습니다. 저는 시냇가에 심은 나무가 시절을 좇아 그 잎사귀가 마르지 않으며 열매를 맺고 그 행사가 다 형통할 것을 약속하고 있습니다. 오늘 이 시간에도 하나님께서 여러분을 찾고 계십니다. 전심으로 주님 앞에 마음을 돌리시기를 바랍니다.

전심으로 주님을 찾는 자를 주께서 기뻐하십니다. 왜 머뭇거리십니까? 왜 두 마음입니까? 마음을 하나로 만드십시오. 핑계대지 마십시오. 주님은 여러분을 사용하시기를 기뻐하십니다. 여러분의 생애를 걸작으로 쓰시기를 기뻐하십니다. 하나님은 실수하지 않으십니다.

얼마전에 김정웅 장군 초대를 받아서 육군사관학교에 갔습니다. 그런데 그 며칠 전에 참모총장 김진영 장군이 와서는 삼군사관학교 학생들에게 훈화를 했답니다.

"사람은 빽이 있어야 산다. 동서기가 되든지, 주사가 되든지, 면장이 되든지. 그런데 내가 이빽 저빽 다가져 봤지만, 하나님의 빽처럼 완전한 빽이 없었다. 내가 사관학교 다니던 때에는 누구도 이것을 가르쳐 주지 않았다."

내 생애를 걸고 나는 지금 육군 참모총장 사성 장군된 것보다 하나님이 내 배경된 것을 더 감사한다고 했습니다.

이것보다 내게 더 큰 소득이 없고 이것보다 내게 더 큰 자산이 없다고 했습니다. 제가 그분과 개인적인 친교를 갖고 있기 때문에 그분이 어떻게 기도했는지를 압니다. 하나님께서 자기를 향해 전심으로 드려진 그 영혼을, 그의 마음을, 그의 입술을, 그의 귀를 사용하시기를 기뻐하십니다. 주여 내

기도가 이렇게 되게 하옵소서. 내 입술을 지키시옵소서. 내 마음을 지키시옵소서. 내 귀를 지키시옵소서. 그리고 하나님의 뜻을 이루어 주시옵소서.

제 14 장

주님을 사랑하는 자의 노래 I

"여호와 우리 주여 주의 이름이 어찌 그리 아름다운지요 주의 영광을 하늘 위에 두셨나이다 주의 대적을 인하여 어린 아이와 젖먹이의 입으로 말미암아 권능을 세우심이여 이는 원수와 보수자로 잠잠케 하려 하심이니이다 주의 손가락으로 만드신 주의 하늘과 주의 베풀어 두신 달과 별들을 내가 보오니 사람이 무엇이관대 주께서 저를 생각하시며 인자가 무엇이관대 주께서 저를 권고하시나이까 저를 천사보다 조금 못하게 하시고 영화와 존귀로 관을 씌우셨나이다 주의 손으로 만드신 것을 다스리게 하시고 만물을 그 발 아래 두셨으니 곧 모든 우양과 들짐승이며 공중의 새와 바다의 어족과 해로에 다니는 것이니이다 여호와 우리 주여 주의 이름이 온 땅에 어찌 그리 아름다운지요."

— 시편 8편

일단의 청년들이 모여서 밤이 지새는 줄도 모르고 많은 이야기들을 나누었습니다. 그러다가 주제가 한평생 살면서 갖고 싶은 것이 무엇인가 하는 주제로 제목이 바뀌었습니다.
  어떤 청년은 이렇게 말했습니다. "나는 온세상을 멋지게 다스릴 수 있는 권력을 가졌으면 좋겠다."
  한 청년은, "온세상의 비밀을 다 꿰뚫어 아는 지식을 갖고 싶다"고 했습니다. 나는 속되기 때문에 세상의 어떤 것이라도 살 수있는 돈을 가졌으면 좋겠다고 하는 사람이 있는가 하면, 나는 돈도 싫고 온 세상 사람들의 부러움을 한 몸에 받는 인기인이 되고 싶다고 했습니다. 어떤 사람은 르느와르의 그림을 갖고 싶다고 했고, 어떤 사람은 모짜르트와 같은 음악적인 영감을 갖고 싶다는 말을 했습니다. 모두들 신이 나서 떠들고 있는데, 한 청년만 고개를 숙이고 심각하게 생각하고 있었습니다.
  한참 떠들다가 그 친구만 아무말 하지 않는 것을 보고,
  "야, 너 꼭 갖고 싶은 것이 뭐냐?"
  그렇게 묻자, 이 청년은 한숨을 푹 내려 쉬더니 이렇게 말했습니다.
  "감격하고 싶다!"
  많은 사람들이 이 감격하고 싶다는 말앞에 말을 잇지를 못한 채 중단했다고 합니다.
  여러분은 무엇을 갖고 싶습니까? 그리고 여러분은 감격해 본 지가 언제입니까? 인생에 감격이 없는 것은 생명이 없는 시체와 같은 삶입니다. 왜 감격을 잃었습니까? 감격하고 싶지 않으십니까? 내 몸이 떨릴 만큼 깊은

감격을 갖고 싶지 않으십니까?
 감격이 없는 가장 큰 이유는 사랑이 없기 때문입니다. 사랑하지 않기 때문입니다. 당신이 진실로 누군가를 사랑하고 있다면 그 사랑이 주는 감격을 경험할 것입니다. 감격이라는 것은 사랑이라는 전류에 밝혀지는 필라멘트에 불과합니다. 사랑이 있으면 기쁨의 불이 켜지고 감격의 열이 발생합니다.
 성경의 가장 큰 글씨는 하나님이십니다. 성경에 하나님이라는 단어가 가장 많이 나오는데 4067번이 나옵니다. 성경의 성구사전을 찾아서 다 헤아려보면 이 하나님이라는 단어가 가장 많다는 것을 쉽게 알 수 있습니다.
 그래서 성경의 주제는 하나님이십니다. 두번째로 많은 단어가 사람입니다. 3541번. 그러니까 하나님이라는 단어에 비해 520개쯤 부족합니다. 이 두 단어가 가장 많습니다.
 그런데 성경에서 하나님께서 인생을 향하여 행하신 가장 위대한 것은 사랑하심입니다. 요한복음 3:16 "하나님이 세상을 이처럼 사랑하사 독생자를 주셨으니 이는 누구든지 저를 믿으면 멸망치 않고 영생을 얻게 하려 하심이니라." 하나님은 사랑이시라고 성경은 말하고 있습니다.
 구약의 하나님이 우리를 사랑하신다는 그 말을 다윗은 시편 23편에 이렇게 표현했습니다. "여호와는 나의 목자시니 내가 부족함이 없도다 그가 나를 푸른 초장에 누이시고 쉴만한 물가로 인도하시는도다."
 이 말은 우리처럼 사랑이라는 추상명사를 사용하지 않고 마치 하나님 불변이라는 것을 여호와 만세반석이라고 표현했던 히브리 사람들이, 하나님이 우리를 지키신다는 말을 하나님은 우리의 높으신 산성이라고 표현했던, 손으로, 감각적으로 만지고 느낄 수 있는 개념으로 풀어서 쓸줄 알았던 이 히브리 사람들, 그 가운데 목동 다윗은 자기 생애에 가장 사랑했던 첫번째 감정, 양들을 이리저리 끌고다니면서 자기 몸을 희생했던 그 희생을 기억하면서 "여호와는 나의 목자시라." 이 말은 여호와께서 나를 사랑하신다는 말씀입니다. 이것보다 더 큰 글자는 성경에 있지 아니합니다.
 이 사랑이라는 하나님의 사랑 앞에 사람이 대답해야 할 말도 사랑이어야 합니다. 우리에게 멋진 감정이 많습니다. 충성이라는 개념이 있습니다. 그 충성이 아무리 멋지고 아름답다 할지라도 "내가 당신을 사랑합니다"라는 말 앞에 "나는 사랑은 못하겠고 충성만 하겠습니다" 그렇게 대답했다면 그것은 모독입니다.
 성실이라는 단어처럼 멋있는 단어가 없습니다. 진실이라는 말처럼 귀한 단어가 없습니다. 그러나 사랑이라는 말앞에서는 대답이 되지 않습니다. 사랑은 사랑한다는 대답만을 요구합니다. 그 이외에는 어떤 대답도 모독입니다. 그런데 성경 전체를 통해서 하나님을 가장 사랑했던 기록은 다윗에게서 발견됩니다.

사랑의 대상
 아브라함의 생애를 살펴보면 한 사람이 하나님을 어떻게 신뢰했는가를 가르쳐 줍니다. 그런데 이 다윗의 그 생애와 시편을 읽어보면 다윗의 마음의 구석구석 깊은 곳을 들여다볼 수 있습니다. 제가 요즘 다윗의 시편보는 재미로 감격하며 인생을 삽니다. 이곳을 봐도 하나님을 향한 사랑이고, 저곳을 봐도 하나님을 향한 사랑이고. 그의 사랑의 한 표현은 그 생애에 어떤 것을 가장 기뻐했는가를 보면 압니다. 내가 무엇을 진짜로 사랑하는가는 내가 무엇 때문에 기뻐하고 감격하는가를 보면 압니다. 그것이 사랑의 제일대상입니다.
 다윗의 경우는 하나님을 향한 일이면 감격합니다. 기쁨이 있습니다. 그의 생에 가장 감격의 모습으로 우리에게 드러나는 것은 하나님의 법궤가 들어올 때입니다. 얼마나 그가 기뻐하고 즐거워하고 춤추고 뛰놀았던지, 악을 쓰고 노래를 불렀던지 자기 아내가 볼 때에도 꼴불견이었습니다. 하나님을 향해서 그처럼 그는 즐거워했습니다. 감격이 있었습니다. 하나님을 만나는 흥분이 있었습니다.
 그러다 문득 여호와의 전이 아직도 옛날에 지어놓은 성막에 있는 것이 너무 가슴 아파서 하나님의 사람 나단을 부릅니다. 내가 여호와의 전을 짓겠다고 말합니다. 나단이 "대왕이시여, 당신이 하는 것은 참 옳습니다" 그렇게 말했습니다. 그런데 나단이 자기 집에 가는 도중 하나님께서 "안된다" 그러셨습니다. 그는 다시 쫓아와서 "여호와께서 당신이 성전을 지을 특권을 주시지 않는다고 합니다." 그는 "아멘" 합니다.
 사람이 고집을 꺾기가 어려운 때가 있다면 그것은 내가 아무리 생각해도 그것이 최선이고 가장 좋은 생각이고 깊은 호의를 가졌을때 꺾기가 어렵습니다. 나쁜 일이라면, 참된 충고에 돌이키라면 돌이켜집니다. 아니 사실은 나쁜 일이면서도 고집을 부리는 사람은 남의 말에 귀를 막습니다. 그런데 이 사람은 자기 최선이지만 하나님께서 "안된다" 그러니까, "아멘" 그리고 성전을 짓지 않습니다. 그러나 그 마음은 계속 하나님을 향해 드려집니다. 얼마나 간절히 하나님께 간구했던지 하나님께서 그에게 성전을 지을 수 있는 설계도면을 주십니다. 그는 그 도면을 따라서 세계방방곡곡에서 가장 좋고 귀한 것을 골라서 영화의 성전짓기를 위해서 생애가 드려집니다.
 법궤를 우리 하나님앞에 다시 봉헌했던 그 기쁨, 똑같은 기쁨을 우리는 그의 생애 후반부에서 봅니다. 그것은 온 백성과 함께 여호와의 전을 짓기 위해서 헌금드릴 때의 다윗의 기쁨입니다.

감격의 불꽃
 다윗은 하나님을 사랑하는 사람이었습니다. "마음을 다하고 뜻을 다하고 성품을 다하여 주 너의 하나님을 사랑하라 이것이 크고 첫째되는 계명이니." 그는 하나님을 향해서 기뻐했습니다. 그 사랑은 감격을 불러일으킵니다. 하나님을 사랑했던 다윗의 마음속에 켜진 감격의 불꽃, 이것이 시편 8편의 노래입니다. 1절을 읽어보겠습니다. "여호와 우리 주여 주의 이름이 어찌 그리 아름다운지요 주의 영광을 하늘 위에 두셨나이다." 하늘과 땅을 보니까 주의 뛰어난 솜씨 그 아름다움이 도처에 배어있다는 말씀입니다. 하나님을 사랑할 적에 온 땅에 가득 찬 하나님의 아름다움을 만나게 됩니다.

선머슴처럼 자란 산골처녀가 있었습니다. 사내들 속에서 같은 또래의 소녀를 보고 자라지 못했기 때문에 자기가 남자인줄 알고 자랐습니다. 그러다가 다 자라서 처녀가 되었는데 그때까지 바지입고 댕기띠고 남자처럼 살다가 어느날 자기가 사랑하는 그분을 만나게 되었습니다. 가슴속에 사랑이 시작되었습니다. 그때에야 그 처녀는 자기가 여자라는 것을 압니다. 그리고 어제도 생각없이 짓이겼던 풀잎의 그 아름다움을 그 풀꽃의 영광스러움을 보게 되었습니다. 산등성이의 멋있는 그 능선의 아름다움을 그가 느끼며 살게 되었습니다. 갑자기 눈이 열린 것입니다.

바람소리가 싱그러웠습니다. 어제도 똑같이 바람이 불었습니다. 어제도 똑같이 계곡에 물이 흘렀습니다. 사랑으로 듣는 그 계곡의 흐르는 물소리! 자기를 축복해 주는 물소리였습니다.

이처럼 다윗이 하나님을 사랑하는 눈으로 온 사물을 보니까 온 땅에 가득 찬 감격을 그는 만나게 된 것입니다. 그런가하면 그는 진실한 찬양을 갖게 되었습니다.

2절에 이렇게 말합니다. "주의 대적을 인하여 어린아이와 젖먹이의 입으로 말미암아 권능을 세우심이여." 어린아이를 통해서 찬송을 받으신 하나님이십니다. 사람들이 회의하고 불안하고 근심하고 걱정하고 염려하고 좌절하고 어둡게 살고 있을 때에 어린아이처럼 사물을 사물 그대로 볼줄 아는 그 심령은 우리 하나님을 찬양합니다. 예수님을 끝까지 찬양한 사람들은 어린아이들이었습니다.

호산나 찬송이 끝난 다음에 예수님이 성전에 들어가니까 어린아이들은 성전에까지 쫓아와서 "호산나, 다윗의 이름으로 오시는 이여!" 찬미했습니다. 이때에 대제사장들과 서기관들이 예수께 이렇게 말합니다. "저희 하는 말을 들으라. 무례하지 않으냐?" 그때 예수께서 말씀하십니다. "그렇다, 어린아이와 젖먹이의 입에서 나오는 찬미로써 온전케 하시는 하나님을 바라보라"고 말합니다. 어린아이, 비뚤어지지 않은 그 인생들은 하나님을 바라보면서 하나님의 영광을 찬미합니다. 이런 이야기를 제가 읽어본적이 있습니다. 베트남 전쟁때였습니다.

사랑하는 남편이 포로로 잡혔다는 소식을 듣고 그 아내가 늘 걱정스럽습니다. 그런데 어느날 유치원 다니는 다섯 살 먹은 꼬마가 숙제를 하고 있습니다. 보니까 울타리를 그려놓고 사람 하나를 그려놓았습니다. 그래서 엄마가 묻습니다.

"애, 너 뭘 그리니?"

"아빠가 계신 포로수용소예요."

얼마나 기가 막히겠습니까? 그 소리를 듣자마자 그냥 슬픔이 북받치니까 "흑!"하면서 눈물이 주르르 쏟아졌습니다. 엄마가 흐느끼는 소리를 듣고 그리고 흐르는 눈물을 보면서 아이가 이렇게 말합니다.

"엄마, 왜 울지? 여기에도 하나님 계시잖아?"

어린아이들은 순수합니다. 어린아이들은 선입견이 없습니다. 어린아이들은 비뚤어져있지 않습니다. 진실하고 단순한 심령을 통해 찬송을 받으시는 하나님, 마음이 청결한 자는 하나님을 봅니다. 이미 선입견으로 꽉 차있는, 자기 생각으로 꽉 차 있어서 하나님을 볼줄 모르는 인생에게 한숨이 있고 염려가 있고 저주가 있고 어둠이 있고 절망이 있을 때 하나님을 바라보는 사람은 감격의 찬미가 그 입술에 있습니다. 감격이 있는 사람은 하나님이 만드신 세계를 바라봅니다.

3절에 이렇게 기록되어 있습니다. "주의 손가락으로 만드신 주의 하늘과 주의 베풀어두신 달과 별을 내가 보오니." 하나님의 솜씨를 봅니다. 우리들은 우리 주변에 보이는 것만 봅니다. 텔레비전을 봅니다. 에어콘을 봅니다. 냉장고를 봅니다. 세탁기를 봅니다. 자동차를 봅니다. 그것을 하도 많이 봐서 우리 머리속에 위대한 이름들이 떠오릅니다. "정주영 씨, 김우중 씨, 이병철 씨, 그 사람들이 만들어 놓은 것을 계속 보니까 그 사람들이 크게 보입니다. 밤하늘에 별을 본 지가 얼마나 되었습니까? 동해의 푸르름을 본 지가 얼마나 되었습니까? 이번 바캉스에 하나님이 만들어 놓은 그 자연을 좀 보십시오. 하나님의 크심을 보십시오. 하나님의 멋있음을 보십시오.

만유인력을 발견한 물리학자 뉴턴은 이처럼 말했습니다. "천문학자로써 불경한 자가 있다면 그는 미친 녀석이다. 나는 천체를 볼적마다 무릎을 꿇는다."

천문학자인 케플러는 이렇게 말했습니다. "창조주 하나님이여, 당신의 창조를 통하여 나에게 기쁨을 주셨사오니 감사합니다."

열린 눈으로 하나님을 바라봅니다. 크신 하나님을 봅니다. 그 영광을 봅니다. 감격의 눈으로 바라볼 때에 온 세계가 하나님의 솜씨입니다.

진실로 하나님을 사랑하는 눈으로 의사가 인체를 본다면 인체는 신비하기 그지 없습니다. 사실 우리가 숨을 쉬고 사니까 그렇지, 생각해 보십시다. 어떻게 이 고깃덩어리하고 우리 영혼이 한몸에 붙어서 사는지 신기하지 않습니까? 신비하게 여겨지지 않습니까? 어떻게 손이 내 마음대로 움직여지는지, 내 생각대로. 내 혀가 이 많은 발음을 정확하게 쏟아내며 계속 달달달 돌아가는지 신기하지 않습니까?

우리속에 신비를 안고 삽니다. 불꺼진 그 방안에는 아무것도 안보이는 것처럼, 그러나 불이 켜지면 사물이 하나하나 드러나는 것처럼 사랑의 불꽃이 우리 인생에 켜지기 시작하면 하나님의 사랑의 솜씨를 이곳저곳에서 보게 됩니다.

연약한 인생을 돌아보시는 하나님

그런데 그 크신 하나님이 우리를 사랑하십니다. 4절에 이렇게 말합니다.

"사람이 무엇이관대 주께서 저를 생각하시며 인자가 무엇이관대 저를 권고하시나이까." 여기서 생각한다는 말은 사랑한다는 말입니다. 여기서 권고한다는 말은 깊은 관심을 뜻합니다.

하나님이 사랑하시고 우리를 돌보십니다. 원래 인간에게 하나님이 없다면 성경의 표현대로 인간은 이럴 것입니다. 다윗은 시편 22편에서 "나는 벌레요, 사람이 아니라"고 했습니다. 정말 벌레와 우리가 다를 것이 무엇이 있습니까? 만약 하나님이 안 계시다면 인생은 솔로몬의 노래처럼 "헛되고 헛되고 헛되고 헛되니" 이것이 전부입니다.

이사야는 40:6에서 이렇게 말합니다. 모든 인생은 풀과 같습니다. 잠깐 힘차게 뻗는가 하다가 언젠가 끝나면 아무것도 안보이는 풀과 같습니다. 바울은 고린도후서 4:7에서 질그릇같다고 했습니다. 깨지기 쉽습니다. 값어치가 없습니다. 하나님이 없다면 그렇다는 말입니다. 하나님이 없다면 야고보의 인생은 안개같습니다. 바람에도 "훅" 밀려가는 안개입니다. 그런데 이처럼 연약한 인생을 하나님이 사랑하시고 그 크신 능력의 손으로 관심을 가진다니 신기하지 않습니까?

제가 예수 그리스도를 영접하고 한 두 달쯤 되던 그런 때였습니다. 마태복음을 읽다가 주기도문을 읽었습니다. 주기도문은 어렸을 적부터 제가 말을 배우자마자 외운 성경구절입니다. 그런데 그때 "하늘에 계신 우리 아버지여!" 이렇게 부르니까 그냥 목이 메입니다. 그 크신 하나님이 나의 아버지라니, 그분이 나를 생각하시다니, 그분이 나를 향해서 관심을 가지고 계시다니, 그분이 나를 향해서 사랑밖에 못하신 아버지라니, 매를 때려도 사랑밖에 못하고, 주셔도 최선으로 주시고, 이런 아버지시라니.

제가 한밤을 자지 못한 채 하나님이 아버지라는 사실이 감격스러워서 지내본 적이 있습니다. 벌레같은 인생을, 안개 같은 인생을 하나님이 사랑하십니다. 깊은 관심을 가지셨습니다. 그 하나님 안에서 인생은 크고 놀랍습니다. 그 하나님의 사랑 안에서 인생은 영광스럽습니다. 영광과 존귀로 관을 씌웠다고 했습니다. 얼마나 높이 씌웠습니까?

5절에 보니까, "저를 천사보다 조금 못하게 하시고." 우리 성경은 천사보다 조금 못하게라고 번역했습니다. 그러나 각주를 보세요. 뭐라고 쓰였습니까? '하나님보다' 그랬지요? 원문이 하나님입니다. 왜 여기를 천사라고 번역했는고 하니 히브리말로 번역할 때에 천사라고 번역했습니다. 순서가 달라집니다. 인생이 하나님의 사랑의 대상일 때에는 세는 순서가 달라져야 합니다.

하나님을 사랑하지 않는 인생은 이렇게 셈할 수 있습니다. 미생물부터 시작해서 사람이 모든 피조물의 으뜸입니다. 그러나 순서가 바뀌었습니다. 셈 순서가 바뀌었습니다. 어떻게 바뀌었습니까? 하나님으로부터 세고 있습니다. 그러니까 첫째는 하나님이구요, 둘째는 뭐라구요? 셈이 바뀌었습니다.

우리가 예수 믿을 때에 두 가지가 바뀝니다. 하나는 주인이 바뀝니다. 내가 주인이었던 인생이 우리 예수 그리스도를 주인으로, 그래서 우리 인생은 주어가 바뀌어야 합니다. 그러기 전에는 거듭났다고 말할 수 없습니다. 우리의 관심은 '주께서는' 입니다.

"하나님보다 좀 못하게 하시고." 그처럼 존귀로 우리를 둘러주신 우리 하나님을 언제 만납니까? 그 감격을 어떻게 느낍니까? 하나님을 사랑하시면 됩니다. 놀라운 사실은 우리가 자식을 사랑하면서 부모가 나를 사랑한 줄을 깊이 안 것처럼 우리가 하나님을 사랑하고 하나님을 위해서 헌신하면서 하나님께서 나를 사랑하심의 그 깊이와 넓이와 그 놀라운 영광을 날마다 만납니다. 하나님을 사랑해보지 못한 사람은 하나님의 사랑의 크기를 모릅니다. 그 영광스러움을 모릅니다.

다윗, 그는 하나님을 사랑하다가 하나님께서 그처럼 영광과 존귀로 관을 씌워주심을 기뻐하고 있습니다.

그런가하면 모든 피조물들을 다스리는 권세를 주셨습니다. 하나님께서 창조때 주신 그 은혜를 다시 기억하고 그 마음을 회복하고 있습니다. 6절에 이렇게 기록되어 있습니다. "주의 손으로 만드신 것을 다스리게 하시고 만물을 그 발 아래 두셨으니 곧 모든 우양과 들짐승이며 공중의 새와 바다의 어족과 해로에 다니는 것이니이다."

하나님을 사랑하면서 보는 만물은 동물까지도 아름답습니다. 제가 사이판에서 그냥 물안경을 쓰고 물고기를 보는데 그 형형색색의 물고기의 아름다움이 대단합니다. 하나님이 이것을 우리에게 다스리게 하셨습니다.

그런데 우리가 잘못해서 한강의 물고기를 떼죽음 당하게 하는 것은 하나님을 향한, 하나님의 명령을 향한 불순종입니다. 환경보호도 성경이 가장 중요하게 요구하는 것입니다. 그래서 쓰레기 덜 버리기 운동에 참여하는 것, 그리스도인으로서 마땅한 일입니다.

사랑의 불꽃

하나님을 사랑하는 감격의 눈으로 본 세상, 하늘에는 하나님의 영광으로 가득찼습니다. 정직한 심령들은 하나님을 찬양합니다. 하나님을 찬양하는 그 눈에는 하나님께서 만드신 저 아름다운 천지가 하나님의 영광으로 가득 차있습니다. 그런가하면 하나님을 사랑하는 인생은 하나님께서 얼마나 우리에게 깊은 사랑과 깊은 관심을 가졌는지 그리고 우리의 생애에 얼마나 존귀와 영광으로 관 씌우셨는지, 그래서 우리의 삶이 얼마나 거룩하고 아름답고 온전해야 되는지를 깨닫게 됩니다.

하나님을 사랑했던 다윗은 결론으로 또 이렇게 노래합니다. "여호와 우리 주여! 주의 이름이 온 땅에 어찌 그리 아름다운지요." 온땅에 아름다운 주의 이름, 쉽게 말하면 마누라가 이쁘면 처가집 말뚝도 이쁘다고, 사랑으로 가득 차 본 사랑의 감격을 아는 사람만이 아는 비밀입니다.

여러분! 주님을 사랑하고 있습니까? 감격의 불이 꺼진 지가 언제입니까? 에베소교회, 모든 것을 다 갖춘 교회였습니다. 사람들 보기에 완벽했습니다. 그런데 주께서 말씀하셨습니다. "네가 처음 사랑을 잃었느니라."

예수 믿은 지 언제입니까? 주께서 내게 주셨던 그 감격의 시간들은 어디로 갔습니까? 주님을 향한 헌신의 불꽃은 언제 꺼졌습니까? 네 촛대를 옮긴다고 말씀하십니다. 기독교는 의무의 종교가 아니라 사랑의 종교입니다.

만약 우리가 자식을 의무로 키운다면 자식처럼 원수가 없을 것입니다. 자식들이 말을 들어주나요, 아빠, 엄마 권위를 알아주나요, 이놈들이 얼마나 자기를 위해서 애쓰고 수고한다는 것을 아나요. 그런데 그 못생긴 놈, 우리 둘째가 정말 나를 낳았느냐고 그러니까 제 엄마 대답이 이렇습니다.

"너처럼 못생긴 놈을 누가 데려오냐? 너처럼 공부하기 싫어하고 말 안듣는 놈을, 내가 예쁘고 똑똑하고 좋은 놈 주워오지. 내가 너를 낳았으니까 할 수 없이 키운다."

그렇지 않습니까? 내가 선택해서 주워올 수 있다면 지금 있는 내 자식 키울 수 있겠습니까? 물론 그래도 저는 키울겁니다. 그것이 자식이고 에비 간인데 어떡합니까?

영어에 이런 재미있는 개념이 있습니다. '해피 버든', '버든'이란 짐, 고통이란 뜻이 아닙니까? 그런데 버든은 버든이지만, 고통은 고통이지만 행복한 고통, 짐은 짐이지만 행복한 짐, 누가 그렇습니까? 자식은 부모에게 '해피 버든'입니다.

사실 그것처럼 큰 짐이 어디 있어요? 오늘은 제가 아부를 좀 해봅시다, 자매님들에게. 남편은 아내에게 참 고통이에요. 저녁에 잠자다 발로 '툭!' 참니다.

"어이, 물떠 와."

"아, 지가 가서 떠먹을 것이지."

그래도 눈을 부비고 나가서 물을 떠다 바칩니다. 짐입니다 짐, 그렇다고 짐이 없으면 좋은가요? 짐은 짐이되 행복한 짐, 언제 그렇습니까? 사랑이 있을 때입니다.

사랑하는 성도 여러분! 우리 교회가 17년이 되었습니다. 처음의 감격과 기쁨을 잃어버리고 있지 않습니까? 감격과 기쁨을 잃어버린 채 주님을 떠난, 부활의 주님을 외면했던 베드로, 게네사넷 호숫가에 가셔서 주께서 믿음을 회복시키지 아니하시고 사랑을 회복시켜 주십니다.

"요한의 아들, 시몬아! 네가 나를 사랑하느냐? 사랑을 불러 일으켰습니다. 오늘 이 시간에 우리 주님께서 어디서 사랑의 불꽃이 꺼졌는가를 삶속에서 채근해보라고 하십니다.

사랑이 있는 곳에 기쁨이 있습니다. 사랑이 있는 곳에 감격이 있습니다. 사랑의 불이 켜질 때에 온 세상은 밝아집니다. 주님을 사랑해 보세요. 환경이 살아 움직이기 시작합니다. 사건들이 의미를 갖게 됩니다. 주님을 불타게 사랑하고 있을 때에 흘러가는 모든 시간들이 그처럼 가치있고 복되고 영광스럽습니다. 다윗이 주님을 사랑하고 있을 때에 온 땅에 아름다움으로 가득 차버린 주의 영광과 주의 아름다움을 보게 되었습니다. 감격을 잊고 살고 있지 않습니까? 사랑의 불꽃이 꺼지지 않았습니까?

주께서 오늘 이 시간에 사랑의 불꽃을 다시 지피라고 말씀하십니다. 성도들의 마음속에 꺼진 불꽃을 다시 지피라고 말씀하십니다. 주님을 의지하지 않고 여러분이 영리하게 살았습니다. 여러분의 뜻대로 살았습니다. 그래서 얻은 여러분의 소득은 무엇입니까? 감격이 있습니까? 기쁨이 있습니까? 삶의 보람이 있습니까?

집한칸 늘어나서 며칠이나 즐겁고 며칠이나 기쁩니까? 여러분이 승진해서 며칠이나 감사하고 며칠이나 감격스럽습니까? 사랑의 불꽃이 켜질 때에 인생은 영광스러워집니다.

제 15 장
주님을 사랑하는 자의 노래 II

"하늘이 하나님의 영광을 선포하고 궁창이 그 손으로 하신 일을 나타내는도다 날은 날에게 말하고 밤은 밤에게 지식을 전하니 언어가 없고 들리는 소리도 없으나 그 소리가 온 땅에 통하고 그 말씀이 세계 끝까지 이르도다 하나님이 해를 위하여 하늘에 장막을 베푸셨도다 해는 그 방에서 나오는 신랑과 같고 그 길을 달리기 기뻐하는 장사 같아서 하늘 이 끝에서 나와서 하늘 저 끝까지 운행함이여 그 온기에서 피하여 숨은 자 없도다 여호와의 율법은 완전하여 영혼을 소성케 하고 여호와의 증거는 확실하여 우둔한 자로 지혜롭게 하며 여호와의 교훈은 정직하여 마음을 기쁘게 하고 여호와의 계명은 순결하여 눈을 밝게 하도다 여호와를 경외하는 도는 정결하여 영원까지 이르고 여호와의 규례는 확실하여 다 의로우니 금 곧 많은 정금보다 더 사모할 것이며 꿀과 송이꿀보다 더 달도다 또 주의 종이 이로 경계를 받고 이를 지킴으로 상이 크니이다 자기 허물을 능히 깨달을 자 누구리요 나를 숨은 허물에서 벗어나게 하소서 또 주의 종으로 고범죄를 짓지 말게 하사 그 죄가 나를 주장치 못하게 하소서 그리하시면 내가 정직하여 큰 죄과에서 벗어나겠나이다 나의 반석이시요 나의 구속자이신 여호와여 내 입의 말과 마음의 묵상이 주의 앞에 열납되기를 원하나이다."

— 시편 19편

일반적으로 우리들은 사춘기를 겪으면서 간혹 짝사랑을 해본 경험들을 갖고 있습니다. 특별히 여중 2,3학년이 되면 사랑하는 선생님이 생깁니다. 그때부터 사랑의 두려움, 두근거림, 흥분 또 목마름 같은 그리움 이런 것들이 저녁에 잠을 못자게 만드는, 그런 감성을 자극하는 시간이 우리에게 있었습니다. 그런데 그때는 그분이 안계시면 죽을 것 같고 세상이 깜깜해질 것 같아도 새학기가 되어서 학기가 바뀌면 또 다른 선생을 짝사랑하니까 그 사랑이 별것 아닌 것 같습니다.

그렇게 어렸을 적에 사람들은 사랑이 그 속에 성숙해서 자랍니다. 성경은 진정으로 사랑한다는 것을 그런 감성적인 부분도 소중히 여기지만 사랑의 진면모를 주님께서는 이렇게 말씀했습니다. "나를 사랑하는 자는 나의 계명을 지키며".

그 사람의 그 말에 귀를 기울이는 것이 진실한 사랑이라고 말합니다. 이 말을 좀더 쉽게 하면 "당신이 좋아하는 것이라면 나는 무엇이든지 할 수 있습니다." 이것이 진정한 사랑입니다. 그래서 결혼이 약속되면 자기를 25,6년 키워준 부모는 저리 가라 하고 오직 그의 말만 듣는 용감성이 발휘됩니다.

제가 제 아내에게 결혼을 약속하고 일이 바빠서 돌아다니는데 당시에 삶의 가치관이 다른 저희 처가에서 몹시 심한 반대가 있었다고 합니다. 나중에는 저를 만난 지 얼마나 되었다고 방문을 걸어 잠그고 단식투쟁을 했답니다. 사랑이 뭐길래.

진정한 사랑은 그분의 말에 관심을 갖고 그분의 말을 순종하는 것입니다. 선한 목자이신 주께서 말씀했습니다. "나는 선한 목자라. 양은 내 음성을 듣는다." 나를 진실로 사랑하는 자는 나의 말을 지킨다고 했습니다. 나의 말을 순종할 때에 하나님의 사랑이 그의 생애속에 있겠고 내가 그의 삶에 반드시 나타내 주신다고 우리 주님께서 말씀해 주셨습니다. 우리 주님을 감정으로만, 사춘기 소녀의 사랑으로만 사랑하지 않고 삶 전체로 사랑했던 다윗, 하나님의 말씀에 순종하는 사랑의 고백이 평생 있었습니다.

그것이 가장 잘 나타나있는 성경구절중에 하나가 이 다윗의 시편의 하나인 시편 19장입니다. 첫째로 그는 하나님의 음성을 들을줄 아는 귀를 갖습니다.

토스카의 제일 처음 나오는 테너 아리아에 이런 노랫말이 있습니다. '마음의 태양은 그대의 얼굴,' 한 얼굴로 가슴이 꽉 차버리는 그런 사랑의 감정을 노래했습니다. 우리는 그렇게 뜨겁게 진한 사랑을 못해본다 할지라도 이와 동일한 사랑의 감격을 우리 주변에서 만날 수 있습니다.

학교수업이 끝난 후 아이들이 몇 백명이 쏟아져 나옵니다. 그런데도 그 많은 아이들 속에서 내 아들은 그 모든 아이들의 얼굴을 합한 것보다 더 크게 보입니다. 왜 그렇습니까? 사랑하기 때문입니다. 사랑하는 사람은 사랑하는 사람의 음성을 들을줄 압니다. 사랑하는 사람들은 사랑하는 사람의 모습을 누구보다도 더 먼저 깨닫습니다. 사랑하는 이의 그 발걸음 소리에도 다른 사람과 다른 느낌을 갖게 되는 법입니다.

말씀하시는 하나님

이 다윗은 하나님을 사랑했기에 하나님께서 자기를 향해서 나타나시고 말씀하심을 이처럼 노래하고 있습니다. 19:1입니다. "하늘이 하나님의 영광을 선포하고 궁창이 그 손으로 하신 일을 나타내는도다." 선포한다는 뜻은 말한다는 말입니다. 하늘이 하나님의 영광을 말한다는 말입니다. 그 소리를 들을줄 압니다. 온 세상에 편만한 하나님의 음성, 궁창이 그 손으로 사람들에게 말하는 그 말을 듣는다고 말씀하고 있습니다. 하나님은 말씀하시는 하나님입니다.

요한복음 1:1에 "태초에 말씀이 계시니라. 이 말씀이 하나님과 함께 계셨으니 이 말씀이 곧 하나님이시라" 히브리서 1:1에는 "옛적에 선지자들로 여러 부분과 여러 모양으로 우리 조상에게 말씀하신 하나님이 이 모든 날 마지막에 아들로 친히 말씀하셨다"고 말씀하셨습니다.

하나님은 과거에는 하늘로 말씀하셨습니다. 궁창으로 말씀했습니다. 말씀하신 그 하나님은 계속 말씀하십니다. 어떻게 계속 말씀하십니까? 끊임없이 말합니다. "날은 날에게 말하고 밤은 밤에게 지식을 전하니" 계속된다고 말합니다. 계속된 말씀입니다. 귀를 기울이는 그 심령에 계속 말씀하시는 하나님.

그런가하면 그 말씀은 충만합니다. "날은 날에게 말하고" 우리 말은 '말하고'로 되었는데, 원문은 '넘쳐 흐르고'입니다. '쉴새없이 넘쳐 흐르고'입니다. 충만하게 말씀하십니다.

그런가하면 그 말씀은 세미하고 조용합니다. 3절에 "언어가 없고 들리는 소리가 없으나" 그러나 그 말씀은 보편적으로 누구에게든지 들리는 말씀입니다. 4절에 "그 소리가 온 땅에 통하고 그 말씀이 세계 끝까지 이르도다" 하나님께서 말씀하십니다. 하나님을 사랑하는 자는 하나님께서 하시는 그 계속되는 말씀을, 그 충만한 말씀을 하나님께서 말씀하시되 세미한 음성으로 하시는 그 말씀을, 그러나 누구에게나 하시는 그 말씀이 사랑의 심장을 가진 다윗에게는 들렸습니다.

하나님의 음성이 들립니까? 그 음성이 조용하게 들리기 때문에 듣지 못합니까? 아닙니다. 모든 사람이 느낄 수 있고 부인할 수 없도록 하나님의 말씀은 분명합니다. 마치 해가 청천 하늘에 떠오르는 것이 분명한 것처럼, 그리고 그것이 계속 유전하는 것처럼, 그것이 계속 충만한 것처럼, 조용하지만 가장 확실한 것처럼 하나님께서 해처럼 우리에게 분명하게 주십니다.

그래서 이렇게 말합니다. "하나님이 해를 위하여 하늘에 장막을 베푸셨도다. 해는 그 방에서 나오는 신랑과 같으" 얼마나 빛나고 당당하든지 "신랑과 같고", "그 길을 달리기 기뻐하는 장사같아서" 마라톤하러 갔다는 말입니다.

보무도 당당하게 달리는 마라토너 같아서 하늘 이 끝에서 나와서 하늘 저끝까지 운행함이여. 그 원기에서 피하여 숨을 자가 없다고 말씀하십니다. 어젯밤, 저처럼 에어콘이 없는 집 사람들은 좀 자기 힘들었을 것입니다. 토요일날 잠이 좀 빨리 들었으면 좋겠는데 또 설교를 여러 차례 계속 반복해야 되니까 될 수 있으면 피곤하지 않게 하려고 하는데 참 무덥습니다. 햇빛이 쨍쨍 내리 쬘 때에 그늘도 그 빛을 가리지 못합니다.

그처럼 하나님의 말씀은 태양처럼 분명하게 모든 사람에게 보편적으로 임합니다. 오늘도 하나님께서 우리에게 여러 부분과 여러 모양으로 말씀하십니다. 하나님께서 내 심령을 향해서 말씀하십니다. 하나님을 사랑하십니까? 그렇다면 여러분은 하나님의 음성을 들으실 수 있습니다.

순종하는 자의 특권

다윗은 하나님의 음성을 들을 줄 아는 사랑의 귀를 가졌습니다. 그런가 하면 다윗은 한걸음 더 나아가서 하나님을 사랑하므로 그 말씀을 순종했던 경험을 열매로 가지고 살았습니다. 그는 그랬기 때문에 말씀을 순종하는 자가 누리는 특권이 뭔지를 7절부터 이렇게 노래합니다.

"여호와의 율법은 완전하여 영혼을 소생케하고." 여기서 율법, 율례, 증거, 법도, 교훈 이런 여러 가지 말씀으로 표현했습니다. 이것이 모두 하나님의 말씀에 대한 다른 별칭입니다. 이것을 안지키면 죄가 된다고 생각해서 법, 법도, 율법, 이렇게 표현하기도 했고 이 말씀은 우리의 삶이 가장 따라야 된다는 규범이라는 뜻의 '교훈, 규범'이며 또한 이것은 가장 확실한 의미로 '증거', 이런 여러 가지 말로 표현했습니다.

이 모든 말을 제가 설명을 줄인 채 그 열매가 무엇인가를 설명해 보겠습니다. 여호와의 율법은 완전하여 첫째로 영혼을 소생케 합니다. 이 소생케 한다는 말은 회개케 한다는 말입니다. 또 이 말은 거듭나게 한다는 뜻입니다.

하나님의 말씀이 우리 영혼의 죄를 지적해 냅니다. 어두운 밤에는 깜깜해서 아무것도 볼 수 없었습니다. 방이 얼마나 어지러졌는지를 모릅니다. 밤이 모든 것을 품어버렸기 때문입니다. 그러나 동녘 하늘에 태양이 떠오르자마자 내 방의 더러움을 이것저것 발견하게 됩니다. 그때에 회개가 되고 그때에 인생을 이렇게 살아서는 안되겠다는 결심과 함께 하나님을 의지하는 거듭난 인생을 소원하게 됩니다.

말씀이 우리로 깨우칠 뿐 아니라 거듭나게 하는 씨가 된다고 말합니다. 베드로전서 1:23입니다. "너희가 거듭난 것은 썩어질 씨로 된 것이 아니요, 썩지 아니할 씨로 된 것이니 하나님의 살아있고 항상 있는 말씀으로 되었느니라." 이 말씀이 우리를 새로 태어나게 만듭니다.

어떤 좌절과 절망 속에서도 일으켜 세우고 격려해주시고 용기를 다시 허락해 주십니다. 하나님의 말씀을 붙잡아 본 사람은 이 의미가 무슨 뜻인지를 압니다. 두번째로 "여호와의 증거는 확실하여 우둔한 자로 지혜롭게 하며." 그냥 멍청하다는 우둔함이 아니고 원문을 보면 "열린 자에게" 그 뜻입니다. 마음이 열려있는 자에게 지혜를 준다고 합니다.

교회생활하면서 성도를 지도할때 참 답답한 것은 이 사람 참 나무랄데 없이 좋은 사람인데 말씀에 마음이 안 열리는 사람들을 볼 때 참 안타깝습니다. 앞뒤로 다 됐습니다. 그 사람은 법이 없어도 살것 같습니다. 그런데 말씀에 눈이 안뜨이고 말씀에 성숙이 없으면 그 사람도 불행하고 교회도 불행합니다. 그런 분들이 리더쉽을 갖게 되면 하나님의 뜻을 분별 못하니까 자기 생각대로 이야기하게 됩니다.

최대의 지혜라는 것은 내 지혜없음을 아는 것입니다. 그리고 참된 지혜이신 하나님을 의지하는 것이 참 지혜입니다. 학문은 우리에게 많은 지식을 줍니다. 그러나 지혜를 주지는 않습니다. 그래서 지식이 많은 지혜없는 사람이 우리 주변에 얼마든지 많습니다.

에이브러험 링컨은 말했습니다. 내가 오늘 이처럼 된 것은 켄터키 옛집을 떠날적에 우리 어머님께서―그 어머님은 사실은 계모였습니다―내게 들려준 성경책이 오늘 나를 만들었다고 대통령 당선된 직후에 기자회견때 그는 말했습니다. 성경 말씀이 그를 그처럼 지혜롭게 만들었습니다. 자기에게 지혜없음을 알았습니다. 하나님의 무궁한 지혜앞에 순복할줄 아는 지혜를 에이브러험 링컨은 가졌습니다.

레온 펠브스라는 사람은 이렇게 말했습니다. 그는 유명한 대학교수였는데 "나는 하나님 말씀이 없는 대학교육보다 대학교육이 없는 하나님의 말씀을 택하겠다." 왜 그렇습니까? 그 안에 참된 지혜가 있기 때문입니다.

그런가하면 여호와의 교훈은 정직하여 마음을 기쁘게 한다고 했습니다. 진정한 기쁨을 줍니다. 후회가 없는 기쁨을 줍니다. 어떤 기쁨은 기쁘지만 뒷맛이 씁쓸한 기쁨이 있습니다. 뒤끝이 안 좋은 기쁨. 하나님의 말씀은 언제나 뒤끝이 좋습니다. 해놓고 나면 보람이 있습니다. "참, 내가 얼마나 잘했는지 모르겠다." 무릎을 쳐야 됩니다. 그런 진정한 기쁨을 줍니다.

참된 진리는 영원한 현재

말씀을 순종하는 자는 어떨 때는 사람들에게 멸시를 받고, 어떨 때는 사람들에게 오해를 받아도 말씀에 같이 서 있는 사람에게는 세상이 감당못할 이상한 기쁨을 주십니다. 이것은 말씀을 순종해본 사람만이 아는 열매입니다. 네번째로 하나님의 말씀은 우리의 눈을 밝게 만듭니다. 사람들의 눈을 흐리게 만드는 것이 많습니다. 욕심이 눈을 흐리게 만듭니다. 볼것을 못보게 만듭니다. 편견이 바로 볼것을 바로 못보게 만듭니다. 이기심이 우리로 하여금 온전하게 자신을 못보게 만듭니다. 세상에 제일 모르는 것이 자신들입니다.

 어떤 사람이 한참 남을 비난하고 있으면 '저 논리를 자기에게 적용하면 할 말이 없을텐데' 그런데도 막 입에 거품을 물고 남을 나쁘다고 얘기를 합니다. 그 말을 자기 가정과 자기 삶에 적용하면 할 말이 없는 사람들이 자기를 안본다는 겁니다. 자기를 향해서는 눈이 어두워져 있습니다. 그러나 하나님의 말씀은 이기심에 사로잡히지 않습니다.

 자기 나라 영웅을 이야기할 때는 그 영웅의 약점을 말하지 않습니다. 우리나라의 영웅 가운데 이순신 장군은 무흠한 분입니다. 도무지 흠이 없습니다. 그래서 나는 그 기록을 믿을 수가 없습니다. 그런데 성경에는 그 위대한 인물인 아브라함의 약점이 유감없이 폭로되어 있습니다.

 다윗의 실수가 성경의 가장 아픈 기록으로 남아있습니다. 왜 그렇습니까? 정직한 말씀이기 때문입니다. 그 말씀 앞에 설때에 내 모습이 보입니다. 그런고로 말씀 앞에 서지 않는 인생이 자기 자신을 바로 볼 수 있다는 것은 있을 수 없다고 생각합니다. "너 자신을 알라" 해봐야 모릅니다. 하나님의 말씀 앞에 설때만이 나를 압니다. 그런가하면 하나님의 말씀은 영원까지 이른다고 말씀했습니다.

 이 말씀은 무슨 뜻입니까? 어느 때 어떤 사람, 어느 환경, 처지속에서도 진리라는 말입니다. 유행가 가사는 처음에는 달콤하지만 한참 듣다보면 유치하기 짝이 없습니다. 그러나 시인인 어떤 자매님과 시편을 가지고 얘기를 해본적이 있는데 시편을 읽을 때에는 시간이 정지된 것 같다는 느낌을 받는다는 얘기를 했습니다.

 무슨 말인가 하면 이 시가 3천년전 시입니다. 이때는 신라도, 백제도, 고구려도, 가야도 없던 때입니다. 이 나라의 정부 형태가 없었을 때 정말 호랑이 담배 먹던 청동기시대입니다. 이 시가 그때 시입니다. 그런데 이 시가 낡은 시라고 생각됩니까? 오늘 이 시간의 내 시 아닙니까?

 그래서 그분이 가르쳐준 말을 제가 인용하겠습니다. 우리의 시간은 마치 강물처럼 흘러갑니다. 시간개념입니다. 그러나 영원 개념은 바다같아서 이리저리 철썩거림밖에 없습니다. 참된 진리는 영원한 현재입니다. 아니, 우리 하나님 앞에서는 모든 사건이 흘러가는 시간이 아니라 영원한 현재입니다. 그래서 영원한 현재이신 하나님의 그 말씀에 내가 서면 당신의 말씀은 영원합니다라고밖에 말할 수 없습니다. 시간이 없어지기 때문입니다. 이 말씀을 붙잡고 살았던 사람 가운데 후회하는 사람을 본적이 있으십니까? 이 하나님의 말씀을 든든히 붙잡고 살았던 사람이 그 인생이 잘못되었다고 낙심하는 것을 본적이 있으십니까? 영원한 진리입니다.

이 말씀 앞에서 영원을 만납니다. 그런가하면 그 말씀은 언제나 다 옳습니다. "의로우니", 그렇습니다. 사람은 이것을 주장하면 저것이 틀립니다. 저걸 강조하고 있으면 이것이 부족한게 인생입니다. 하나님의 말씀은 끝이 안보입니다. 다 옳습니다. 아멘입니다. 그 열매를 그는 기뻐합니다. 계속해서 그는 노래합니다.

"여호와를 경외하는 도는 정결하여 영원까지 이르고 여호와의 규례는 확실하여 다 의로우니 이 말씀이 금 곧 많은 정금보다 더 사모할 것이며 꿀과 송이꿀보다 더 달도다."

제가 시편을 연구하면서 여러 주석을 볼 때 실망을 많이 했습니다. 왜냐하면 시를 모르는 사람들이 그냥 문장 분석적으로 주석을 썼기 때문에 교훈집 정도로 모두 전락을 시켜서 설명만 많이 해놓았지 무슨 소리인지 모르겠어요. 그런데 시편이 시라고, 제가 읽으면서 느낀건데, 그 느낌을 확인한 것이 C.S.루이스라는, 제가 좋아하는 옥스포드대학 문학교수의 「시편 탐구」라는 조그마한 책이었습니다.

아, 맞구나. 시란 말야, 시. 교훈이 아니라 시란 말입니다. 우리 마음의 감성을 하나님 앞에 드러냅니다. 그런데 그분의 글들이 내게 참 좋았는데 그분이 이해 못한 것이 있었습니다. 무엇인고 하니 이 말씀이 율법인데 당시에, 율법이 송이꿀보다 달도다, 그것을 자기는 이해할 수 없다고 했습니다. 저는 이해가 됩니다. 어떻게 이해가 됩니까? 사랑하는 사람의 음성을 듣는 것은 송이꿀보다도 답니다.

멀리서 자식의 전화 목소리가 들립니다. 늙으신 부모님은 세상의 어떤 것보다도 답니다. 사랑하는 자식의 음성, 세상의 어떤 것이 그보다 답니까? C.S.루이스가 불행하게도 예수 믿고나서 결혼 안하기로 평생 작정을 했기 때문에 자식이 없었고 사랑하는 사람이 없었습니다. 그런고로 '송이꿀보다 달도다' 사람을 사랑할 때에 그 음성마저도, 그 발걸음 마저도 달콤한 것을 몰랐습니다. 그래서 연애 안해본 사람하고 인생을 말하는 것은 어렵습니다. 송이꿀보다 단 그말씀, 그는 이렇게 말합니다.

11절입니다. "이로 경계를 받고 이를 지킴으로 상이 크니이다" 이 말씀으로 내가 인생의 디렉션을 삼아서 나아갔더니 상이 너무 큽니다. 정말 다윗의 생애가 상이 컸습니까? 그렇습니다.

이 세상의 역대 모든 사람 가운데 다윗보다 더 찬란하고 다윗보다 더 멋지고 다윗보다 더 영광스럽고 다윗보다 귀한 생애, 보람있는 생애를 산 사람 있으면 나와보라 그러세요. 없습니다. 시인중의 시인이고, 장군중의 장군이고, 대왕중의 대왕이고, 음악가중의 음악가이고, 부자중의 부자이고, 자식을 가진 중에 솔로몬 같은 그처럼 멋있는 자식이 있고, 한 사람이 이처럼 멋있게 많은 것을 한꺼번에 누리고 산 사람은 없습니다. 만약 다윗이 밧세바와 범죄만 없었다면 요셉의 생애가 그를 따르지 못합니다. 다니엘도 비교가 안됩니다. 사무엘도 비교가 안됩니다. 만약 그 범죄만 없었다면 정말 하나님 앞에 너무 교만할뻔 했어요. 도무지 흠이 없는 인생, 가장 멋진 인생, 하나님을 향해서 불타는 인생, 그는 그 말씀 속에서 내가 이렇게 되었다고 말합니다.

이 말씀을 내가 지켰습니다, 송이꿀보다 더 달게. 모든 사람이 돈을 좋아합니다. 그러나 나는 우리 주님을 더 사모했고, 많은 사람들이. 사실은 먹기 위해 삽니다. 이 맛에 대해서 예민한 감각력을 가지고 어릴 때부터 죽을 때까지 맛을 구가하면서 사는 것이 인생인데—그때 당시에 가장 맛있는 것은 꿀이었습니다—그 꿀보다 당신의 말씀이 내게 더 답니다. 그랬더니 그 말씀을 지킴으로 내가 이런 큰 상급을 받고 있습니다.

오늘날도 마찬가지입니다. 예수 그리스도 안에서 멋지게 주의 말씀을 순종하고 사는 사람들의 빛남, 그 말씀이 그를 지배하는 인생에게 다윗이, 알렉산더가 비교되겠습니까? 줄리어스 시저가 비교되겠습니까? 징기스칸입니까? 나폴레옹입니까?

그가 조그만한 나라 팔레스타인 유다왕국의 왕이 되었을 때는 문명의 2대 발상지중의 하나인 북쪽의 바빌로니아와 남쪽 이집트가 빛을 잃었습니다. 그래서 역사책은 고대 중동지방의 암흑시대라고 말하기까지 합니다. 그때 다윗이 세력을 확장했습니다. 그를 비교할 사람은 세상에 없습니다. 하나님께서 그에게 그런 상급을 주셨습니다.

그는 하나님의 말씀 속에서 기쁨을, 축복을, 은총을 누리고 있습니다. 그러나 그에게 두려운 것이 하나 있었습니다. 그것은 하나님의 말씀을 불순종하는 죄입니다. 죄라는 것은 윤리적으로, 내가 이것 잘못했다 저것 잘못했다, 간음했다, 거짓말했다 이것이 죄가 아닙니다. 그것은 죄의 증상입니다. 죄는 하나님의 말씀에 불순종하는 것입니다. 내가 죄 안 졌다는 것은 하나님의 말씀을 모르기 때문입니다. 그는 자기가 사랑하는 하나님께 당신의 말씀이면 무엇이든지 하겠습니다라는 말과 반대되는 하나님의 말씀을 거스르는 그 죄, 그것을 싫어했습니다.

다윗의 간구

그는 두 가지로 죄가 자기에게서 없어지기를 간구했습니다. 12절입니다. "자기 허물을 능히 깨달을 자 누구리요 나를 숨은 허물에서 벗어나게 하소서." 내가 모르고 짓는 죄에서 나를 건져 주시옵소서입니다. 보호해 주시옵소서입니다. 우리들은 내가 무지하고 잘 모르기 때문에 죄를 범해놓고 죄인줄 모를 때가 많습니다.

그런가하면 의도적으로 마음이 교만해서 하나님께 항거하는 죄에서 구해달라고 말합니다. 13절입니다. "또 주의 종으로 고범죄를 짓지 말게 하사." 이 고범죄라는 말은 의도적으로 짓는 죄입니다. 원래는 교만이 만들어내는 죄라는 뜻을 가졌습니다. 하나님의 말씀을 불순종하고 거스르면서 내가 하나님인 것처럼 최후의 명령자인 것처럼 살면서 짓는 그 죄에서 나를 건져달라고 말합니다. 그 죄가 나를 주장치 못하게 하소서. 유혹이 한번 내리누르면 숨막힐 정도로 사람을 괴롭힙니다. 그래서 나는 약합니다. 오! 주여, 나로 하여금 이 죄에 무력하게 무너지지 않게 하시고 죄가 나를 주장하지 않도록 붙잡아 주시옵소서. 그리하면 내가 큰 죄과에서 벗어나겠나이다. 하나님 앞에 그는 고백하고 있습니다.

하나님의 사람은 사랑하는 하나님의 음성을 듣습니다. 자연을 보면서도 하나님의 음성을 듣습니다. 나를 향해서 말씀하신 무수한 소리에 귀를 기울입니다. 조용한 소리에 귀를 기울입니다. 항상 나를 향해서 흘러온 소리를 놓치지 않습니다. 충만하게 내 마음을 채우는 그 말씀을 듣습니다. 그리고 그 말씀을 순종하면서 말씀이 주는 지혜와 말씀이 주는 밝음과 말씀이 주는 온전함과 말씀이 주는 상급을 누립니다. 그리고 그는 하나님의 말씀을 불순종하는, 하나님의 말씀을 거역하는 그 죄에서 늘 벗어나게 해달라고 기도하고 있습니다.

그리고는 그는 마지막으로 이렇게 말합니다. "나의 진심이 당신에게 알려지기를 원합니다." 저는 이렇게 멋없이 말했지만 다윗이 자기가 사랑하는 하나님께 어떻게 고백했는가를 같이 읽어보겠습니다. "나의 반석이시요 나의 구속자이신 여호와여 내 입의 말과 마음의 묵상이 주의 앞에 열납되기를 원하나이다." 내 진심을 받아주소서, 그 정도가 아니라 내 마음의 말과 내 마음의 묵상이 주님 앞에 알려지기를 원합니다.

이 말 쉽게 할 수 있습니까? 이렇게는 쉽게 됩니다. "주여, 내 입술의 말은 열납해 주시고 내 마음은 보류해 주소서." 어떻습니까? 사랑하는 그분에게 자기 진심이 드려지기 원하는 하나님을 사랑하는 다윗, 다윗은 하나님을 사랑하므로 그 인생이 빛났습니다. 말씀의 광채는 다윗을 만들었습니다. 오늘도 하나님의 말씀의 권능은 다윗을 그처럼 능하게 하신 권세있는 손으로 모든 인생을 다윗처럼 빛나게 해주실 것을 믿습니다.

다윗처럼 주의 말씀을 사모하십시오. 다윗의 인생만 그렇게 불을 밝힌 것이 아닙니다.

어떤 성경 보급원이 프랑스 툴론에서 성경을 나눠주고 있었습니다. 그때 마침 크리미아 전쟁을 하려고 나가는 군인들이 지나갔습니다. '누구든지 성경을 받을 사람!' 하고 외치니까 그 군인중의 하나가

"어이, 여보시오. 성경 한권 주시오."

받아가더니 성경을 펴보며 하는 말이

"담배말기 좋은데." 그래서 줘놓고 후회했습니다. 이 성경이 갈기갈기 찢겨서 담배말이가 되다니. 그분이 1년 후에 어느 조그마한 마을을 여행하다가 한 집에 들렀습니다.

그런데 며칠 전에 그집 아들이 죽은 슬픈 얘기를 듣게 되었습니다. 크리미아 전투에서 너무 큰 부상을 입어 돌아왔는데 한 6개월 치료받다가 그냥 세상을 떠났다는 것입니다. 그러면서 성경보급원에게 이렇게 말씀했습니다.

"나는 지금 아들로 인해서 큰 위로를 받고 있습니다. 내 아들은 아버지와 나를—어머니의 이야기입니다—위로해 주고 죽는 순간까지 그 가슴에는 평화가 넘쳤고 행복한 웃음이 있었습니다."

성경보급원이 물었습니다.

"어떻게 그렇게 될 수 있었습니까?"

"내 아들이 항상 품에 지니고 있었던 이 작은 책을 내가 발견했습니다."

그리고 그 비밀을 알게 되었습니다. 보니까 자기가 여러 사람 가운데 툴

론에서 한 군인에게 준 것과 같은 종류의 책입니다. 그런데 그 성경갈피 안에 이런 글이 써 있었습니다.

"툴론에서 받음. 나는 이 책을 처음에는 멸시하고 무시했다. 그러나 그것을 읽고 믿었고 드디어 구원의 길을 발견함. 여호와의 말씀은 꿀보다 달다. 이것을 지킴으로 상급이 많도다."

그는 세상을 떠나면서도 세상이 감당못할 평화를, 기쁨을, 행복을 안고 운명했습니다. 우리가 아무리 멋지게 인생을 산다할지라도 임종이 틀렸으면 그 인생은 틀린 인생입니다. 그 군인은 죽음마저도 빼앗을 수 없는 그 평화를 간직한 채 우리 주님 앞에 갈 수 있었습니다.

하나님을 사랑하십니까? 여러분의 생애는 하나님을 사랑하는 것만큼 감격이 있을 것입니다. 하나님을 사랑하는 것만큼 기쁨이 있을 것입니다. 하나님을 사랑하는 것만큼 보람이 있을 것입니다. 하나님을 사랑하는 만큼 그의 말씀을 사모할 것이고 그 말씀을 지키는데 기쁨이 있을 것이고 하나님을 사랑할 때에 하나님께서 그의 인생을 빛나는 상급으로 높여줄 것입니다.

제 16 장
참된 회개

"하나님이여 주의 인자를 좇아 나를 긍휼히 여기시며 주의 많은 자비를 좇아 내 죄과를 도말하소서 나의 죄악을 말갛게 씻기시며 나의 죄를 깨끗이 제하소서 대저 나는 내 죄과를 아오니 내 죄가 항상 내 앞에 있나이다 내가 주께만 범죄하여 주의 목전에 악을 행하였사오니 주께서 말씀 하실 때에 의로우시다 하고 판단하실 때에 순전하시다 하리이다 내가 죄악 중에 출생하였음이여 모친이 죄 중에 나를 잉태하였나이다."

— 시편 51:1 ~ 5

이 세상에는 논리로 설명되지 않는 이율배반이라는 아이러니가 있습니다. 예를 들면 사람들은 평화를 목적으로 해서 전쟁을 합니다. 이 평화라는 개념과 전쟁이라는 개념은 서로 상반됩니다. 그런데 평화를 위해서 전쟁을 합니다. 또 하나의 이율배반은 세상 모든 사람은 다 선을 좋아합니다. 그럼에도 불구하고 이 세상은 악으로 가득 찼다는 사실입니다.

사람들이 죄에 대해서 이야기하면 세상에 죄가 없고 실수만 있을 뿐이라고 말합니다. 그렇지 않습니다. 인간이 죄인인 증거는 도처에서 찾을 수 있습니다. 우리 사랑하는 자녀에게 한번도 거짓말하라고 가르친 적이 없습니다. 학교에서도 가르친 적이 없고 부모도 가르친 적이 없습니다. 그런데 아이들은 거짓말을 합니다. 아이들은 서로 싸우고 살의가 번득거리는 질투를 합니다.

왜 그렇습니까? 죄인이기 때문입니다. 죄를 범했기 때문에 죄인이 아니라 죄인이기 때문에 죄라는 열매를 맺습니다. 포도는 포도를 열매맺고, 사과는 사과를 맺고, 배는 배를 열매맺습니다. 죄인인 인생은 죄의 증거를 계속 밖으로 뿜어냅니다.

사람들은 또 이렇게 질문합니다. 무수한 여러 종류의 죄가 있을 것 아닙니까? 큰 죄도 있고 작은 죄도 있습니다. 마하트마 간디, 슈바이처처럼 깨끗한 사람도 있는데 세상 모든 사람이 죄인이라는 말입니까? 이런 질문을 받습니다. 그렇습니다. 모두 죄인입니다.

바다 속에는 지극히 작은 단세포 동물로부터 시작해서 포유류인 고래까지 삽니다. 크고 작은 것이 많이 있습니다. 그러나 바다 속에 있는 모든 동물의 한 가지 공통점은 바닷물에 살아야 한다는 사실입니다.
　이와 같이 모든 인생은 죄 안에 갇혀 있습니다. 성경은 말합니다. "의인은 없나니 하나도 없도다", "모든 사람이 죄를 범하였으매 하나님의 영광에 이르지 못하더니."

하나님의 목표에 미달인 죄

　다윗의 생애에서도 이 죄 문제가 심각하게 떠오른 때가 바로 시편 51편을 지을 때입니다. 그는 성경이 가르쳐준 죄에 대해서 잘 알았습니다. 죄라는 것은 이미 범해버린 돌이킬 수 없는 형태로 나타난 죄과가 있는 줄 알았습니다. 이것은 시편 32편에 허물이라는 말로 다르게 번역되었습니다. 같은 단어입니다. 이미 하나님을 반역해서 범해버린 죄입니다.
　그런가하면 두번째로 죄악이라는 단어가 있는데 이 단어는 하나님의 목표에 미달인 죄입니다. 하나님께서는 인생은 이렇게 살라고 명령했습니다. 그런데 사람들은 미달입니다. 그런가하면 내 삶 속에 부패한 형질로 있는 죄, 나타나지는 않은 채 내 삶의 한 부분으로 붙어 있는 본질상 부패한 형태가 우리 속에 웅크리고 있습니다.
　다윗은 이것을 잘 알았습니다. 그러나 다윗은 죄를 인정할 수 없었습니다. 왜냐하면 그는 어렸을 때 베들레헴 골짜기를 뛰어다닐 때 그는 하나님의 마음에 합한 인생으로 뛰놀았기 때문입니다. 사무엘이 그 일곱 형을 볼 때 하나님께서 인정해주지 않았습니다마는 이 어린 소년이 목동으로서 양을 치고 집에 돌아올 때 그의 마음에 하나님께서 기뻐하셨던 고로 그를 세우시고 기름으로 그 머리에 부어주셨습니다.
　그 다음 그는 국가를 위해서 싸운 죄밖에 없는데 질투하는 사울왕에게 이리 쫓기고 저리 쫓깁니다. 자기에게 고통을 주고 핍박을 줄 때에도 그는 죄를 범하지 않았습니다. 그런가하면 그는 왕국의 왕이 되어서 온 왕국을 평정한 다음에도 국가를 평안하게 인도하면서 죄를 범하지 않았습니다. 그리고 그는 하나님의 법괴를 예루살렘에 안치했고 하나님을 위해서 아름다운 성전을 지어드릴 생각을 마음 속에 가졌습니다. 하나님께서 받지 않았습니다마는 그는 하나님의 성전을 짓는 일에 마음을 쏟았습니다.

또한 자기에게 은혜를 베풀었던 사람, 요나단의 후손을 찾아다가 자기 왕국의 식탁에 앉혀놓고 은혜를 갚았습니다. 다윗의 생애는 아무런 잘못이 없었습니다. 승승장구의 삶을 살았습니다. 죄라는 단어는 이 다윗에게는 멀리 떨어진 개념으로 생각되었습니다.

그런데 어느날 다윗은 죄를 범했습니다. 목욕하는 한 여인을 보게 됩니다. 그 여인을 데려다가 범합니다. 그리고 자기 죄를 은폐하기 위해서 그는 충성스러운 우리야를 전쟁터에 내보내서 죽였습니다. 그의 모든 거사는 성공했습니다. 모두 끝났습니다. 이제 자기가 그처럼 사랑했던 밧세바를 자기 집으로 데려왔습니다. 끝이었습니다.

그러나 하나님께는 끝이 아니었습니다. "다윗의 소위가 여호와 보시기에 악하니라." 기록되었습니다. 하나님께서 나단을 보냈습니다. 나단이 다윗을 만나서 이렇게 말합니다. "한 마을에 부자와 가난한 자가 있었습니다. 부자는 소떼와 양떼가 많았습니다. 가난한 사람은 다른 것은 없고 유일하게 어린 양 하나를 키우면서 자식이 없기 때문에 자기 자녀처럼 애지중지하면서 키웠습니다. 부자가 자기 집에 손님이 오자 그 수많은 양 중 한 마리를 잡는 것이 아까워서 이웃 집의 한 마리의 어린 양을 잡아다가 손님을 대접했습니다."

여기까지 이야기가 진행되자 다윗은 노발대발하였습니다. "아니 세상에 어느 놈이 내가 다스리는 나라에서 그런 무법한 일을 할 수 있단 말인가? 당장 그 자를 처단하라." 하자 하나님의 사람 나단은 말합니다. "당신이 바로 그 사람입니다." 그 때 다윗은 그 말씀 앞에 "내가 여호와 앞에 범죄했습니다." 이렇게 사무엘하에 기록되어 있습니다.

그런데 그가 범죄하였을 때에 이 아름다운 참회의 시로 하나님 앞에 자기의 죄를 진정으로 회개하고 있습니다. 그는 죄를 알았습니다. 죄를 미워했습니다. 그런데도 자기가 죄인이라는 사실을 하나님께서 지적할 때까지는 몰랐습니다. 하나님께서 지적하자 그는 하나님 앞에서 자기의 죄를 자복했습니다. 이것을 성경은 회개라고 말합니다.

여러분, 회개함이 없이는 하나님 앞에 나아갈 수 없습니다. 회개함이 없이는 하나님의 영광을 깨달을 수 없습니다. 회개함이 없이는 복음의 영광을 알 수 없습니다. 만약 여러분이 중심의 회개가 없다면 다른 종교에서 기독교로 전향한 것이지 하나님의 자녀로 새롭게 태어난 자가 아닙니다. 회개 없이, 죄의 용서 없이 그리스도의 십자가는 필요없습니다. 그리스도의 십자가 없이는 하나님을 아바 아버지라고 부를 수 있는 사람이 없기 때문입니다.

성경은 진실로 회개하는 자가 어떻게 회개할 것인지를 가르쳐 줍니다.

첫째로, 자기 죄를 인정하는데서부터 시작합니다. 3절에서 다윗은 이렇게 말합니다. "대저 나는 내 죄과를 아오니 내 죄가 항상 내 앞에 있나이다." 내가 이미 범해버린 죄가 내 앞에 있습니다. 내가 그것을 압니다. 자기 자신을 바라보고 있습니다. 자기가 하나님 앞에 이미 반역해서 저지른 죄를 보고 있습니다.

사랑하는 성도 여러분, 자기 자신을 직시해서 본다는 것은 고통스러운 것입니다. 이 세상에 가장 수치스러운 지식이 있다면 그것은 자기 자신에 관한 지식입니다. 어쩌면 그렇게 하나님의 말씀을 불순종하기를 좋아하는 나인지, 어쩌면 그다지 간사한지, 어쩌면 그렇게 나는 못된 것만을 즐기는지…

내가 나를 바라볼 때마다 아픕니다. 그래서 사람들은 자신을 보기 싫어합니다. 자기 죄가 지적될 때 외면합니다. 하나님을 향해서 범죄했던 것을 기억 밖으로 몰아냅니다. 내가 나를 보기 싫어서 텔레비전을 아침부터 저녁까지 봅니다. 나를 생각하지 않습니다. 다윗은 자신을 바라보았습니다.

여호와여, 내가 주님께 죄를 범했습니다. 내가 내 죄과를 압니다. 내 죄가 내 앞에 있었습니다.

여러분, 자신을 바라보십니까? 내가 어떤 사람이고, 내 삶의 스타일이 어떤지를 잠을 자지 않으면서 바라보고 계십니까? 그래서 도망갑니다. 어디로 도망을 갑니까? 다른 사람의 평판으로 도망갑니다. "당신 같은 사람이면 괜찮은데 왜 그렇게 고민하십니까?" 당신 같이 선한 사람이 어디 흔하냐, ○○와 비교해 보라고 합니다. 그래서 우리에게 편안을 줍니다. 그러나 평안은 아닙니다. 단지 편안일 뿐입니다. 다윗은 하나님 앞에서 자기 자신을 들여다 보면서 죄를 인정합니다. "내 죄과를 아오니."

두번째로, 다윗은 이 죄악이 하나님의 목전에서 행한 것임을 고백합니다. 그래서 그는 4절에 이렇게 말합니다. "내가 주께만 범죄하여 주의 목전에 악을 행하였사오니." 밧세바와 범죄한 것이라고 이야기해야 합니다. 내가 당신에게 참으로 잘못했다고 해야 합니다. 물론 미안감을 갖지 말라는 이야기는 아닙니다. 또 우리야가 나 때문에 무고하게 죽었다고 말할 수 있습니다. 아니, 그를 따라다녔던 졸개들은 죄 없이 죽었다고 할 수 있을 것입니다. 이처럼 그들에게 잘못했다고 말해야 했습니다.

뿐만 아니라 자기 백성들을 속였기 때문에 내 백성들에게 죄를 범했다고 말해야 합니다. 그런데 그는 이렇게 말합니다. "내가 주께만 범죄하여 주의 목전에 악을 행하였사오니." 자기가 자기 자신을 바라보니까 하나님께서 명령하신 십계명 중 사람에 관한 범죄를 한꺼번에 다 범해버린 것입니다. 하나님의 명령을 어겼습니다. 반역했습니다.

그것뿐만 아니라, 다윗의 감정입니다. 다윗은 하나님을 사랑했습니다. 누구보다도 하나님을 사랑했습니다. 내가 수치스러운 일을 만날 때에, 내가 잘못했을 때에 가장 미안한 사람이 바로 가장 사랑하는 사람입니다. 아내를 사랑하는 사람은 내가 아내볼 면목이 없다고 말할 것입니다. 자식을 뜨겁게 사랑하는 사람은 어떤 사고가 나서 수치를 당할 때에 내가 자식을 보지 않고 죽었으면 좋겠다고 말합니다.

변명하지 않는 회개

다윗은 하나님을 사랑했습니다. 그랬기에 그는 "내가 여호와의 목전에 서만 악을 행하였사오니." 내가 그처럼 사랑하고 좋아하는 하나님께 욕을 돌린 것을 참으로 가슴 아프게 생각합니다. 사랑하는 자의 사랑의 깊은 고백입니다.

자기 양심에 따라 아파하는 아픔과 하나님 앞에 죄를 고백하는 것이 있습니다. 다윗이 내가 여호와께만 범죄하였사오니 하고 주님 앞에 고백한 것은 회개입니다. 다윗은 자기가 죄인인 것으로 끝내지 않고 여호와 앞에 참으로 죄인인 것을 자백하고 하나님의 영광을 가린 것을 가슴 아프게 생각하고 있습니다.

세번째로, 그는 회개할 때 변명하지 않습니다. 이렇게 말합니다. "주께서 말씀하실 때에 의로우시다 하고 판단하실 때에 순전하시다 하리이다." 이것은 무슨 말입니까? 네 집에서 칼이 떠나지 않겠다고 말씀하십니다. 네 범죄로 말미암아 하나님의 징벌이 네 위에 있겠다고 말씀하고 있습니다. 다윗은 말합니다. 당신의 판단은 늘 옳습니다. 내게 아픔을 주고 형벌을 주어도 그 형벌은 옳은 것입니다. 이런 뜻도 있을 수 있습니다. 당신이 나를 지옥으로 보내신다 한들 그곳은 내가 가야 될 자리라고 생각합니다. 변명하지 않습니다.

지난 번 대통령 선거가 끝나고 대통령 후보자 중 한 사람이 이렇게 사과를 했습니다. '만약 이번 선거가 두 사람이 나누어져 선거를 했기 때문에 진 것이라면 내가 사과합니다.' 여러분, 이것은 사과가 아닙니다. 말장난입니다. 이것은 평계를 대는 것입니다. 그것이 참으로 이 민족의 슬픔이라고 생각합니다. 민족의 지도자라고 자처하는 사람들이 참회도 모른다는 것은 참 슬픈 일입니다.

그런데 문제는 그 사람들만 참회를 못하는 것이 아니라 우리들도 참회를 못합니다. 항상 변명합니다. 내가 그처럼 실수한 것은 아무개 때문입니다. 환경 때문입니다. 여건이 그럴 수밖에 없었습니다. 자기가 자기를 위로합니다. 남에 대해서는 가혹해도 자신에 대해서는 한없이 용납해 버립니다. 많은 변명으로 그렇게 합니다.

그러나 다윗은 그러지 않았습니다. 당신의 판단은 옳습니다. 내가 죽일 놈입니다. 내가 없어져야 할 놈입니다. 그러면서 그는 자기 삶을 직시한 다음에 이 죄악이 어디에서 왔는가를 살펴봅니다. 그리고 그는 드디어 큰소리로 이렇게 말합니다. 5절입니다. "내가 죄악 중에 출생하였음이여 모친이 죄 중에 나를 잉태하였나이다." 내 본성이 악합니다. 어쩌다가 잘못된 실수가 아닙니다. 내게 부패한 형질이 그대로 있습니다. 내가 악한 사람입니다 라고 고백하는 것입니다.

우리들은 자기 자신의 악을 인정하려고 들지 않습니다. 남의 죄에 대해서는 지극히 적은 과실도 그처럼 예리하지만 나에 대해서는 늘 풍성합니다. 여유가 있습니다. 다윗은 정반대였습니다. 그의 생애에 수많은 용서를 봅니다. 태어날 때부터 죄인입니다. 악한 성품을 가졌습니다. 우리 하나님 앞에 자백하고 있는 다윗의 모습을 봅니다.

사랑하는 성도 여러분, 우리가 이처럼 죄를 깨닫습니다. 자기를 직시하면서 자기의 본 모습을 봅니다. 그리고 그것이 하나님 앞에 죄인 것을, 하나님 앞에 범죄인 것을 인정합니다. 그리고 하나님께서 그 죄에 대한 판단을 그대로 받습니다. 한걸음 더 나아가서 자신 자체가 더러운 죄인인 것을 알게 되었습니다.

다윗은 그것으로 끝나지 않았습니다. 그 죄를 가지고 은총의 보좌 앞에 나아갔습니다. 그래서 그는 이렇게 외칩니다. "하나님이여, 주의 인자를 좇아 나를 긍휼히 여기시며 주의 많은 자비를 좇아 내 죄과를 도말하소서. 나의 죄악을 말갛게 씻기시며 나의 죄를 깨끗이 제하소서."

그는 죄를 지었습니다. 한탄하고 있습니다. 자신의 약한 모습을 고백하고 있습니다. 그것으로 끝나지 않습니다. 아버지 하나님 앞으로 나아갑니다. 하나님 앞에 용서를 구합니다.

사랑하는 성도 여러분, 여러분이 죄를 범하였습니까? 여러분 삶 속에 실수와 실패가 있습니까? 내 속에 있는 악을 보십니까? 그럴 때마다 은총의 보좌 앞에 나아가십시오. 우리는 다윗보다 더 풍성한 용서를 가지고 있습니다. 갈보리 언덕을 올라가보면 나의 죄가 처단된 십자가를 봅니다. 내 죄가 동이 서에서 옮기워진 놀라운 하나님의 용서를 만납니다. 죄가 나를 주장하지 못하는 용서의 승리를 경험합니다.

죄는 두 가지로 해결됩니다. 하나는 그 죄가 처단되든지 즉, 그 죄 값을 받든지 그렇지 않으면 내가 그 죄 지은 사람으로부터 용서를 받든지입니다. 십자가에서 두 가지 사건이 동시에 일어났습니다. 내가 지은 죄가 십자가 위에서 처형되었습니다. 그리고 내가 지었던 그 죄는 하나님으로부터 용서를 받았습니다.

다윗은 이 용서의 기쁨을 평생 노래하면서 주께서 내게 인자와 긍휼로 관을 씌우시고 이 못된 나를 처치하지 아니하시고 홀대하지 아니하시고 왕관보다 더 복된 관을 씌우시고 인자와 긍휼의 눈으로 내 생애를 보신 하나님을 찬양합니다. 시편 103편의 노래입니다.

주님 앞에 나아가면 어떤 죄든지 용서함을 받습니다. 만일 우리가 우리 죄를 자백하면 저는 미쁘시고 의로우사 우리 죄를 사하시고 우리를 모든 불의에서 깨끗게 해주신다고 성경은 말씀하고 있습니다.

시편 31:5에 "내가 이르기를 내 허물을 여호와께 자복하리라 하고 주께 내 죄악을 아뢰고 내 죄악을 숨기지 아니하였더니 곧 주께서 내 죄악을 사하셨나이다." 그 앞에 나아갔더니 동이 서에서 먼 것처럼 죄를 용서해주셨습니다.

십자가를 의지함

모든 인생은 죄인인입니다. 그런데 사람들은 자기가 죄인인 것을 깨닫지 못하다가 밝은 주의 빛 앞에서 자기가 죄인인 것을 깨닫고 십자가 앞에 나아갑니다. 죄의 깨달음이 없이 십자가는 필요가 없습니다. 십자가는 죄를 해결한 유일한 하나님의 방법입니다. 내가 죄인인 줄을 알 때에 십자가를 의지하게 되고 십자가를 의지해서 하나님 앞으로 나아갑니다. 갈보리 언덕으로 나아가십시오. 널리 용서하실 것입니다. 어떤 죄를 지었다 할지라도 하나님은 용납하실 것입니다.

그것 뿐만 아니라 오늘까지 내가 살아오면서 눈에 띄게 큰 죄를 범하지 않았다고 생각하는 사람들이 있습니까? 만약 그것이 사실이라면 그것은 죄를 지은 사람을 멸시하기 위한 여러분의 생애가 아니라 하나님의 은혜가 여러분을 붙잡은 증거입니다. 그 은혜를 감사하십시오. 다윗 같은 사람도 하나님의 은혜가 떠나자 무너졌는데 나 같은 것이 무슨 힘을 쓰겠습니까? 지금까지 큰 죄를 범하지 않았다면 찬송하십시오. 기뻐하십시오. 감사하십시오. 그것이 죄를 지은 다른 사람을 향한 멸시의 조건이 될 수 없습니다.

다윗의 생애를 생각해 보고 제가 이런 생각도 해 보았습니다. 만약에 다윗의 생애에 밧세바 사건이 없었으면 어떻게 되었을까? 얼마나 멋진 삶입니까? 천사같은 삶입니다. 만약 그 사건만 없었다면 성경의 어떤 인물도 다윗과 비교할 수 없습니다. 그래서 다윗이 자기가 죄인이라는 사실을 인정하지 않을 뻔 했습니다. 죄 지은 것은 이미 잘못된 것입니다.

그러나 다윗은 그 속에서 연약한 인생인 것을 보게 되고 그렇기 때문에 하나님의 인자와 긍휼을 구해야 될 죄인인 것을 깨닫게 되었습니다. 그 때부터 다윗의 생애는 거룩을 향해 나아갑니다. 그 이전에는 멋있는 생애였습니다. 그 이전에는 용감한 생애였습니다. 그 이전에는 걸작의 삶이었습니다. 그러나 이 범죄 후에 다윗은 자기 죄를 계속해서 참회하면서 거룩으로 나아가는 삶을 시작합니다.

사랑하는 성도 여러분, 다윗을 이 범죄에서 승리케 하시는 하나님의 은혜를 찬양하십시다. 그 은혜가 나를 붙잡으면 내가 승리의 삶을 살 수 있습니다.

내 생애를 하나님께서 오늘까지 실수 없게 살게 하셨다면 하나님의 은혜를 감사하십시오. 그것은 여러분의 노력이 아닙니다. 여러분의 성품이 아닙니다. 여러분의 경험과 능력이 아닙니다. 하나님의 지켜주심과 보호하심입니다. 그 보호하심을 찬송하십시오. 그리고 오늘 이 시간에도 내 마음에 주의 말씀이 죄악을 지적하시면 갈보리 언덕으로 나아가시기 바랍니다. 널리 용서하십니다. 은혜를 베푸십니다. 승리의 삶을 허락하실 것입니다.

제 17 장
하나님을 의지함

"하나님이여 나를 긍휼히 여기소서 사람이 나를 삼키려고 종일 치며 압제하나이다 나의 원수가 종일 나를 삼키려 하며 나를 교만히 치는 자가 많사오니 내가 두려워하는 날에는 주를 의지 하리이다 내가 하나님을 의지하고 그 말씀을 찬송할지라 내가 하나님을 의지하였은즉 두려워 아니하리니 혈육있는 사람이 내게 어찌 하리이까 저희가 종일 내 말을 곡해하며 내게 대한 저희 모든 사상은 사악이라 저희가 내 생명을 엿보던 것과 같이 또 모여 숨어 내 종적을 살피나이다 저희가 죄악을 짓고야 피하오리이까 하나님이여 분노하사 뭇 백성을 낮추소서 나의 유리함을 주께서 계수하셨으니 나의 눈물을 주의 병에 담으소서 이것이 주의 책에 기록되지 아니하였나이까 내가 아뢰는 날에 내 원수가 물러가리니 하나님이 나를 도우심인 줄 아나이다 내가 하나님을 의지하여 그 말씀을 찬송하며 여호와를 의지하여 그 말씀을 찬송하리이다 내가 하나님을 의지하였은즉 두려워 아니하리니 사람이 내게 어찌 하리이까 하나님이여 내가 주께 서원함이 있사온즉 내가 감사제를 주께 드리리니 주께서 내 생명을 사망에서 건지셨음이라 주께서 나로 하나님 앞 생명의 빛에 다니게 하시려고 실족지 않게 하지 아니하셨나이까."

— 시편 56편

1933년 3월 4일, 미국이 경제 불황의 무서운 소용돌이가 끝을 모르는 상태로 극에 달해 있을 때에 새로 선출된 프랭클린 루즈벨트는 지금 미국의 당면한 최대의 문제는 경제가 아니라 공포라고 생각했습니다. 취임 연설에서 그는 "우리가 두려워해야 할 가장 큰 적은 공포 자체"라고 했습니다. 경제적인 위기로 이제는 미국이 소생할 수 있을까 하였고, 세계 경제 질서는 회복불능이 아닐까 하는 두려움에 처해 있을 때였습니다. 이런 때에 한 젊은 청년이 굳게 서서 그 모든 가능성 중에 공포라는 적을 향해서 돌진해 간 모습을 우리는 기억합니다.

이 말은 원래 루즈벨트 생각만은 아닙니다. 프란시스 베이컨이라는 철학자는 "공포 자체" 그것이야 말로 참으로 우리가 두려워해야 할 것이라고 말했습니다. 그런데 웰링턴 공이 워털루 전쟁을 주역으로 승리로 이끈 다음에도, 또 그 이전에도 계속 말했던 것은 내가 두려워해야 될 가장 무서운 적은 공포라고 거듭거듭 이야기했습니다.

사람의 생각은 그 사람의 인격을 형성합니다. 소극적인 사람은 소극적으로 인생을 살고, 긍정적인 사람은 긍정적으로 인생을 살고, 활달한 사고를 가진 사람은 활달한 인생을 살도록 되어있습니다.

우리는 세계의 찬사를 한 몸에 받고 기고만장해서 세계에서 못할 것이 없다고 생각하던 때가 엊그제 같은데 어떤 한 신문에 지렁이가 되었다는 기사에 정말 지렁이처럼 비틀거리고 있는 우리나라 경제를 봅니다. 참으로 어려운 여건 속으로 계속 몰아가고 있는 현상들을 봅니다. 경제가 언제 다시 활기를 되찾을지는 아무도 모릅니다.

한 중 수교가 되었기 때문에 우리에게 좋아진 것도 많습니다. 또 제 개인적으로는 이제는 중국을 향해서 선교를 마음껏 해야겠다는 생각을 더 크게 갖지만, 사실 한중 수교가 되고 통일이 되면 그 때는 원자탄 정도가 아니라 수소 폭탄이 있어도 우리의 안보를 지키기 힘든 어려운 상황으로 이 나라가 빠져듭니다.

그래서 어떤 분들이 말한 대로 구한말의 어려움, 세계에서 큰 네 개의 열강들의 틈바구니에 있는 육천만의 외로운 민족의 투쟁을 전개해야 된다는 지적을 겸허하게 받아들여야 한다고 생각합니다.

우리가 두려워해야 될 것이 이것 뿐입니까? 우리에게 점점 다가서는 죽음이라는 괴물, 그 앞에서 전율을 느껴야 하고, 우리의 노년을 두려운 눈으로 바라보아야 하고, 질병에 대해서 두려움을 가져야 하고, 내 삶의 가능성에 대해서도 두려워해야 합니다. 이 두려움 많은 세상에서, 이 공포가 우리를 완전히 휩싸고 있는 이 세상에서 하나님의 자녀인 믿음의 사람들은 이러한 공포를 어떻게 극복했는가? 다윗의 시편 56편을 통해서 다윗이 그 두려움에서 승리한 귀한 축복들을 같이 누리는 시간이 되어야겠습니다.

두려움을 이김

다윗의 생애에 어려움이 계속 다가서고 있습니다. 1절에 보면, "사람이 나를 삼키려고 종일 치며 압제합니다." 2절에서는, "원수가 종일 나를 삼키려 하여 나를 교만히 치는 자가 많습니다." 5절에서는, "저희가 종일 내 말을 곡해하여 내게 대한 저희 모든 사상은 사악한 것이라." 6절에서는, "저희가 내 생명을 엿보던 것과 같이 또 모여 숨어 내 종족을 살피나이다."

주변에서 말로 박해하고 있고, 실제로 죽이기 위해서 이곳저곳으로 쫓아다니고 있는 적들을 볼 수 있습니다. 이런 공포와 두려움의 한 진원지에서 어떻게 그가 승리할 수 있었는가를 성경은 우리에게 가르쳐 줍니다.

3절 말씀입니다. "내가 두려워하는 날에는 주를 의지하리이다." 내가 두려워하는 날에는 주를 의지하겠다고 합니다. 그가 하나님을 의지할 때에 두려움은 봄눈 녹듯이 사라진다는 말입니다.

그러면 진실로 하나님을 두려워함은 무엇입니까? 하나님을 참으로 의지한다는 말은 무슨 말입니까? 하나님을 의지한다는 말은 아침에 성경을 한 번 보고, 그리고나서 부탁하는 기도를 드리는 것이 하나님을 의지하는 것입니까? 여기 다윗이 하나님을 의지한다는 분명한 증표를 세 가지로 우리에게 보여주고 있습니다.

그가 하나님을 의지한다고 말할 때에 머릿 속으로만 하나님을 의지한다, 하나님을 좋아한다, 하나님을 사랑한다고 생각하지 않았습니다. 그는 하나님을 의지하는 분명한 증표가 있었습니다.

첫째로, 하나님의 말씀에 의지하였습니다. 4절에 이렇게 말합니다. "내가 하나님을 의지하고 그 말씀을 찬송할지라. 내가 하나님을 의지하였은즉 두려워 아니하리니 혈육 있는 사람이 내게 어찌 하리이까." 하나님을 의지하는 모습을 그 말씀을 신뢰하고 찬송하는 데서 나타내 보여주고 있습니다. 지금 그가 하나님의 약속된 말씀을 의지한다는 형편은 어떻습니까?

그가 어린 나이에 들에 나가서 양을 치고 있을 때였습니다. 하인들의 전갈을 받고 그는 아버지의 장막으로 뛰어들었습니다. 거룩하게 생긴 늙은 할아버지 한 분이 가운데 앉아 있고, 그 옆에 몸 둘 바를 모르고 황송해 하는 자기 아버지가 서 있고, 자기 일곱 형이 고개를 숙이고 있었습니다.

여하튼 그는 얼굴을 들 수 없는 능력을 가진 그 어른 앞에 서게 되었습니다. 자기의 전 삶을 꿰뚫어 보는 듯한 그 눈으로 자기를 보더니, "네가 바로 그다" 하고는 머리에 기름을 부어서 약속하기를, "너는 반드시 이스라엘의 왕이 될 것이다"라고 선언했습니다. 그 분이 하나님의 사람 사무엘인 줄을 그 때 알았습니다.

그 약속의 말씀이 이루어지는 것 같았습니다. 다른 사람들은 모두 덜덜 떨고 있을 때였습니다. 역사상 가장 큰 거인 중의 하나라고 하는 골리앗이 이스라엘 진영을 향해서 화를 돋구며 전쟁을 청했습니다. 그의 위세 앞에 아무도 얼굴을 드는 사람이 없었습니다. 전 군이 사시 나무 떨듯이 떨었습니다. 다윗의 아버지는 전쟁터의 아들들에게 음식을 보내기 위해서 위문편지와 더불어 막내 아들인 어린 다윗을 보냈습니다.

다윗은 자기 형들의 진지에 가서 보다가 앞에서 떠드는 괴물같이 생긴 거인의 모습을 보았습니다. 하나님을 모독하는 음성을 듣습니다. 그는 저 괴물같은 골리앗을 능히 쳐서 죽일 수 있다고 호언장담했습니다. 형들은 심부름이 끝났으면 집에나 갈 것이지 집에 가기 싫으니까 쓸데없는 소리를 한다고 했습니다.

사울왕은 궁여지책으로 어떤 어린 소년이 골리앗을 이기겠다고 하는 말에 그를 불렀습니다. 그리고 그를 만나보았습니다. 그 용기가 참으로 가상했습니다. 그리고 능히 쳐죽인다는 말을 듣고 내보냈습니다. 자기의 갑옷을 입혔습니다마는 어린 소년에게 그 갑옷은 맞지 않았습니다. 갑옷을 던져둔 채 먼 길을 가기 위한 막대기 하나와 시냇가에서 돌멩이 다섯 개를 주워들고 골리앗 앞에 섰습니다.

전투에 처음 나온 사람이 너무 어린 소년이었습니다. 그래서 골리앗이 이렇게 말합니다. "야, 내가 개나 돼지인줄 알고 지금 내 앞에 나왔느냐? 내가 너를 찢어서 공중에 있는 새의 밥을 만들고, 맹수의 사료를 만들겠다", 이 말을 듣고 다윗은 말합니다. "너는 칼과 창으로 내게 나오지만 나는 네가 모독하는 만군의 여호와의 이름으로 나간다."

그 돌멩이는 미사일보다도 더 정확하게 거인 골리앗의 급소를 쳤습니다. 쓰러진 골리앗, 조금도 두려워하지 않고 뛰어나가서 아직 칼도 빼지 못한 골리앗의 허리에서 그 칼을 뽑아서 목을 쳤습니다.

이스라엘 사람들이 그를 떠받들기 시작했습니다. "사울은 천천이라면 다윗은 만만이로다." 그는 군대 장관이 되었습니다. 가장 어린 나이로 가장 높은 지위에 올라선 사람이 되었습니다. 그리고 왕의 사위까지 되었습니다. 이제는 시기만 기다리면 하나님의 약속된 말씀이 이루어진다고 생각했습니다.

절망의 정점에서

그런데 상황은 바뀌었습니다. 질투심에 불탄 사울이 다윗을 죽이기 위해서 계책을 씁니다. 그 소식을 듣고 자기 아내 미갈이 그를 도망시킵니다. 그 때부터 도망자의 신세로 이 산 저 산, 이 굴 저 굴로 쫓겨다닙니다.

그리고 지금은 이것이 사무엘상 21장의 기록인지 29장의 기록인지 알 수 없지만 가드왕 아기스 앞에 두번이나 섰던 기록이 있습니다. 그는 더 이상 도망할 곳이 없어서 원수의 나라 왕 앞에 서 있습니다. 주변에 정황은 하나님의 약속이 무너지는 것 같았습니다.

그럴 때 그는 말합니다. "내가 하나님을 의지하며 그의 말씀을 찬송하리로다." 하나님을 의지한다는 구체적인 표현은, 구체적인 행동은 그의 말씀을 의지하는 것입니다. 그는 자기에게만 맞추는 하나님의 말씀을 의지하지 않았습니다. 객관적인 하나님의 말씀을 의지합니다.

자기를 죽이려고 쫓아다니는 사울을 이리 피하고 저리 피하다가 어느 날 사울 왕이 그 굴에 찾아듭니다. 자기가 있는 그 굴에 사울왕이 혼자 외롭게 들어왔습니다. 옆에 신하가 죽이자고 말합니다. 그는 단호히 거절합니다. 여호와께서 기름부어 세운 자를 내가 해칠 수가 없다고 했습니다.

그가 객관적으로 그 말씀을 받아들이지 않았다면 이 때야말로 하나님께서 나를 왕으로 삼기 위한 절호의 기회라고 생각했을 것입니다. 죽이면 끝나는 상황이었습니다. 그리고 자기의 고난도 끝이 납니다. 고난만 끝나는 것이 아니라 자기가 왕이 되는 영광을 얻습니다.

그럼에도 불구하고 하나님께서 자기에게 주신 약속의 말씀만을 붙잡은 것이 아니라 하나님께서 율법으로 주신 그 율법의 말씀도 똑같이 붙잡습니다. 이 두 말이 모순되지만 그 두 말을 함께 붙잡습니다.

그것이 한번으로 끝났습니까? 다음에도 똑같은 정황에 접어들었습니다. 자기의 목숨을 살려준 다윗을 향해서, "다윗아 다윗아, 나는 너를 박대했지만 너는 나를 선대했도다. 너는 참 하나님의 사람이다" 하면서 울며 회개한 것 같았지만 그 다음에 사울은 또 들어왔습니다.

저같으면 그럴 것 같습니다. "역시 하나님의 말씀은 신실해. 하나님께서 첫번째 내게 기회를 주셨는데 내가 그 기회를 사용하지 않자 똑같은 환경을 두번 주어서 나타내시는구나. 이것은 하나님의 뜻임이 분명해." 그리고 사울을 죽일 수 있었을 것입니다.

옆에 있는 신하가 다윗에게 말합니다. "지금이야말로 적기입니다." 그가 이 때 모르는 척만 했어도 그 신하에 의해서 사울은 죽었을 것이고, 다윗은 왕이 되었을 것입니다. 그것마저도 안된다고 하였습니다. 하나님께서 기름 부어 세운 자를 내가 해칠 수 없다고 다시 말하였습니다.

그는 하나님의 약속된 말씀을 분명하게 붙잡았습니다. 자기에게 주신 말씀과 하나님께서 성경에 주신 말씀이 상반되는 데도 그는 두 말씀을 꼭 붙잡았습니다. "내가 이해하지 못할 뿐이지 하나님은 일하신다. 하나님의 말씀은 진실하다."

사실은 그렇습니다. 내가 그 사람을 믿는다는 것과 의지한다는 말은 히브리어로 똑같습니다. 그 말은 그 말씀을 믿어주는 것입니다. 홍목사는 믿을만한데 그 말은 믿지 못하겠다는 말은 홍목사가 사기꾼이라는 말입니다. 그리고 한 사람의 지도력을 언제까지 유지시켜야 되는가는 믿어주지 않을 때 끝내야 합니다. 미국의 대통령이 거짓말했다고 쫓겨나는 것이 우리 보기에는 아무 것도 아니지만 그 사람들은 믿음의 도리가 무엇인지 알기 때문입니다.

하나님을 믿는다는 구체적인 징표는 무엇입니까? 하나님의 말씀을 믿는 것입니다. 하나님의 말씀을 믿으십니까? 흉한 소식에 마음이 아침 저녁으로 흔들리고 있지 않습니까? 한국신문은 너무 담대하게 쓰는 경우를 종종 봅니다. 그런데 그것이 활자화되었으니까 진리라고 생각해서 아침 저녁으로 마음이 달라진다는 말입니다.
　의인은 흉한 소식을 두려워하지 않습니다. 칭찬에도 헤헤거리지 않습니다. 다른 사람이 자기를 틀렸다 해도 하나님의 약속된 말씀에 의지해서 그 인생이 섭니다. 다윗은 지금 어디서 하나님의 말씀을 찬송합니까? 56장 표제를 보니까 다윗이 가드에서 블레셋인에게 잡힌 때, 즉 거의 포로 상태에 있을 때에 그가 지은 찬송입니다. 환경으로는 도무지 약속이 이루어지지 않을 것 같은 때입니다. 절망의 정점에 서서 내가 하나님의 약속된 말씀을 의지합니다 하며 찬송하는 것입니다.

하나님께서 내 형편을 아시는 것을 믿음

　두번째로, 하나님께서 내 모든 형편을 아시는 것을 믿는 것입니다. 8절에 보면 "나의 유리함을 주께서 계수하셨으니 나의 눈물을 주의 병에 담으소서. 이것이 주의 책에 기록되지 아니하였나이까." 세 가지입니다. 내가 이렇게 쫓겨 도망다니는 그것을 하나님께서 계수하셨습니다. 날짜까지 계수하셨다는 말입니다. 저녁에 내가 흘리는 억울한 눈물을 눈물병에 담으신다는 말입니다. 그리고 하나님께서 하신다는 말을 또 이렇게 표현합니다. "주의 책에 기록되지 아니하였나이까."
　우리들은 작은 어려움에 처하면, '아니, 하나님이 살아계신다면 어찌 이런 일이 내게 일어날 수 있는가?' 하나님이 내게서 멀리 떠났다고 생각합니다. 나와 상관없다고 말합니다. 그러나 다윗은 그 고통의 절정에서 하나님은 내가 유리하는 것을, 도망자의 신세로 이리 저리 도망다니는 것을 계수하십니다. 아십니다라고 표현합니다. 계수만 하는 것이 아니라 내 원통한 눈물을 그의 병에 담아서 간직해주신다는 말입니다. 그리고 내 모든 사적은 주의 책에 기록되어 있습니다.
　우리의 삶이 우리 주님 앞에 계수되고 내가 주님을 사랑해서 흘린 눈물을 주님께서 간직해 주신다는 사실을 아십니까? 우리가 천국에 입성하는 날, 우리들은 이런 주님을 만날 것입니다. 내 두 눈에서 눈물을 씻기시는 주님, 주님을 사랑하고, 주님의 말씀에 순종해서 살면서 당했던 억울한 눈물들, 주님 때문에 흘린 눈물을 주께서 닦아주십니다. 자기 실수로 흘린 눈물이 아닙니다. 주님 때문에 흘린 눈물을 말합니다.

예수 믿고 형통할 수 있습니다. 예수 믿고 승승장구할 수 있습니다. 그러나 예수를 사랑했기 때문에 흘린 눈물, 고통 그것을 주께서 눈물병에 간직해주신다는 이 믿음, 천국에 이성하는 날 그 영광을 만날 것입니다.

우리의 원통함을 하나님께서 다 아십니다. 그러나 여기서 이 말씀을 적용할 때에는 양면으로 적용하셔야 합니다. 어떻게 적용해야 하는가 하면 내가 원통해서 주님 때문에 흘린 눈물을 주께서 기억하신다는 확신을 가짐과 동시에 이 때문에 어떤 사람이 무고하게 하나님 앞에 눈물로 호소하고 있는 일이 있으면 안된다는 사실입니다.

나를 향해서 원통함을 가지면 하나님 앞에 그 원통함은 직소합니다. 삯꾼의 삯을 주지 않으면 그 삯이 하나님 앞에 직소한다고 레위기에 신명기에서 우리에게 경고하고 있습니다. 다른 사람을 억울하게 하면 안됩니다.

그러나 내가 주님을 사랑해서 흘렸던 그 모든 눈물을 우리 주님께서 친히 기억하십니다. 자신있게 억울하십시오. 정말 주님을 사랑해서 억울했으면 수지맞는 일입니다. 주께서 우리 두 눈에서 눈물을 씻어주시는 날이 있기 때문입니다. 하지만 내가 인생을 살아가면서 누구를 억울하게 해서 그 눈에서 눈물을 흘리게 하는 일은 없어야 합니다.

하나님 앞에서

세번째로, 내 생애가 하나님 앞에 있다는 사실을 확신하면서 살았습니다. 우리는 하나님이 없는 것처럼 삽니다. 하나님이 나를 아시고, 내가 하나님 앞에 있다는 이 확신을 가진다면 우리의 생애는 달라집니다. 여기

13절에 이렇게 말합니다. "주께서 내 생명을 사망에서 건지셨음이라. 주께서 나로 하나님 앞 생명의 빛에 다니게 하시려고 실족치 않게 하지 아니하셨나이까." 그는 자기의 생애가 하나님 앞에서 살고 있다는 것을 확신했습니다.

하나님 앞에 자기의 생애가 있는 줄 알았던 신앙의 인물들은 참 많습니다. 그중에 대표적인 사람은 요셉입니다. 그는 형제들에게 팔려서 이집트에 갔습니다. 그 곳에서 하인으로 갖은 고통을 당하다가 그의 인격이 사랑스러운지라 그 곳에서도 사랑을 받았습니다. 요셉은 여기 가도 사랑을 받고, 저기 가도 사랑을 받았습니다. 즉 내가 어디 가서 어떤 대접을 받는가는 내게 딸린 것이 대부분입니다.

이 요셉의 경우를 보면 사실입니다. 그래서 거기에서도 지위가 올라가서 보디발의 집에서 그가 모든 하인의 장이 되었습니다. 그것이 그에게 만족을 줄 수 없었을 것입니다. 마음 한 구석에 배반당한 슬픈 마음이 있기 때문에, 젊은 청년으로서 사랑을 갈구했을 것입니다. 사람에게 가장 강한 본능이 있다면 사랑하는 본능과 사랑받고 싶은 본능입니다. 사랑이 거부당했기 때문에 그것이 더 강렬했을 것입니다.

어느 날 그 사랑이 자기에게 다가오고 있었습니다. 그 집에서 가장 존귀한 여인, 보디발의 아내가 이 젊은 청년 요셉을 사랑했습니다. 그리고는 그에게 다가서자 그는 거절합니다. 이 여인은 아무도 보지 않는다고 말합니다. 그 때 요셉은 말합니다. "내가 어찌 이 악을 행하여 하나님의 목전에서 득죄하리요?" 하나님 앞에 그 인생이 있었습니다.

그런가하면 하나님의 목전에서 도망갈 수 있다고 생각한 사람이 있었습니다. 누군가하면 요나입니다. 하나님께서 니느웨로 가라 하자 아무리 생각해 보아도 니느웨는 갈 곳이 아니라고 생각하던 차에 때마침 다시스로 가는 배가 있기에 그 배를 탔습니다. 어디에서 그가 하나님을 만났습니까? 고기 뱃 속에도 하나님께서 계셨습니다. 거기에도 하나님이 계신 것을 알

앉습니다. 이 깊음 속에 계신 하나님이십니다.

자기가 하나님을 믿었지만 자기의 생애에 함께 하신다는 사실, 하나님 앞에 자기가 있다는 것을 몰랐던 어린 날의 야곱은 광야에서 잠자다가 하나님을 만납니다. "이 곳이 하나님의 전이요, 하나님의 집이로다." 하나님의 목전에 내 인생이 있는 것을 아는 것이 하나님을 의지함입니다.

공포는 오직 하나님을 믿을 때에 사라집니다. 하나님을 의지하면 공포는 눈 녹듯이 녹아버립니다. 어두운 밤에 야구 배트를 가지고 휘둘러도 어둠은 물러서지 않습니다. 그러나 조그마한 성냥불이 하나 켜질 때 어둠은 물러가는 것처럼 하나님을 참으로 의지할 때에 우리에게서 두려움은 사라집니다.

다윗이 하나님을 의지하고 있습니다. 어디에서 의지하고 있습니까? 가드왕 아기스 앞에서 어떤 때는 미친 척하면서 목숨을 부지하면서도 그는 그곳에서 인간적인 두려움이 생길 때에 크게 외칩니다. 내가 하나님을 의지하여 하나님의 말씀을 찬송할지라. 하나님의 말씀은 진실하다고 노래합니다. 하나님의 말씀은 반드시 이루리라고 확신합니다. 그리고 그는 하나님을 의지합니다. 하나님께서는 이 모든 사정을 잘 아신다고 했습니다. 내가 억울할 때에 누구 한 사람만이라도 그 억울함을 알아준다면, 다른 것은 더 바랄 것이 없겠지요? 아시는 분이 계십니다. 그분은 바로 하나님이십니다. 하나님을 의지하는 자는 내 인생이 하나님 앞에 서 있는 것을 압니다. 내가 말할 때에 하나님께서 옆에서 들으신다면 할 말이 얼마나 줄어들겠습니까? 하나님 앞에 서 있는 인생임을 알 때 내 표정이 얼마나 달라지겠습니까?

다윗은 교회만 왔다갔다 하면서 하나님을 믿는다, 의지한다는 신앙이 아니라 그는 원수의 나라에 붙잡혀 갔으면서 두려움이 밀려오고, 자기 생애가 이대로 끝날 것 같은 위기 속에서 외쳤습니다. "내가 두려워하는 날에는 하나님을 의지함이라. 내가 하나님을 의지하고 그 말씀을 찬송할지라.

내가 하나님을 의자하였은즉 두려워 아니하리니 혈육 있는 사람이 내게 어찌하리이까?"

10절에 계속해서 말하고 있습니다. "내가 하나님을 의지하여 그 말씀을 찬송하며 여호와를 의지하여 그 말씀을 찬송하리이다. 내가 하나님을 의지하였은즉 두려워 아니하리니 사람이 내게 어찌 하리이까?"

하나님을 의지하는 자의 진정한 모습은 그 말씀을 신뢰합니다. 찬송합니다. 아직 이루어지지 않은 말씀입니다. 절망적인 상황에서 더욱 의지합니다. 그리고 내 모든 사정, 이 깊은 한숨, 눈물을 주께서 아신다는 것을 믿습니다. 의지하는 자는 우리 하나님께서 내 인생이 하나님 앞에 서 있는 인생인 것을 압니다. 아기스 왕 앞에 서 있는 것이 아니라 사울에게 포위되어 있는 자기가 아니라 하나님 앞에 서 있는 자기임을 압니다.

제 18 장
하나님의 영광

"하나님이여 나를 긍휼히 여기시고 나를 긍휼히 여기소서 내 영혼이 주께로 피하되 주의 날개 그늘 아래서 이 재앙이 지나가기까지 피하리이다 내가 지극히 높으신 하나님께 부르짖음이여 곧 나를 위하여 모든 것을 이루시는 하나님께로다 저가 하늘에서 보내사 나를 삼키려는 자의 비방에서 나를 구원하실지라 하나님이 그 인자와 진리를 보내시리로다 내 혼이 사자 중에 처하며 내가 불사르는 자 중에 누웠으니 곧 인생 중에라 저희 이는 창과 살이요 저희 혀는 날카로운 칼 같도다 하나님이여 주는 하늘 위에 높이 들리시며 주의 영광은 온 세계위에 높아지기를 원하나이다 저희가 내 걸음을 장애하려고 그물을 예비하였으니 내 영혼이 억울하도다 저희가 내 앞에 웅덩이를 팠으나 스스로 그 중에 빠졌도다(셀라) 하나님이여 내 마음이 확정되었고 내 마음이 확정되었사오니 내가 노래하고 내가 찬송하리이다 내 영광아 깰지어다 비파야, 수금아, 깰지어다 내가 새벽을 깨우리로다 주여 내가 만민 중에 주께 감사하오며 열방중에서 주를 찬송하리이다 대저 주의 인자는 커서 하늘에 미치고 주의 진리는 궁창에 이르나이다 하나님이여 주는 하늘 위에 높이 들리시며 주의 영광은 온 세계 위에 높아지기를 원하나이다."

— 시편 57편

제가 스케이트를 배우던 때는 30이 다 되어서 학생운동을 할 때 학생들과 교제하기 위해서였습니다. 국민학교 4학년 때 목포로 피난을 가서 악동 시절을 지낼 때 저희는 스케이트를 그림에만 있는 것인 줄로 알았습니다. 기껏해야 뗏마라고 하는 조그마한 배를 훔쳐타고서 가는대로 도망가는 것이 최고의 즐거움이었고, 재미였습니다. 영하 5℃만 내려가면 호들갑을 떨면서 세상이 다 얼어죽는 것처럼 추워했습니다. 그러나 바다로 둘러싸인 그 곳은 얼지 않았습니다.

저는 학생들을 전도하기 위해서 스케이트를 탔습니다. 얼마나 많이 넘어졌는지 모릅니다. 그러면 또 일어났습니다. 그리고 다시 또 넘어졌습니다. 아마 지구도 무거워서 혼이 났을 것입니다.

제가 간신히 스케이트 날에 균형을 유지하고 있을 때였습니다. 같이 신학교를 다녔던 한 친구가 주일학교 학생들을 모두 데리고 와서 스케이트 강습을 해 주었습니다. '스케이트 날은 수직으로 세워라. 그리고 넘어지려는 쪽으로 방향을 바꾸어라' 하면서 한 아이 한 아이에게 자세히 설명해 주었습니다. 운동화를 신고서 넘어진 아이들을 일으켜주고, 또 가르쳐주었습니다. 그래서 아이들이 스케이트를 저보다 훨씬 빨리 타는 것을 볼 때 참으로 부러웠습니다. 저 친구는 얼마나 잘 탈까?

그런데 문제는 그 강습이 끝난 다음이었습니다. 그 친구가 아이들을 다 돌려 보낸 다음에 스케이트화를 메고 나왔습니다. 그리고 연신 넘어지는데 저보다 훨씬 많이 넘어지더라구요. 그래서 물어보았더니 자기는 오늘 처음으로 스케이트화를 신었다고 합니다. 그러면서 어떻게 다른 아이들을 가르칠 수 있었느냐고 하자 유명한 스케이트 선생님으로부터 일주일 동안 도표를 그려가면서 배웠답니다.

그러자 그의 마음 속에는 스케이트를 탈 수 있는 이론은 정립이 되었습니다. 그러나 스케이트화를 신고서 얼음 위에 서 있을 때에는 사실이 아니었습니다. 그의 실력은 무력했습니다. 이론은 실제 앞에서 더 빛나는 법입니다. 평소에 공부를 열심히 한 학생들에게는 시험이라는 것은 영광입니다. 물이 깊어야 적어도 배꼽 이상 올라가야, 수영하는 사람에게는 즐거움이 되는 법입니다. 마찬가지로 인생, 우리가 가졌던 신앙이 찬란하게 빛날 때가 있습니다. 언제입니까? 고난의 깊은 밤을 지날 때입니다.

문제 앞에 서 있을 때 신앙은 산 신앙인가 죽은 신앙인가를 구별해냅니다. 보통 때에 말로만 하는 것은 똑같이 예수를 잘 믿는 것처럼 보입니다. 그러나 실제적인 문제 앞에 부딪쳐보면 당장에 그 실력은 드러납니다. 여기 하나님의 사람 다윗은 살아계신 하나님을 신뢰했습니다. 그에게 문제가 있었습니다. 1절에서 그의 문제는 재앙이라고 말합니다. "하나님이여 나를 긍휼히 여기시고 나를 긍휼히 여기소서. 내 영혼이 주께로 피하되 주의 날개 그늘 아래서 이 재앙이 지나기까지 피하리이다."

다윗의 시련기

말씀을 보면서 함께 생각해보겠습니다. 그에게 인생에서 가장 혹독한 시련이 닥쳐왔습니다. 이 재앙이 그의 머리 위에 머물고 있었습니다. 그 재앙의 내용은 이런 것이었습니다.

첫째로, 사람들의 비난이었습니다. 3절에 보면, "저가 하늘에서 보내사 나를 삼키려는 자의 비방에서 나를 구원하실지라." 주변 사람들의 비방이 계속해서 몰려오고 있습니다. 사람들이 뒤에서 자기 이야기를 하면 참으로 기분이 나쁜 법입니다.

그런데 심리적으로 볼 때에 남의 이야기를 제일 듣기 싫어하는 사람이 남의 이야기를 제일 잘 합니다. 남이 자기에 대해 조금만 이야기를 해도 참지 못하는 사람이 남을 향해서는 가혹합니다. 심리적으로 그렇습니다. 남의 이야기를 할 때 생각하실 것이 있습니다. 그것은 종아리를 맞고 자살하는 사람은 없어도 무고한 말 때문에 자살한 사람은 많다는 것을 기억해야 할 것입니다.

둘째로, 다윗을 향해서 비방이 끊어지지 않았습니다. 그 사람은 나라를 말아먹으려고 드는 사람이다. 사울 왕을 배반하기 위해서 눈에 불을 켠 사람이다. 특별히 자기 동료들, 같이 있다가 껑충 뛰어 올라서 다윗이 영광을 받자 그를 향해서 험담하기 시작하기 했습니다. 그래서 결국 왕인 사울을 움직여서 그는 도망자의 신세가 되었습니다. 쫓기는 그의 신세는 외로운 비둘기와 같았습니다.

셋째로, 비방뿐만 아니라 실제적인 위협을 당했습니다. 4절에 보면, "내 혼이 사자 중에 처하며 내가 불사르는 자 중에 누웠으니 곧 인생 중에라. 저희 이는 창과 살이요 저희 혀는 날카로운 칼 같도다." 여기서 사자라는 말은 짐승인 사자를 말합니다. 죽은 사람이라는 말이 아니라 사자(lion)라는 말입니다. 사자들 속에, 맹수들 속에 그가 갇혀 있다는 말입니다. 옴짝달싹하지 못하도록 위험이 그의 주변으로 계속해서 몰려들었습니다. 그들이 위협하는 것은 창과 살이고 칼이라고 말합니다.

그는 국가에 충성한 죄밖에는 없습니다. 그는 진실하고 정직한 죄밖에 없습니다. 하나님께서 주신 믿음의 담력을 가지고 그가 용감하게 나간 죄밖에 없습니다. 하나님을 신실하게 믿은 죄밖에 없습니다. 그런데 그는 점점 더 큰 고통을 받고 있습니다. 그를 찌르려는 무수한 악인들의 꾀는 깊어지고 있습니다.

넷째로, 그의 앞 길에 올무와 덫을 놓았습니다. 6절에서 이렇게 말했습니다. "저희가 내 걸음을 장애하려고 그물을 예비하였으니 내 영혼이 억울하도다. 저희가 내 앞에 웅덩이를 팠으나" 이곳 저곳에 덫을 놓았습니다.

도망갈 수 없도록 점점 더 조여들었습니다. 그는 도망자의 신세로 아둘람 굴에 피해 있기도 하다가 또 어떤 때는 엔게디 광야 굴로 숨어 도망을 다녔습니다.

그는 혼자 몸을 가누기도 힘이 든데 그의 사랑하는 가족들이 더 이상 이 원수들에 의해서 어찌할 수 없어 아둘람 굴에 함께 모였습니다. 자기 혼자 먹고 사는 것도 힘이 든데 600 명이 식솔들이 더 늘어났습니다. 그의 근심과 걱정은 600 배로 커질 수밖에 없었습니다. 자기가 사랑하는 사람들이 자기로 인하여 핍박을 받았습니다. 자기로 인하여 굶주림을 당합니다. 자기로 인하여 어려움을 당합니다. 그의 마음은 타는 듯한 고통으로 일그러졌습니다.

우리 인생은 다윗처럼 억울하지 않을 수도 있습니다. 그러나 인생에는 이런 문제가 계속됩니다. 인생뿐만 아니라 교회에서도 이런 문제는 계속해서 있을 수 있고, 국가적으로도 이런 어려움은 언제든지 있을 수 있습니다. 마치 밀물과 썰물이 있는 것처럼 이런 고난의 파도가 밀려올 때가 있고, 빠져 나갈 때가 있습니다. 이것이 끝날 때는 없습니다. 아니 끝나는 날이 있습니다. 그 때는 여러분이 돌아가실 때입니다. 문제는 끝이 나고 고난은 종지부를 찍을 것입니다.

그의 믿음은 실제였습니다. 그의 믿음은 이론이 아니었습니다. 그의 믿음은 상상이 아니었습니다. 믿음은 보이는 현상을 넘어서서 보이지 않는 하나님을 믿음으로 바라봅니다. 우리들이 고난의 때에 내 앞에 당한 문제들을 그 속에 휩싸여 버립니다. 그것이 전부라고 생각됩니다. 그러나 다윗은 그 고난의 때에 부를 이름이 있었고, 그의 시선이 응시해야 할 대상이 있었습니다.

고난의 밤에 하나님을 바라봄

그래서 1절에서 그는 이렇게 말합니다. "하나님이여 나를 긍휼히 여기시고 나를 긍휼히 여기소서. 내 영혼이 주께로 피하되" 주님 앞에 피합니다. 어떤 주님입니까? "날개 그늘 아래서 이 재앙이 지나기까지 피하리이다." 어린 병아리가 하늘에 매가 날아다니는 것과 상관없이, 비바람이 부는 폭풍우 밤에도 요동하지 않는 것은 그 어미가 날개로 품어주기 때문입니다. 이 외로운 인생에 다윗은 하나님의 날개 품을 믿음으로 바라보았습니다.

첫째로, 하나님을 바라보았습니다. 어떤 하나님입니까? 지극히 높으신 하나님입니다. 2절에 보면, "내가 지극히 높으신 하나님께 부르짖음이여 곧 나를 위하여 모든 것을 이루시는 하나님께로다. " 지극히 높으신 하나님, 크신 하나님, 언제나 다윗을 위하여 좋은 것을 행하시는 그 하나님을 그는 지금 믿음으로 바라보고 있습니다. 지금 환경은 더 나빠지고 있습니다. 도무지 좋은 소식은 들리지 않는데도 그의 눈은 살아계신 하나님을 바라봅니다.

그리고 영광을 받으신 하나님을 이처럼 노래합니다. "하나님이여 주는 하늘 위에 높이 들리시며 주의 영광은 온 세계 위에 높아지기를 원하나이다. " 그의 눈은 높이 계신 하나님, 영광 받으실 그 하나님을 고난 중에 바라봅니다. 하나님이 계시지 않는 것 같은 칠흑 같은 밤입니다. 하나님의 의는 땅에 떨어지고, 악이 이 땅에 기승을 부리고, 악이 완전히 세상을 장악하는 것 같은 그 때에 그는 믿음의 눈으로 살아계신 하나님, 지극히 높으신 하나님, 그리고 자기를 날개 그늘로 품어주신 하나님, 날개 그늘로 품어주시되 그 하나님은 그에게 인자하심과 진실하심으로 품어주십니다.

3절입니다. "저가 하늘에서 보내사 나를 삼키려는 자의 비방에서 나를 구원하실지라. 하나님이 그 인자와 진리를 보내시리로다." 환경을 변화시켜주는 것이 아닙니다. 하나님께서 하시는 일이 무엇입니까? 사랑입니다. 인자라는 말은 사랑이라는 말, 아가페라는 말로 번역해야 될 단어입니다. 그냥 사랑(Love)라는 말이 아니라 아가페입니다. 사랑과 진실됨, 하나님은 두 날개를 가졌다고 합니다. 사랑이라는 날개와 진실됨의 날개로 자기 사랑하는 백성들을 품에 안아주십니다.

여러분은 문제 앞에서 하나님을 바라보십니까? 제가 제일 답답하게 생각하는 사람은 이런 사람들입니다. 예수를 잘 믿는다고 하면서 현실 문제 앞에서는 하나님이 보이지 않는 사람들입니다. 영적 장님들입니다. 문제가 너무 커서 하나님이 보이지 않는 인생은 소경들입니다. 안약을 사서 눈에 발라야 합니다. 그 마음이 청결해야 합니다. 믿음은 그 깊은 고난의 밤에 하나님을 바라봅니다.

두번째로, 믿음은 하나님께서 행하신 일을 기억하고 기대합니다. 그는 6절에서 이렇게 말합니다. "저희가 내 걸음을 장애하려고 그물을 예비하였으니 내 영혼이 억울하도다. 저희가 내 앞에 웅덩이를 팠으나 스스로 그 중에 빠졌도다." 다윗의 시편을 보면, "저들이 올무를 내 앞에 놓았지만 스스로 그 올무에 걸렸도다. 함정을 팠지만 그 함정에 자기가 빠졌도다." 이런 것이 열번 이상 계속해서 나옵니다. 여러 시편에 나옵니다.

그런데 그의 마음 속에는 지금 이 그림이 있습니다. 자기가 광야에서 이 굴 저 굴로 도망을 다닐 때였습니다. 그를 죽이기 위해서 여기저기 덫을 놓았던 사울, 전 군을 휘두르고 전 백성들의 지지를 받아서 다윗을 죽이려고 덤벼들 때에 그의 마음은 마치 필사적으로 살기 위해서 이리 뛰고 저리 뛰는 벼룩 같았다고 말했습니다.

어느 날이었습니다. 자기를 죽이기 위해서 그처럼 군대를 많이 몰고 온 사울이 홀로 자기가 숨어 있는 굴에 들어 와서 목숨을 자기 앞에 내어 놓는 것이었습니다. 그는 하나님의 말씀이 그 마음 속에 있는지라 여호와께서 기름 부은 사람을 내가 해칠 수 없다고 하여 두번이나 살려주었습니다. 그러면서 그는 마음 속으로 확정했습니다. 이렇게 거대한 세력, 이렇게 큰 왕권을 가지고도 여호와께서 붙이시면 이 사람의 생애는 끝이 난다. 이 작은 증거를 보고 그는 하나님께서 행하실 일을 마음 속으로 깊이 기억하면서 간직하고 있었습니다.

이와는 정 반대되는 사람이 있습니다. 어떤 사람입니까? 과거에는 하나님께서 도와주었다고 믿었습니다. 그러나 내 앞에 당한 작은 문제를 만날 때는 하나님이 도와주지 않을 것 같았습니다. 그것이 불신입니다. 마귀의 속임수입니다. 누가 그랬습니다. 이집트에서 나온 200만이나 되는 이스라엘 사람들, 문명의 5대 발상지 중의 하나인 거대한 제국이었고, 당시의 세계라고 말했던 이집트, 그 거대한 세력을 뚫고 하나님께서 열 가지의 기적을 보여주심으로 그들을 구속하셨습니다. 그리고 그 앞에 홍해가 갈라졌습니다. 역사상 전무후무한 일이었습니다.

그런데도 그들은 앞에 가다가 물만 조금 있어도 애굽에 매장지가 없어서 우리를 여기에 죽이려고 데려왔느냐? 방성대곡하는 사람들이었습니다. 즉 과거에는 하나님께서 도와주신 것을 믿습니다. 그 역사적인 사실은 압니다. 그러나 지금 당하는 작은 어려움은 하나님께서 도와주지 않을 것 같습니다. 하나님께서 자기 백성을 죽이기 위해서 홍해를 갈라지게 하셨겠습니까? 자기 백성을 죽이기 위해서 하나님께서 애굽을 이기셨겠습니까?

마음이 확정되는 시기

불신은 하나님을 기대하지 않습니다. 믿음은 하나님께서 행하신 조그마한 일을 마음에 간직하면서도 이것을 기회로 하나님께서 크고 놀라우신 일을 이루실 것을 믿습니다. 누가 그렇게 했습니까? 엘리야가 그랬습니다.

그는 갈멜 산상에서 하나님께 기도합니다. 비가 오기를 기도했습니다. 3년 반이나 닫혔던 하늘이었습니다. 그 날은 어느 날보다 더 맑고 맑은 하늘이었습니다. 그는 꼭대기에서 기도합니다. 간절히 간절히 기도합니다. 그리고는 사환을 보내서 서편 하늘을 보라고 말합니다. 지중해를 바라보라고 말합니다. 그는 아무 것도 보이지 않는다고 말합니다. 그는 두번째로 무릎 사이로 얼굴을 파묻고 기도했습니다. 제가 그렇게 해보려고 했는데 무릎 사이로 얼굴이 들어가지 않더라구요. 배 때문에 그런지 그런 기도를 해보려고 했는데 안됩니다.
　얼마나 간절했으면 이마가 땅에 닿았다고 했습니다. 한번 해보세요. 서커스하는 사람 외에는 안돼요. 그런데 그의 간절한 기도는 서커스를 하지 않아도 이마가 땅에 닿았습니다. 마치 거인이 격투기를 하는 것처럼 전심으로 하나님 앞에 기도합니다. 두번째로 사람을 보냅니다. 세번째로 사람을 보냅니다. 네번째로 사람을 보냅니다. 날씨는 더욱 더 맑아가고 있었습니다.
　그러나 일곱번째 기도하고 일어날 때에 사환이 말했습니다. "저 서편 한쪽에 손바닥만한 구름 하나가 보입니다." 그는 외칩니다. "빨리 가자. 큰 비가 온다." 그는 구름 하나를 보고도 믿음으로 큰 비를 기대하였습니다. 믿음은 이렇게 하나님께서 내게 해주신 일을 기억합니다. 기억할 뿐 아니라 그 일을 통해서 내 생애를 더 빛나게 인도해주실 것을 확신합니다. 이것이 믿음입니다. 그런데 사람들은 현실밖에 없습니다. 믿음은 어디로 갔는지 모르겠습니다. 하나님께서 과거에 도와주신 것은 그것으로 끝이 납니까?
　다윗은 그 동굴 경험을 통해서 저들이 밥이라는 것을 알았습니다. 하나님의 약속이 이루어질 것을 믿었습니다. 그렇게 많은 군대를 가져와도 기껏해야 내 앞에 목을 내어놓을 수밖에 없지 않았는가? 하나님은 나의 편이시다. 나와 함께 하신다. 그런가하면 믿음은 하나님을 찬양합니다. 그 크신 하나님을 바라봅니다. 그 크신 하나님께서 내게 하신 일을 소중하게 붙잡습니다. 믿음은 그렇습니다. 그것 뿐만 아니라 믿음은 하나님의 영광을 신뢰하며 기뻐하고 감사하며 찬송합니다.
　우리가 믿는다고 해서 두려움과 걱정과 염려가 한꺼번에 없어지는 것은 아닙니다. 시편을 읽을 때에 두 가지를 여러분이 동시에 읽어야 합니다. 다윗의 시편에 두려움과 원망과 불평이 다윗에게도 있었습니다. 다윗도 인생인지라 감정은 흔들립니다. 나는 예수 믿었더니 캄캄한 밤에라도 어둡지 않고, 주사를 맞을 때에도 아프지 않고 그런 것은 없습니다. 예수를 믿어도 손을 베이면 피가 납니다. 고통스러운 사건을 만나면 괴롭습니다. 감정은 그 아픔에 따라 흔들립니다. 여기서도 다윗이 억울하다고 말하고 있습니다.

그러나 다른 부분에서 그의 믿음은 흔들리지 않았다는 것입니다. 하나님을 향한 신뢰는 요지부동입니다. 그는 이렇게 노래합니다. 7절에 "하나님이여 내 마음이 확정되었고 내 마음이 확정되었사오니 내가 노래하고 내가 찬송하리이다." 내 믿음은 요지부동입니다. 주님을 신뢰합니다. 이제 내게 남은 것은 그 높으신 하나님, 나의 생애에 오늘도 이처럼 자세히 역사하시는 그 하나님을 찬양합니다. 노래합니다. 그 하나님을 찬양하고 노래하고 있습니다. 그러기로 작정합니다.

그리고 그는 작정만 하지 않았습니다. 자기의 영혼을 깨웁니다. 8절에 이렇게 말했습니다. "내 영광아 깰지어다." 사람에게서 가장 큰 것은 무엇입니까? 영혼입니다. 영광아 깰지어다. 자기 속에 오랫동안 묵혀 두었던 수금아 깨어라. 이제까지 조율되지 않았던 자기 마음의 수금을 꺼내서 조율합니다. 잃어버렸던 찬양의 가락을 다시 붙잡습니다. 그리고 자기를 깨웁니다. 감정아, 살아계신 하나님을 향해 찬양하라. 내 의지야, 살아계신 하나님을 찬양하라. 나의 지성아 살아계신 하나님을 찬양하라. 자기가 자기에게 말합니다.

여러분이 지금까지 살면서 얼마나 많이 혼잣말을 하셨습니까? 쓸데없는 혼잣말을 많이 하셨습니다. 이제 찬양을 잃어버린 나를 향해서 명령하십시오. 내 영혼아 하나님을 찬양하자. 태산을 넘고 험곡이 와도 빛 가운데로 걸어가면 주께서 나를 버리지 아니실 줄을 찬양합니다.

새벽을 기다리는 찬양의 영광

하나님의 사람 마틴 루터가 웜스에서 회의를 할 때였습니다. 그는 도무지 그 큰 위엄 앞에 가야 할지 말아야 할지를 생각하며 깊은 한숨을 쉬고 있었습니다. 그 때 그의 아내가 와서 상복을 입고 들어왔습니다.
"여보 누가 돌아가셨소?"
"돌아가셨습니다."
"누가 돌아가셨는데 ?"
"하나님이 돌아가셨습니다."
"아니, 그게 무슨 소리요?"
"당신, 하나님이 돌아가시지 않았는데 왜 그렇게 불안해 하십니까?"
그는 벌떡 일어났습니다. 그리고 노래했습니다.

"내 주는 강한 성이요. 방패와 병기 되시네.
큰 환란에서 우리를 구하여 내시리로다.
옛 원수 마귀는 이 때도 힘을 써 모략과 권세로
무기를 삼으니 천하에 누가 당하랴.

내 힘만 의지할 때는 패할 수밖에 없도다.
힘있는 장수 나와서 날 대신하여 싸우네.
이 장수 누군가 주 예수 그리스도 만군의 주로다.
당할 자 누구랴, 반드시 이기리로다.

이 땅에 마귀 들끓어 우리를 삼키려하나
겁내지 말고 섰거라, 진리로 이기리로다.
친척과 재물과 명예와 생명을 다 빼앗긴대도
진리는 살아서 그 나라 영원하리라."

그는 찬송하면서 일어납니다. 나아갑니다. 그리고 나는 여기 섰다고 칼

호세 앞에 힘차게 이야기할 수가 있었습니다.

이 아침에 우리의 찬양을 깨웁시다. 찬양은 깨우는 것이 있습니다. 어두움을 물리칩니다. 그리고 새벽을 깨웁니다. 우리들은 염려와 근심 걱정으로 깊은 밤을 걸어가고 있습니다. 그러다가 찬양을 부릅니다. 찬양의 영광은 새벽을 기다리게 만듭니다. 새벽은 확신하도록 만듭니다. 밤이 깊으면 깊을 수록 새벽이 다가오는 것을 믿음은 노래합니다.

예수 믿지 않는 사람, 물론 기독교 문화권이니까 그의 신앙이 어떠했는지는 잘 모르지만 쉘리라는 시인은 서북풍에 붙이는 노래에서 이렇게 말했습니다. "만약 겨울이 깊어진다면 봄은 어찌 멀었으리요." 신앙인은 내일 아침 태양이 떠오르는 것처럼 주께서 놀라웁게 이 억울함과 이 애통함과 고통을 뚫고 찬란하게 떠오를 것을 그는 믿음의 눈으로 바라보고 있습니다.

내 감정은 한숨을 쉽니다. 신음합니다. 그러나 내 믿음은 하나님을 찬양합니다. 새벽을 주실 것을 믿습니다. 하나님께서 그 마음에 소원을 주실 것을 믿습니다. 이것이 참 믿음을 가진 사람의 신앙입니다.

그리고 그는 자기로 만족하지 않았습니다. 그는 하나님의 영광을 기뻐합니다. 성경은 이렇게 말합니다. "주여 내가 만민 중에 주께 감사하며 열방 중에서 주를 찬송하리이다. 대저 주의 인자는 커서 하늘에 미치고 주의 진리는 궁창에 이르나이다."

하나님께서 내 적은 소원 하나를 이루신 것으로 끝내신 것이 다가 아닙니다. 나를 보호하셨던 그 인자와 그의 사랑하심과 그의 진실하심은 얼마나 큰지 저 하늘에 미치고 저 궁창에 역사한다고 말합니다. 온 세계의 억울함과 온 세계의 어두움을 깨치시고 그들 앞에 나타나심을 그는 찬양하고 있습니다. 자기 혼자의 문제를 해결하신 하나님이 아니라 온 세계의 정의를 세우신 하나님, 온 세계의 어두움을 물리치신 하나님을 노래하고 있습니다.

사람들은 진정한 신앙과 진정한 신앙이 아닌 것의 구분을 여러 가지로 설명합니다. 그중의 하나, 가짜 신앙은 이기적입니다. 신앙의 형태가 항상 그렇습니다. 항상 자기입니다. 그러나 진정한 신앙은 하나님의 영광입니다. 심지어 하나님의 영광이라는 말도 자기 이기심의 만족을 위하여 하는 사람도 많습니다.

하나님의 영광 자체를 기뻐하는 다윗, 그는 하나님의 이름이 높이 들리기를 노래하고 있습니다. 이것은 다윗이 하나님을 신뢰하는 것으로 그치는 것이 아니라 하나님을 향한 사랑으로 불타고 있습니다.

환경을 넘어서는 믿음

사랑하는 사람이 정말 사랑한다면 잘 되는 것, 그것 하나로 만족합니다. 어떤 희생도 불사합니다. 그래서 부모는 자식을 사랑하는 것 때문에 어떤 것도 내어 던집니다. 자식이 잘 되는 것 그것만이 기쁨입니다.

하나님을 불타게 사랑했던 다윗은 세상의 어떤 것도 그에게 기쁨이 아닙니다. 그의 만족이 아닙니다. 그의 참다운 기쁨은 하나님이 높아지는 것입니다. 영광을 받는 것입니다. 그가 모든 사람 앞에 찬란한 빛으로 드러나는 것입니다. 다윗은 사랑의 신비를 알았던 사람입니다. 사랑의 깊이를 누렸던 사람입니다.

다윗이 그 고난의 재앙의 시절에 그의 신앙은 눈 앞에 보이는 환경, 자기를 찌르고자 하는 창검만 바라본 것이 아니라, 자기를 향한 비방의 소리만 들은 것이 아니라, 자기를 향해서 덫을 놓고 올무를 놓고 함정을 판 그 현상만 보는 것이 아니라 그것을 넘어서 그의 믿음은 하나님을 바라봅니다. 지극히 높으신 하나님, 모든 것을 이루시는 하나님, 그의 인자와 진실하심으로 품어주신 하나님, 그 날개 그늘 아래 그가 쉬고 있습니다.

그런가하면 그의 믿음은 작은 사건을 통해서 아직 현상은 변화되지 않았지만 주께서 앞으로 큰 승리를 줄 것을 믿음으로 바라보고 있습니다. 마귀는 우리에게 이렇게 말합니다. "하나님이 과거에는 너를 도와주었어. 그러나 내일은 도와주지 않을 거야. 이 사건에 하나님은 관여하시지 않아." 이것은 마귀의 소리입니다. 그래서 우리가 현실만을 바라보도록 합니다.

하나님의 영광은 참으로 하나님을 신뢰하는 믿음은 하나님을 즐거워하고 기뻐합니다. 내가 아닙니다. 하나님이 높아지심입니다. 하나님이 중천에 떠오르는 태양처럼 빛나기를 원하고, 그분이 높아지시는 것, 그것이 주님을 신뢰하는 마음이고, 사랑하는 마음입니다.

참다운 믿음을 가지셨습니까? 문제 앞에서 늘 한숨이고, 원망이고, 짜증이고, 불평이 전부는 아닙니까? 그 죽은 마음, 시체처럼 누워 있는 마음에서 찬양을 불러 일으킵시다. "내 영광아 깰지어다. 비파야 수금아 깰지어다." 내 영혼을 깨웁시다. 찬양을 깨웁시다. "주 안에 있는 나에게 딴 근심 있으랴." 그것이 내 찬송이 되게 합시다. "이것이 나의 간증이요, 이것이 나의 찬송일세." 의미없이 생각없이 부르는 노랫말이 아니라 주님을 향한 깊은 영광의 찬송이 되어야 될 것입니다.

제 19 장
곤고한 자의 노래

"하나님이여 주는 나의 하나님이시라 내가 간절히 주를 찾되 물이 없어 마르고 곤핍한 땅에서 내 영혼이 주를 갈망하며 내 육체가 주를 앙모하나이다 내가 주의 권능과 영광을 보려하여 이와 같이 성소에서 주를 바라보았나이다 주의 인자가 생명보다 나으므로 내 입술이 주를 찬양할 것이라 이러므로 내 평생에 주를 송축하며 주의 이름으로 인하여 내 손을 들리이다 골수와 기름진 것을 먹음과 같이 내 영혼이 만족할 것이라 내 입술이 기쁜 입술로 주를 찬송하되 내가 나의 침상에서 주를 기억하며 밤중에 주를 묵상할 때에 하오리니 주는 나의 도움이 되셨음이라 내가 주의 날개 그늘에서 즐거이 부르리이다 나의 영혼이 주를 가까이 따르니 주의 오른손이 나를 붙드시거니와 나의 영혼을 찾아 멸하려 하는 저희는 땅 깊은 곳에 들어가며 칼의 세력에 붙인바 되어 시랑의 밥이 되리이다 왕은 하나님을 즐거워하리니 주로 맹세한 자마다 자랑할 것이나 거짓말하는 자의 입은 막히리로다."

— 시편 63편

"**불**어라 바람아 그대는 찬 겨울 바람
그러나 배반자의 마음처럼 냉혹하지 않도다.
그대의 이빨은 그토록 날카롭지 않도다.
그대의 숨결이 아무리 거칠지라도."

　이것은 세익스피어의 4대 비극의 하나인 「리어왕」의 서막에 나오는 광야를 헤메는 리어왕의 외침입니다. 이 리어왕에게는 세 딸이 있었습니다. 나이가 많아 이 나라를 세 사람에게 나누어주기 직전에 자기를 향한 딸들의 사랑을 확인합니다. 네가 나를 얼마나 사랑하느냐? 첫째, 둘째 딸들은 과장해서 감언이설로 표현했습니다.
　그러나 왕이 가장 사랑했던 세째 딸 코넬리아는 "나는 언젠가 시집을 갈 것이고, 내가 정상적인 가정을 가지고 아버지께 마땅한 효도를 하겠습니다" 라고 대답했습니다. 당연하고 정직한 이야기를 했는데 그 셋째 딸을 너무 사랑했기 때문에 분노한 왕은 자기 셋째 딸을 집에서 쫓아냅니다. 이 세째 딸은 쫓겨났지만 그녀의 아름다움과 마음씨 때문에 프랑스 왕과 결혼을 하게 되었습니다.
　그런데 얼마 후 리어왕이 왕위를 물려주고 국토를 나누어 주었더니 두 딸의 냉대가 얼마나 극심했든지 견디다 못한 이 리어왕은 자기의 사랑하는 신하 한 사람과 어릿광대 하나를 데리고 광야를 다녔습니다. 서북풍이 몰아치는 북풍 한설의 바람을 향해 고함을 지르고 있었습니다. 인생에 배반의 아픔보다 더 큰 아픔이 어디 있겠습니까?

주를 앙모하는 영혼

그런데 놀랍게도 오늘 읽은 시편 63편도 한 왕이 광야에서 부르는 찬양입니다. 리어왕은 냉대당하면서 쫓겨났지만 다윗왕은 몹쓸 죄를 지었는데도 용서해준 그의 아들이 군대를 몰아서 잠자고 있는 왕궁을 급습했기 때문에 쫓기고 있습니다.

왕은 간신히 맨발로 뛰어나왔습니다. 자기를 살리기 위해서 충성스러운 신하가 곳곳에서 거대한 세력 앞에서 초개처럼 죽는데 자기만 요단강을 건너가 자기가 어렸을 때에 사울왕에게 쫓겼던 광야에 다시 있게 되었습니다.

젊었을 때에는 힘도 있었습니다. 건강했습니다. 내일에 대한 소망도 있었습니다. 하지만 이제는 다 늙어서 병든 몸이었습니다. 그 광야에서 초라함이란 이루 말할 수 없었을 것입니다.

시편 63 편도 배반당한 아픔의 노래입니다. 나는 배반당한 적이 없다고 생각하시는 분이 계십니까? 아닙니다. 여러분은 배반하고 계시고, 배반을 당하고 계십니다. 또 배반을 당할 것입니다. 제가 배반을 당할 수밖에 없다고 생각한 것은 이렇습니다. 우리 아버지께서 내게 얼마나 배반의 마음이 클까? 생각했습니다. 왜냐하면 솔직하게 이야기해서 자녀에게 마음이 그냥 본능적으로 쏟아지는 것의 십분의 일만이라도 아버지를 생각해본 적이 있는가? 이 말씀을 묵상하면서 생각이 거기에까지 미치자 도무지 자신이 없더라구요. 아마 여기 소망회의 아버님 어머님들은 배반의 아픔, 자녀들을 향한 실망, 이런 말을 하면 눈물이 솟구치는 분들이 많을 것입니다.

우리가 사랑했기에, 우리의 생애를 정성으로 쏟았기 때문에 아픔은 증폭됩니다. 우리는 배반하고 있고, 우리는 또 배반을 당할 것입니다. 반드시 당합니다. 이렇게 인생의 깊은 배반의 아픔을 겪을 때 리어왕과 다윗은 전혀 다른 노래를 부릅니다. 한 사람은 절망의 노래를 부릅니다.

리어왕이 절망의 노래를 부르고 스코트랜드 광야를 내달으면서 악을 쓰고 있을 때였습니다. 자기 아버지의 비참한 소식을 듣고, 아버지를 구하기 위해서 군대를 몰고 영국을 침공했던 프랑스 왕과 왕비는 전쟁에 패해서 원수에게 사로잡힙니다. 그리고 잔인한 언니들에 의해서 병정들에게 교살을 당합니다. 그 시신을 부여잡고 늙은 리어왕은 비탄의 노래를 부르다가 숨이 끊어집니다. 이것이 4대 비극 중의 하나인「리어왕」입니다.

그런데 여기 시편에는 정반대의 노래가 있습니다. 다윗의 노래가 있습니다. 그에게는 배반의 아픔이 있습니다. 과거에 그가 많은 시절을 광야 생활을 해보았기 때문에 광야의 고독과 아픔과 절망이 어떤 것인지를 잘 압니다. 과거에 당했던 고통마저도 함께 합산되어 그에게 고통을 줄 그런 장소였습니다.

그런데 그는 전혀 다른 노래를 부릅니다. 그에게 가장 필요한 것은 왕위의 복귀가 아니었습니다. 자기를 향해서 배반의 칼을 들고 온 그의 아들 압살롬의 패주도 아닙니다. 어제 "왕이여 만수무강하옵소서." 자기 앞에서 굽실거리고 절을 했던 신하들의 반역이 무너지는 것을 보고 싶은 것도 아니었습니다. 아니, 자기가 그처럼 애정을 쏟아서, 생명을 다 바쳐서 이루어 놓은 이 국토, 국민들이 하루 아침에 배반자의 편이 되면서 자기를 향해서 창을 겨누고 있는 이 슬픈 정황이었습니다.

천군만마가 자기를 휩싸고 있는 포위망이 풀어지기를 원하지도 않았습니다. 그에게 참 간절한 소망이 있었습니다. 그것은 무엇인가하면 1절에서 이렇게 말합니다. "하나님이여 주는 나의 하나님이시라. 내가 간절히 주를 찾되 물이 없어 마르고 곤핍한 땅에서 내 영혼이 주를 갈망하며 내 육체가 주를 앙모하나이다." 하나님, 당신만을 만나고 싶습니다. 어떤 것보다도 당신과의 바른 관계를 갖고 싶습니다. 내 영혼 뿐만 아니라 육체마저. 너무 좋으면 육체는 반응합니다.

제가 언젠가 홍콩에서 양영학 선교사와 길을 가고 있었습니다.
"야, 여기 둘리안이 있구나."

"그게 무엇인데요?"
"맛있는 과일이야."
과일 가게가 보이지 않는데 있다고 하자 그것을 찾자고 했습니다. 그러자 한 골목이 가기도 전에 있더라구요. 너무 좋은 것은 먼저 육체가 반응을 합니다.

하나님이 너무 좋으니까 "내 육체가 주를 앙모하나이다." 그는 주님을 보고 싶어합니다. 그가 과거에 주님을 만났던 장소가 있었습니다. 그것은 성소입니다. 2절에 이렇게 이야기합니다. "내가 주의 권능과 영광을 보려 하여 이와 같이 성소에서 주를 바라보았나이다." 그는 하나님 앞에 예배할 때마다 하나님의 영광을 바라보았습니다. 하나님의 권능을 보았습니다. 오늘 이 자리에 임재하셔서 나를 향해 영광을 받으시는 하나님을 만났습니다.

여러분, 여러분의 예배가 살아있습니까? 오늘 여러분이 무엇을 가지고 오셨습니까? 어디까지 오셨습니까? 장로님이 기도하시는 것을 보았습니까? 성가대가 찬양하는 것 보았습니까? 제가 설교하는 자세를 보았습니까? 그것이 전부입니까? 그렇다면 여러분은 배반의 계절에 광야의 삶을 살면서 리어왕의 노래를 부를 수밖에 없습니다. 절망과 저주의 노래밖에 없습니다.

그러나 또 볼 것이 있습니다. 내가 보기 싫은 그리고 내 곁에 꼴보기 싫은 것으로 꽉 차 있고 외면하고 싶은 것으로 꽉 차 있을 때에도 보아야 할 분이 있습니다. 성서에서 늘 다윗은 보았습니다. 이와 같이 광야에서 진실로 우리 주님을 보기 원합니다. 그러면서 그는 성소에서 주의 영광과 권능이 함께 했던 것처럼 광야에서 또 놀라운 축복을 만납니다.

3절에 이렇게 말합니다. "주의 인자가 생명보다 나으므로 내 입술이 주를 찬양할 것이라." 주의 인자하심입니다. 자기의 못나고 부족하고 연약한 것을 끝까지 참으시는 인자, 한없는 자비를 베푸시는 그의 인자를 봅니다.

인자가 생명보다 낫다는 말은 무엇입니까? 식물이 아무리 자라고 싶어도 햇빛이 쬐지 않으면 식물은 자랄 수 없습니다. 이 생명인 식물은 햇빛이 있을 때에 자라는 것처럼 오늘도 내 인생 속에 이 고난의 계절에도 주의 인자는 내 생명 위에 비추고 있고, 내 생명의 자양분이 됩니다. 그는 노래하고 있습니다.

영혼을 풍성히 채워주는 만남

눈에 보이는 것이 전부가 아닙니다. 하나님의 인자의 손길을 이 다윗은 보고 있습니다. 여러분은 그 인자를 만나셨습니까? 이 하나님의 사람은 그 인자를 보고 있습니다. 여러분, 그 인자를 만나셨습니까? 주의 인자가 여러분의 마음을 어루만지고 있습니까?

하나님의 사람들이 고통을 당할 때 하나님께서 문제를 해결하시기보다 인자를 베푸십니다. 주의 인자하심이 내게 넘칩니다. 어떻게 따랐다고 합니까? 정녕 따랐다고 합니다. 이것이 있는 인생은 무너지지 않습니다. 광야에서도 주의 인자를 만나는 하나님의 사람 다윗, 하나님을 만나자 그 절망적인 환경은 소망으로 가득찹니다. 그 마음 속에 노래가 생깁니다. 그래서 4절에 "이러므로 내 평생에 주를 송축하며 주의 이름으로 인하여 내 손을 들리이다."

히브리 사람들은 기도할 때에 손을 들고 합니다. 감사의 기도를 한다는 이야기입니다. 그 광야의 배반의 아픔을 가지고 주님 앞에 나아갔더니, 주님을 갈망했더니 주님은 그 때에도 내게 인자하셨습니다. 그래서 내 입술에 찬송을 허락해주십니다.

놀라운 사실은 주님을 갈망하는 자는 그것으로 끝나지 않습니다. 그 영혼이 만족합니다. 영혼의 갈망은 반드시 주님을 만나고, 주님과의 만남은 그 영혼을 풍성히 채워줍니다. 5절에 이렇게 말합니다.

"골수와 기름진 것을 먹음과 같이 내 영혼이 만족할 것이라. 내 입술이 기쁜 입술로 주를 찬송하되 내가 나의 침상에서 주를 기억하며 밤중에 주를 묵상할 때에 하오리니 주는 나의 도움이 되셨음이라 내가 주의 날개 그늘에서 즐거이 부르리이다."

제가 오늘 양심선언을 하겠습니다. 많은 사람들이 홍목사는 우거지국을 좋아한다, 어떤 사람은 날생선을 좋아한다는 분도 계시고, 갈비를 좋아한다는 사람도 있는데 저는 정직하게 만든 요리는 무엇이든지 좋아합니다. 그 학설에 현혹되어서 신경쓰지 않으셔도 됩니다. 저는 무엇이든지 잘 먹는 사람입니다. 그 중에서도 솜씨가 좋으면 콩나물 국도 맛있구요, 이제 콩나물 국만 먹게 생겼습니다.

배가 한참 고픈 상태에서 입맛에 맞는 음식을 먹을 때에 포만감을 누리는 것처럼 내 영혼 깊숙한 골수에 기름진 것을 먹음과 같이 내 영혼이 만족을 누린다고 하였습니다. 하나님을 향한 갈망은 반드시 채워짐이 있습니다. 성경은 말합니다. "의에 주리고 목마른 자는 복이 있나니 저는 배부를 것이요." 반드시 만족이 있습니다. 하나님을 향한 갈망은 우리에게 어떠한 환경 처지에서도 만족을 줍니다.

그런데 그냥 만족을 주는 것이 아닙니다. 하나님께서 나의 생애를 향해서 베푸신 은혜를 기억하고 하나님께서 나를 향하신 그 배려를 깊이 생각해보고 기억할 때 갑자기 풍성해집니다. 시편에서 이렇게 말합니다. "내가 나의 침상에서 주를 기억하며 밤중에 주를 묵상할 때에 하오리니 주는 나의 도움이 되셨음이라."

여러분, 주께서 내 생애를 향해서 베푸신 지금까지의 역사들을 하나하나 기억하여 보십시오. 제가 이렇게 생각했습니다. 내가 가진 재능, 소질, 가능성을 생각해 보고 주께서 제 생애 속에 역사하신 것을 돌아보면 저는 한이 없이 산 사람입니다. 지금 이 시간에 주께서 제 생명을 거두어가도 저는 불만이 없습니다. 너무나 선대해주셨습니다. 너무나 잘 대우해주신 삶을 살았습니다. 주께서 때마다 그처럼 많은 축복과 은혜를 베풀어주셨습니다.

내일 아무 것도 주시지 않을지라도 내일 내가 사람들이 소위 말하는 실패의 자리에 들어간다 할지라도 저는 불만이 없습니다. 지금까지 사용해주신 것만해도 얼마나 감사한지 모릅니다. 그래서 제가 1965년 7월 24일 날 예수 그리스도를 영접한 다음에 지금까지 당했던 모든 일들 중에는 슬픈 일, 기쁜 일, 절망해야 될 일, 감사해야 될 일, 찬송해야 될 일들을 모두 묵상해 보니까 제 28년의 삶이 주님의 사랑의 손길이 아닌 것이 없었습니다.

다시 새겨보니 내 모든 생애 속에 함께 하시는 주님의 은총을 만날 수 있었습니다. 죽어버린 과거를 되돌아보면서 반성해야 하고 후회하는 인생이 아니라 주께서 그처럼 가까이 계셨고 나를 나보다 더 사랑하시고 내가 나를 향해서 배려했던 것보다 더 깊은 배려로 인도해주신 주님의 가득 찬 사랑을 만날 수 있었습니다.

소망의 찬양으로 나아감

하나님께서 여러분의 생애를 지금까지 인도하신 것을 기억합시다. 기억하지 않는 것은 배은망덕입니다. 기억합시다. 다윗은 자기에게 베푸신 주의 은혜를 불러낼 때마다 그것이 하나님의 사건으로 찾아옵니다. 그 쓰라린 광야의 밤을 그처럼 풍성한 주님의 손길로 가득채워 버립니다. 그 영혼이 골수까지 만족스럽습니다. 부족한 것이 없습니다. 겉모습만 채워진 것이 아니라 머리부터 발끝까지, 뼈 속까지 완전히 풍성히 채워지는 주님의 은혜를 경험합니다.

여러분, 내가 잘나서 여기까지 왔다고 생각하십니까? 다시 생각해봅시다. 여러분보다 못난 사람이 얼마나 있는지 생각해 보십시오. 내가 노력했다구요? 여러분이 노력한 만큼 대한민국에서 노력하지 않은 사람이 누가 있습니까?

주께서 내 삶에 함께 하시는 현실들, 주님의 사랑의 손길들을 기억할 때마다 되살아납니다. 그 때에 내가 느끼지 못한 것까지 하나님의 은혜를 기억하지 못했던 것까지 다시 기억되는 충만한 밤, 주님의 사랑으로 그 골수가 만족되는 밤, 영혼 깊숙한 곳까지 하나님께서 주시는 부요로 가득채워지는 은혜를 기억하고 묵상할 때에 경험합니다.

그러나 정반대로 광야의 이스라엘 백성들은 주께서 베풀어주신 은혜를 하나도 기억하지 않았습니다. 하나님이 도무지 도와주지 않은 것처럼 아니, 과거에 도와준 것마저도 지금 망하기 위해서 도와준 것처럼 절망하고 원망했습니다.

그는 노래합니다. "주는 나의 도움이 되셨음이라 내가 주의 날개 그늘에서 즐거이 부르리이다." 주가 나의 도움이 되셨다고 말하고 있습니다.

지금까지 도움이 되신 하나님, 그래서 날개 그늘 아래 자기를 품어주신 하나님이십니다. 이 하나님의 말씀을 혼자 묵상하고 있으면 주께서 임재하셔서 나를 품어주시고 내 슬픔과 고통을 치료해주시는 주님의 은혜를 만납니다.

저는 누구보다도 배반을 많이 당하기도 하고 배반도 많이 할 사람입니다. 왜냐하면 인간관계는 내가 알든지 모르든지 전혀 나와 상관없이 하게 되는 배반도 있을 수 있고 또 배반을 당할 수도 있습니다.

가령 예를 들면 우리 남서울교회 성도들을 한 사람씩 만나서 개인적으로 신앙 지도를 하려고 들면 10년을 해도 안되겠더라구요. 하루에 한 사람씩 한다면요.

대개 사람들은 인간 관계를 갖고 삽니다. 인간관계 속에서는 늘 사랑의 관계이기 때문에 사랑을 하기도 하고 실망을 하기도 하고 배반감을 느끼기도 합니다.

그런데 부부가 한 집에 살면서 1년에 한번만 배반감을 갖고 꼴보기 싫을 때가 있는 부부라면 이 부부는 금실이 좋은 부부입니까? 금실이 좋지 않은 부부입니까? 좋은 부부죠? 여러분은 어떻습니까? 정말 꼴보기 싫습니다. 뒤도 보기 싫을 때가 있습니다.

그런데 여러분이 잘 도와주셔서 1년에 한번만 실망하고 한번만 배반감을 가진다해도 저는 얼마나 많은 미움 속에서 목회를 해야하겠습니까? 그것도 17년입니다. 이제 18년째 되어갑니다. 너무 억울해서 저녁에 잠을 자지 못하는 밤은 성전에 나가서 한참을 비탄의 노래를 부르다가 얼굴을 들어 하나님을 바라봅니다. 그러면 주의 인자가 그 모든 미움보다 내 곁에 가까이 있는 것을 발견합니다.

그리고 그의 품속에서 주께서 이 땅의 갈릴리를 걸으시면서 치료하셨던 그 사랑의 손길로 내 아픈 심령을 어루만져 주십니다. 그러면 봄눈 녹듯이 내 마음의 아픔이 사라집니다. 정말 주의 이 인자가 없으면 목회를 할 수 없습니다. 그것이 없다면 목회를 하기도 싫습니다. 그러나 이것이 있는 한 참으로 목회는 감격입니다. 그것을 감각으로 느낄 때에는 어쩌다가 내가 목사가 되었는지 하다가 달라집니다. 어쩌다가 내가 이렇게 귀한 부름을 받았나 합니다.

그래서 제가 후배들에게 권고하기를 하나님께서 내 영혼을 치료해주시는 것을 경험하지 못하면 목사하지 말아라 합니다. 그것은 지옥과 다를 바가 없기 때문입니다. 목사님들이 모인 모임에 가서 강의를 하든지 강의를 들어보면은 미움으로 가득차 있는 이야기를 하여 삭막한 분위기를 자아냅니다.

주의 인자는 생명보다도 더 가까이 계셔서 나를 감싸주시고 날개 그늘로 품어서 나를 안아주시고 아픈 심령을 치료해 주시는 주의 인자의 손길을 경험합니다.

병아리가 암탉 품에 있을 때의 평안함을 아십니까? 어린 병아리를 쏜살같이 매 한 마리가 와서 덤벼들 때 아무 무기도 없는 어미 닭이 자기 몸을 날려서 매를 향해 던지는 광경을 여러분은 보신 적이 있습니까? 주의 날개 그늘로 품어주십니다. 이 인자로 나를 품어주십니다. 이 인자함이 나를 실수 않게 해주셨습니다. 이 인자함이 나를 다시 격려해서 용기를 회복하도록 해주셨습니다. 이 인자하심이 나로 절망의 노래를 부르지 않고 소망의 찬양을 부르도록 해주셨습니다. 이 하나님을 찬양해야 되지 않겠습니까? 여러분이 이겼다구요? 그것은 어림없는 이야기입니다. 주의 인자하심과 긍휼하심이 나를 품어주십니다.

이 광야에서 하나님의 사람 다윗은 어떤 것보다도 하나님을 향한 갈망과 목마름이 있었습니다. 그 찾음으로 문제 해결은 시작됩니다. 그분을 만납니다. 그분의 인자가 둘러 있음을 봅니다. 날개 그늘 아래 품어주시는 주님의 자비와 사랑의 역사를 경험합니다. 골수가 기름진 것으로 꽉 찬 것처럼 내 영혼이 주의 풍성으로 주의 부요로 영광스럽게 채워집니다.

그는 주님을 찬양합니다. 그 영혼이 만족한 다음에 결심합니다. 내가 언제나 주님 곁에 있겠다. "나의 영혼이 주를 가까이 따르니 주의 오른손이 나를 붙드시거니와" 내가 주님께 갔더니 주님의 의로운 오른손이 지금도 나를 붙잡아주셨다는 말입니다.

그리고 자기를 찾아서 고통을 주려는 세력들에 대해서는, "나의 영혼을 찾아 멸하려 하는 저희는 땅 깊은 곳에 들어가며 칼의 세력에 붙인바 되어 시랑의 밥이 되리이다." 주님 때문에 저들은 멸망을 받을 것이다. 저들의 기도는 무너질 것이다. 저들의 인생은 허무하게 끝날 것이다. 하나님의 사람은 확신하고 있습니다.

그리고 그는 노래합니다. 하나님을 따르면서 하나님을 즐거워합니다. 11절에 이렇게 말하고 있습니다. "왕은 하나님을 즐거워하리니 주로 맹세한 자마다 자랑할 것이나 거짓말하는 자의 입은 막히리로다." 여기에서는 자랑이라는 말보다는 승리할 것이나로 번역해야 더 좋을 것입니다. 주님을 따르고 주님의 거룩하신 은총에 의지하는 자마다 승리할 것이나 거짓말하는 자의 입은 막히리로다.

자기를 헐뜯고 고통을 주는 세력들은 무너질 것이라고 말하고 있습니다. 그의 즐거움은 하나님께 있었습니다. 마치 예술가가 아름다움을 즐거워하는 것처럼, 정치가가 정치를 즐거워하는 것처럼, 장사꾼이 이권을 즐거워하는 것처럼 다윗은 하나님을 즐거워하고 있습니다. 이 즐거움만이 빼앗기지 않는 즐거움입니다. 소리를 내지 않는 즐거움입니다. 어느 때 어느 환경 속에서도 내 영혼을 풍성케 하는 즐거움입니다.

광야에서의 다윗의 노래를 여러분은 들으십니까? 배반의 아픔을 경험하고 계십니까? 그것은 주께서 영원한 영접을 하시는 주님 앞에 오라는 초청장입니다. 시편에서 시인은 이렇게 노래합니다. "내 부모는 나를 버렸으나 여호와는 나를 영접하셨도다." "여인이 어찌 그 젖먹는 자식을 잊겠으며 태의 열매를 잊겠느냐? 그들은 저를 버릴지라도 나는 너를 버리지 아니한다."

주님의 인자하심이 내 곁에 있습니다. 하나님 앞으로 나라갑시다. 광야에서 그 적막하고 황량한 복판에서 리어왕처럼 배반당했다고 악을 써야 되는 절망의 노래가 있습니다. 이 경우는 자기가 계속 살아도 되는데 냉대 때문에 나왔습니다. 그러나 이 다윗은 자기 아들이 자기를 죽이려고 군대를 몰고 급습한 위기에서 간신히 나와서 더 쓸쓸하고 적막한 속에서 이처럼 아름다운 찬송을 부릅니다.

7절을 다시 보겠습니다. "주는 나의 도움이 되셨음이라. 내가 주의 날개 그늘에서 즐거이 부르리이다." 그 품안에 있는 한 나는 어떻습니까? 즐거운 노래가 나의 노래입니다.

돈이라는 학자는 이렇게 말했습니다. "사도 바울의 옥중 서신, 감옥에서의 편지가 가장 아름다운 것처럼 다윗의 시편은 광야의 노래가 더욱 아름답다." 다윗의 모든 시의 백미가 이 시편 63편에 있다면 시편 63편의 요약은 7절이라고 했습니다. 다시 한번 읽어봅시다. "주는 나의 도움이 되셨음이라. 내가 주의 날개 그늘에서 즐거이 부르리이다."

여러분, 오늘 이 시간 인생살이, 인간 관계의 어려움, 배반의 고통을 갖고 계십니까? 주님 앞에 나아갑시다. 지금 주님 앞에 조용히 기도합시다.

내가 지금까지 살아오면서 사람들이 내게 준 실망과 배반, 고통으로 가슴 아파하신 적이 있습니까? 지금 당하고 있는 문제가 있습니까? 주님 앞으로 가까이 나갑시다. 문제를 갖고 나갑시다. 저도 고통의 세월로 너무 가슴이 아프면 그 문제들을 가지고 주님 앞에 고합니다. 그때마다 주님께서는 어느 때보다 가까이 저를 품어주십니다. 은혜를 베풀어 주시기를 기뻐하십니다.

제 20 장

여호와의 산에 오를 자

"땅과 거기 충만한 것과 세계와 그 중에 거하는 자가 다 여호와의 것이로다 여호와께서 그 터를 바다 위에 세우심이여 강들 위에 건설하셨도다 여호와의 산에 오를 자 누구며 그 거룩한 곳에 설 자가 누구고 곧 손이 깨끗하며 마음이 청결하며 뜻을 허탄한데 두지 아니하며 거짓 맹세치 아니하는 자로다 저는 여호와께 복을 받고 구원의 하나님께 의를 얻으리니 이는 여호와를 찾는 족속이요, 야곱의 하나님의 얼굴을 구하는 자로다(셀라) 문들아 너희 머리를 들지어다 영원한 문들아 들릴지어다 영광의 왕이 들어가시리로다 영광의 왕이 뉘시뇨, 강하고 능한 여호와시요 전쟁에 능한 여호와시로다 문들아 너희 머리를 들지어다 영원한 문들아 들릴지어다 영광의 왕이 들어가시리로다 영광의 왕이 뉘시뇨, 만군의 여호와께서 곧 영광의 왕이시로다(셀라)."

— 시편 24편

사람들이 팔자가 몹시 좋다고 하는 장로님을 여러분에게 소개하겠습니다. 그분은 한 때 사람들이 보기에도 놀랍도록 복을 받은 장로님이라고 할 정도로 돈을 많이 벌었습니다. 사업의 절정기에 들어서서 한국 기업이 마음대로 잘 될 때 그분은 자신의 유산을 자녀들에게 골고루 분배하고, 또 자기 재산을 모두 처분했습니다.

그 다음부터 한국에 경제적인 어려움이 왔습니다. 그분은 기업의 재미는 모두 보았습니다. 기업의 성공과 기업의 영광을 모두 맛본 채 물러나서 요즘 매일 골프장에 나가십니다. 월요일부터 토요일까지 골프를 아침 일찍 가서 치고, 점심을 먹고 나서 또 칩니다. 그리고 주일 날은 교회에 오셔서 원로 장로님으로 앞자리에 앉아서 예배를 드리십니다.

또한 외모도 72세가 되었는데도 불구하고 50세의 모습입니다. 얼굴은 언제나 까맣게 그을린 건강한 모습으로 잘 구워져 있습니다. 저는 구운 얼굴이 아니라 본래 생긴 모습이 그렇습니다. 저는 굽지 않았습니다. 제가 양심선언합니다.

그 장로님은 저보고도 "내가 홍목사하고도 팔씨름을 하면 이길 자신이 있다"고 하십니다. 정말로 전체가 근육덩어리입니다. 그분은 근심도 없습니다. 걱정도 없습니다. 평안만이 있습니다. 주위 사람들이 모두 팔자 중에 상팔자이고, 복받은 장로라고 치켜 세웁니다.

그런데 저는 그 장로님을 볼 때 불쌍해서 견딜 수가 없습니다. 인생을 사는데 건강을 위해서만 살아야 하나 생각됩니다. 건강 좋습니다. 그런데 건강만을 위해서 살아야 되냐는 말입니다. 무엇을 위해서 건강해야 합니까?

이것은 비단 건강에만 국한된 문제만이 아니라고 생각됩니다. 어떤 사람은 돈을 벌어들입니다. 또 벌어들입니다. 계속해서 벌어들입니다. 그러나 그것으로 끝입니다. 한국의 땅을 몇십분의 일을 샀다고 자랑을 합니다. 그러나 그것으로 끝입니다. 한번밖에 살지 못하는 인생을 아무 목적도 없이 돈 버는 것, 건강한 것이 목적이라면 정말로 불행한 인생입니다.

어떤 사람은 명예를 위해서 살아갑니다. 그 사람이 수고하고 애쓴 사람이라는 것이 알려지는 것이야 당연한 것이고 좋은 것이라고 생각됩니다. 그러나 그것이 목표입니다. 그것으로 무엇을 하자는 것입니까?

심지어는 유명해지기 위해서 악마에게 자기 영혼을 팔아버린 삶도 있습니다. 마돈나 같은 여인, 그 여인 때문에 항의를 받기도 했다는 이야기도 있습니다. 소돔과 고모라 사람들이 그런 여자가 있는데 이 땅에 유황을 뿌린 것은 잘못된 것이 아닙니까 하고 항의를 할 것이라고 했답니다.

하나님의 주되심을 고백하는 예배

여러분, 인생의 참됨은 어디에 있습니까? 성공과 실패를 무엇으로 결정해야 됩니까? 건강입니까? 얼마 있다가 육체는 썩을 것입니다. 후에 그가 가진 돈은 그와 아무런 상관이 없을 것입니다. 뜬구름 같은 인기이고, 명성이야 더 무슨 말을 할 필요가 있습니까? 사람의 사람됨은 하나님과 관계에서만 입증됩니다. 그 인생이 얼마나 값진 인생인가, 복된 인생인가는 살아계신 하나님과의 관계에서 어떤 인생을 살았느냐가 가장 중요합니다.

그런데 이 하나님과의 관계를 가장 상징적으로 보여주는 것이 있다면 그것은 예배입니다. 예배드릴 때에 사람은 하나님과 어떤 관계에서 그 인생을 살아갔는가를 점검해 볼 수 있습니다.

오늘 여러분은 예배하러 오셨습니다. 이 예배하러 온다는 말은 우리 이스라엘 성가대의 멋있는 찬양을 듣는 그것이 전부가 아닐 것입니다. 얼굴을 잘 굽지 않은 홍목사의 설교를 듣는 것이 목표가 아닐 것입니다. 교회의 아름다운 공간 안에 들어와서 종교적인 감흥을 느끼는 것이 전부가 아닐 것입니다. 살아계신 하나님과 내가 어떤 관계를 누리고 있는가가 점검되어야 합니다. 이것이 점검되어야 됩니다. 그래야 바른 인생이 됩니다. 바른 삶입니다.

시편 23편은 다윗이 살아계신 하나님께 예배드렸던 그 영광을 우리에게 보여주고 있습니다. 다윗은 살아계신 하나님께서 주되심을 진심으로 고백하고 있습니다. 여기 24:1에 땅과 거기 충만한 것과 그중에 거하는 자가 다 여호와의 것이라고 선언하고 있습니다. 소유권이 우리 주님께 있다고 말하고 있습니다. 땅이 그렇다는 말입니다. 땅의 모든 신비한 법칙들이 다 주님께 속해 있습니다. 사람들이 이 땅은 내 것이라고 합니다. 등기를 내는 것이 의미가 없다는 말입니다. 언젠가는 퇴장을 해야 하는 인생인 것을 우리에게 보여줍니다.

제가 아침에 면도하다가 눈 아래 주름을 보면서 또 퇴장 명령 하나가 늘었구나 하고 생각했습니다. 우리는 퇴장명령을 받은 인생입니다. 퇴장 명령을 받은 인생들이 퇴장 준비를 하지 않는 것은 미련한 짓입니다. 국가의 열왕들이 이 땅을 차지하기 위해서 그처럼 애쓰고 수고하지만 그 가등기된 땅들은 진짜 주인이 나타나면 돌려주어야 하는 법입니다.

마치 아이들이 땅따먹기를 하다가 그처럼 오기를 부리고 아둥바둥 싸우고 해서 많이 땄다고 웃고 좋아하다가 해가 지면 모든 것이 무효로 되고 집에 돌아가야 하는 것처럼 이 땅은 우리 주님께 속해 있습니다. 여러분 집의 등기 문서가 여러분의 것이라고 착각하지 마십시오.

뿐만 아니라 거기에 속한 모든 충만한 것들이 다 주님의 것입니다. 그 땅 뿐만 아니라 우리를 풍성케 하는 땅의 모든 소산들까지 우리 주님의 것입니다. 주께서 주시매 먹는 것입니다. 이 지상에 수많은 나라가 있고 특히 굶는 나라가 많습니다. 그러나 유엔에서 조사한 바에 의하면 이 세상에서는 자기 땅을 경작해서 수리를 잘 못하고 관리를 잘 못해서 땅이 피폐해

겨서 음식을 먹지 못하는 것이지 정상적으로 농업을 한다면 다 먹을 수 있답니다. 말사스의「인구론」에 의하면 이 땅은 지금 인구가 많아져서 죽어야 하는데 그 늘어가는 인구만큼 하나님께서는 풍성한 소산을 허락해 주십니다.

물론 예외도 있습니다. 연변에서 어떤 이북 사람을 만났더니 이런 이야기를 합니다. "세상에 여기 와보니 천국같다." 거기는 한국에 비하면 20년 이상 뒤진 상태입니다. 그런데 단지 하나 먹을 것이 풍성합니다. 북한에서 나와 쌀밥을 먹으니까 이 사람들이 여기는 천국 같다고 하였습니다. 그러면서 하는 말이, 여기도 이렇게 잘살고 남한은 여기보다 더 잘 산다는데 우리만 가운데 있어서 저주받은 것 같다고 하였습니다. 정말 저주입니다. 하나님 아닌 사람이 하나님 노릇을 하는 곳에 하나님의 풍요가 있을 수 없습니다.

하나님께서 땅의 소산을 내어서 우리로 풍성케 해주십니다. 그것이 내 것이 아니라 주님의 것이라고 말합니다. 뿐만 아니라 거기에 거하는 모든 사람이 다 주님의 것입니다. 나도 내 것이 아닙니다. 다윗은 살아계신 하나님께 예배하면서 하나님의 주권을 마음 속으로 앙망하면서 그 주권을 사모하였습니다.

진정한 예배

오늘 예배하러 온 여러분의 마음 속에 "하나님, 당신은 나의 모든 것입니다"라고 고백하고 있습니까? 다윗은 많이 가져본 사람입니다. 그가 가진 것을 열거하면 한이 없는 사람입니다. 역사상 그처럼 많이 가져본 사람이 없습니다. 그런데 그는 말합니다. 이 모든 것이 내 것이 아닙니다. 다 주님의 것이라고 말합니다. 오늘 우리의 예배 속에 주님의 것이라는 고백이 있을 때에 예배는 살아 움직입니다.

그런가하면 하나님께서는 온 세상을 만드셨고 그분이 만드신 후에 파하신 적이 없습니다. 그런고로 하나님께서 만드셨기 때문에 하나님의 것입니다마는 하나님께서 특별하게 산 하나를 주께서 친히 지정하셔서 그곳에서 자기를 만나고자 하는 자들을 만나주셨습니다. 그 산이 시온산입니다.

그 이전에는 하나님의 성실한 사람 아브라함이 사랑하는 이삭을 드렸던 하나님 앞에서의 헌신의 산입니다. 하나님께서는 그 산을 지정하셔서 만나주시기로 약속하셨습니다. 그런데 그 산에 예배하러 올라오는 사람들은 자기의 삶이 우리 살아계신 하나님 앞에서 누가 되지 않기 위해서 자신을 다스리십니다.

이런 사람들을 우리는 주변에서 봅니다. 대통령이 올라서면 대통령 옆에서 온갖 간신 노릇을 다하고 미운 짓은 골라골라 하다가 그 사람이 무너지면 함께 무너지는 사람이 있습니다. 그래서 멸시받는 사람들을 우리들은 공화국이 바뀔 때마다 보았습니다. 자기가 섬긴다는 그 대통령의 권력을 믿고 이권을 챙기고 못된 일은 다하다가 오히려 자기가 섬기는 사람의 얼굴에 누를 끼치는 사람들이 있습니다.

그러나 살아계신 하나님 앞에 나아가는 사람은 정반대입니다. 자기를 조심합니다. 성경은 이렇게 말합니다. "그 거룩한 곳에 설 자가 누군고, 그 손이 깨끗함이요." 이 말은 늘 행동을 바로 하는 사람이라는 뜻입니다.

일주일 내내 자기 마음대로 자기 생각대로 살다가 주일날 한번 진정한 마음으로 예배를 드리는 것이 진정한 예배라고 말하지 않습니다. 그런고로 진정한 예배는 여러분의 직장에서, 여러분의 가정에서 준비가 됩니다. 그래서 그 준비가 어디까지 오는가하면 예배드리기 전에 주차하는 곳까지 따라옵니다. 주차하는 데까지 오기를 쓰며 미워하고 심술부리면서 예배하러 들어오는 예배는 하나님이 외면하십니다. 여러분의 예배는 주차하는 곳까지 준비가 되어야 합니다.

첫째로, 손이 깨끗하며 바르게 행동해야 한다고 말합니다.

두번째로, 마음이 청결해야 된다고 말합니다. 왜 마음이 청결해야 합니까? 우리 하나님은 사람을 외모로 판단하지 않으시고 중심을 보시는 하나님이십니다. 그 하나님께서 이새의 아들 다윗을 만나니 내 마음에 합한 자라고 했습니다. 하나님만이 우리 중심을 보십니다. 우리가 겉모습으로 아름답게 꾸미고 이곳에 온다 할지라도 우리의 마음이 살아계신 하나님이 보시기에 청결하지 않으면 온전한 예배를 드릴 수 없습니다. 나 여호와가 온전하니 너희도 온전하라고 주께서 말씀하십니다. 우리의 마음이 청결해야 된다고 말씀하십니다.

셋째로, 뜻을 허탄한데 두지 아니함이라. 하나님께 예배하면서 거짓된 것, 헛된 것에 마음을 빼앗기지 않습니다. 우리들은 인생을 살면서 헛된데 마음을 자꾸 빼앗깁니다.

넷째로, 거짓 맹세치 아니한 자로다. 말에 진실성이 있는 자라는 뜻입니다. 이런 자는 하나님이 복을 주신다고 말씀하셨습니다. 이런 자는 진실로 야곱의 하나님의 얼굴을 구하는 자라고 말합니다. 벧엘 광야에서 하늘을 열어서 만나주시는 하나님을 보고 싶어하는 자라는 뜻입니다.

사랑하는 성도 여러분, 예배는 오늘 이 장소에서 결정되는 것이 아니라 여기까지 들어오는 과정에서 결정되는 것입니다. 그래서 일주일 동안 마음대로 살고 마음대로 결정하고 마음대로 말하고 살다가 여기 와서 예수는 나의 힘이요, 내 능력되시니 하면 통하지 않습니다. 하나님은 아십니다. 하나님 만날 준비로 가슴을 설레이면서 하나하나 준비하는 사람에게 하나님은 복을 주시고 빛나는 얼굴을 그 인생을 향해서 베풀어주십니다.

사람이 태양을 보고 살아도 그 인생이 달라지더라구요. 독일을 갈 때마다 공항에 들어갈 때부터 불쾌한 것은, 사람들이 모두 찡찡해 있습니다. 그래서 독일 사람에게는 유머가 별로 없는 것 같습니다. 파티를 해도 독일 사람들 파티는 심각한 파티를 합니다. 그러나 햇빛이 많은 남쪽, 프랑스나 이태리 사람들은 슬픈 노래를 하면서도 몸을 흔듭니다. 태양만 봐도 그 인생의 성격이 결정되는데 영광의 하나님을 날마다 바라보는 그 인생은 그 영광으로 충만합니다. 얼마나 귀하고 복되겠습니까?

참된 하나님과의 관계에서 상징적인 모습인 예배의 내용은 하나님이 진실로 주되심을 중심으로 고백하는 신앙고백에서 시작됩니다. 그것 뿐만 아니라 그분을 만나기 위한 아름다운 삶이 준비로 그 예배는 복됩니다. 그리고 예배가 하나님 앞에 그 영광을 드러내는 찬양으로 결론을 맺습니다.

인생의 개선행진

다윗은 지금 사무엘하 6장에 나타난 법궤를 메고 예루살렘 성으로 오벧에돔의 집에서 모셔가는 그 영광을 머릿 속으로 생각하고 있습니다. 그는 하나님 앞에 예배하는 삶이 이 법궤를 모시고 행진하는 삶이라고 생각하고 있습니다. 이것이야 말로 세상의 모든 개선행진곡 중의 가장 아름다운 개선행진곡이고 개선의 행렬이라고 생각하고 있습니다. 그는 노래합니다.

"문들아 너희 머리를 들지어다
영원한 문들아 들릴지어다
영광의 왕이 들어가시리로다
영광의 왕이 뉘시뇨
강하고 능한 여호와시요
전쟁에 능한 여호와시로다
문들아 너희 머리를 들지어다
영원한 문들아 들릴지어다
영광의 왕이 들어가시리로다
영광의 왕이 뉘시뇨
만군의 여호와께서 곧 영광의 왕이시로라"

백성들이 이 법궤를 메고 올라갑니다. 왕은 춤을 추면서 뒤따라가면서 외쳐댑니다.

"문들아 너희 머리를 들지어다
영원한 문들아 들릴지어다
영광의 왕이 들어가시리로다."

그러면 성에 나와서 기다리는 모든 백성들이 큰 소리로 외쳐댑니다.

"영광의 왕이 뉘시뇨."

그러면 또 메고 가는 자들이 외칩니다.

"강하고 능한 여호와시요
전쟁에 능한 여호와시로다
문들아 너희 머리를 들지어다
영원한 문들아 들릴지어다
영광의 왕이 들어가시리로다."

그러면 또 외쳐댑니다.

"영광의 왕이 뉘시뇨."

그러면 다시 외쳐댑니다.

"만군의 여호와께서 곧 영광의 왕이시로다."

그는 승리의 개선의 기쁨을 누리면서 영광의 왕을 모시고 지금 행진하고 있습니다.

그런가하면 이와 정반대로 역사상 가장 호화로운 개선행진을 하나 소개하겠습니다. 기번(Edward Gibbon)이 쓴 「로마 제국 멸망사」를 보면 마르쿠스 아우렐리우스 황제가 이 로마 제국의 정점이라고 생각합니다. 사실 우리가 생각하기 보다도 왕실에서 자라는 사람들 중에 바보가 많이 있습니다. 그도 그럴 것이 어렸을 때부터 왕가에서 자라다보니 사람 대접을 받지 않고 거의 신처럼 대접을 받습니다. 어릴 때부터 화장실까지 따라다닙니다.

그리고 모두들 "지당합니다"라고 대답하는 사람들 속에서 자라다보니까 왕들의 인식이 바로 박힐 수 없습니다. 또 똑똑한 왕이 들어서면 신하들이 자기 세도를 펴지 못할 것 같으니까 바보를 왕으로 세우길 좋아합니다. 그래서 세도를 장악합니다. 실제로 그렇게 자라왔기 때문에 역사적으로 바보 왕이 그렇게 많다고 합니다. 세종대왕 같은 사람은 어쩌다가 한 사람 있습니다. 그러므로 왕은 좋아할 것이 못됩니다.

중국도 그렇습니다. 중국의 역사를 보면 그 왕을 바보로 만들기 위해서 아편을 자꾸 줍니다. 그리고 나서 자기들 마음대로 국사를 펼쳐나갑니다. 그것은 영국에서도 마찬가지입니다. 왕 중에는 인생 파탄자들이 그렇게 많이 있습니다. 일본 황실에서도 미친 자녀들이 많다고 합니다. 그럴 수밖에 없습니다.

그런데 로마 황제 마르쿠스 아우렐리우스는 로마제국을 건설한 가장 위대한 왕입니다. 그가 시리아를 정벌하고 돌아왔을 때에 그 개선식은 가장 찬란했다고 합니다. 이 승리자의 영광을 더하기 위해서 제일 처음 앞장선 사람들이 로마 원로원들입니다. 그 다음에 나팔수들이 뒤따라 갑니다. 기병대가 그 다음입니다. 그 다음에는 전쟁에서 획득한 물건들을 실어옵니다. 왕궁의 모든 기명들을 전부 가져옵니다.

그 때는 시리아 왕궁에 있던 코끼리 20마리 또한 특별히 시리아의 여왕이 좋아했던 훈련된 호랑이 네마리를 끌고, 그 다음에는 포로들이 잡혀왔습니다. 시리아의 여왕 제누아가 잡혔습니다. 그래서 자기 옥좌에 앉아 있습니다. 같이 실려옵니다. 거기에는 자기가 가졌던 금목걸이, 보석 목걸이 등을 모두 모아서 그 여자를 칭칭 동여 맸습니다. 그리고 그 여자가 가지고 있던 모든 치장들을 그 몸에 다했습니다. 또한 그 여자가 썼던 멋있는 왕관들 두세 개를 포개어 씌웠습니다. 기번은 "자기가 평생 호사의 극을 누렸던 그 아름다운 자기 애완물로 숨을 헐떡거리며 개선 행진의 비참을 더했다"고 미록하고 있습니다.

여러분, 우리 모두 주님께서 마련하신 개선행진에 참여하는 사람들입니다. 다윗처럼 영광의 하나님을 찬양하고 그를 높이고 그 앞에 영광을 돌리는 개선행진이 될 것인가? 그는 수많은 싸움에서 승리한 사람입니다. 그가 전쟁에서 급습당한 몇 번을 제외하고는 전쟁에서 패해 본 적이 없는 용장입니다. 승리자입니다.

그런데 그는 이렇게 고백합니다. 나는 내 노력으로 승리한 것이 아닙니다. 내가 승리한 것은 영광의 왕되신 우리 하나님 여호와 때문에, 만군의 주 때문에 내가 승리했습니다. 승리자는 주님이십니다. 그가 예루살렘에 올라가면서 모든 사람 앞에 왕되신 승리자 예수 그리스도를 노래하고 있습니다. 그를 찬양하고 있습니다. 그러면서 그는 승리의 대열에서 전진하고 있습니다. 이 제누아라는 시리아 여왕은 자기가 살았던 호사의 극을 자기 몸 안에 지고 패배자로서 포로로 끌려가면서 숨을 헐떡거리는 개선행진을 하고 있었습니다.

어떤 사람은 인생을 살아가면서 우리 주님께서 이미 십자가에서 우리에게 확보해주신 그 승리 위에서 개선의 찬송을 부릅니다. 주께서 이미 승리하셨다. 그 주님은 영원한 승리자이시다. 노래하면서 영원한 문이 들려서 천국에 입성하는 그 날까지 승리자로서 인생을 사는 자가 있는가 하면 자기가 쌓아 놓은 업적, 자기가 쌓아 놓은 소유, 자기가 가졌던 것에 헐떡이면서 그것으로 걱정하고, 염려하고, 눈물을 흘리면서 패배자로 개선식에 참여하는 사람도 있을 수 있습니다.

여러분의 삶은 어떻습니까? 여러분의 인생은 어떻습니까? 정말 주님의 주권을 인정하십니까? 주님의 주되심을 신뢰하십니까? 그리고 살아계신 하나님을 만날 준비를 하십니까? 행실을 깨끗하게 하십니까? 마음을 청결하게 하십니까? 시시한 것들을 생각하다가 마음이 상하십니까? 그리고 말을 함부로 하십니까?

우리가 주일날 예배드리는 것은 영원한 문들이 열려 주님을 만날 것을 예비하고 준비하는 상징입니다. "예수는 나의 힘이요, 내 능력되시니"라는 찬송이 나의 찬양이며 그분 때문에 오늘도 내가 승리했습니다. 그리고 다음 주간도 우리 주님 때문에 승리할 것을 믿습니다. 그 가슴에 확신을 가진 채 오늘 예배를 드리십니까?

이 다윗의 예배를 보면서 우리의 생애가 주 예수 그리스도의 은혜 아래 날마다 영원한 문들이 들려 우리를 영접하는 그날까지, 우리가 드리는 모든 예배가 그 날을 준비하는 산 예배가 되시기를 축원합니다.

다윗의 노래

1994년 11월 19일 초판발행
1997년 1월 10일 1판 3쇄

●

발행인 임만호
저　자 홍정길
발행처 크리스챤서적

●

서울 강남구 청담동 78-16호
등록 10-22(1979. 9. 13)
전화 544-3468, 3469

●

값 4,500원